L'INIMITABLE BOZ

OUVRAGES CONSULTÉS

1. *The Life of Charles Dickens, by John Forster.* 3 vol., Chapman et Hall. London, 1872-1874.
2. *The Letters of Charles Dickens, edited by his sister in law and his eldest daughter.* 3 vol., Chapman et Hall. London, 1880.
3. *Charles Dickens — a Critical Biography* (sans nom d'auteur). London. 1858.
4. *Speeches, Letters and sayings of Charles Dickens, by Augustus Sala.* New-York, 1870.
5. *Four months with Charles Dickens* (Premier voyage en Amérique), *by his secretary. G. W. Putnam.* Boston, 1870.
6. *Yesterdays with Authors, by James Fields.* London, 1872.
7. *Charles Dickens and Rochester, by Robert Langton.* Chapman et Hall. London, 1880.
8. *Dickens, by Adolphus William Ward.* Macmillan. London, 1882.
9. *Recollections and experiences of Edmund Yates.* 2 vol., Richard Bentley and son. London, 1882.
10. *Novels and Novelists from Elizabeth to Victoria, by J. Jeafferson.* Hurst and Blackett. London, 1858.
11. *Histoire de la littérature anglaise,* par H. Taine (t. IV). Hachette, Paris, 1864.
12. *Bibliography of the Writings of Charles Dickens, by James Cook.* London, 1879.
13. *The Bibliography of Dickens, by Richard Shepherd.* London, 1880.
14. *About England with Dickens, by Alfred Simmer.* Chatto and Windus. London, 1883.

COLLECTIONS

1. *La collection des estampes du British Museum.*
2. *The Forster Collection. South Kensington Museum.*
3. *The Dyce Collection. South Kensington Museum.*

IL A ÉTÉ TIRÉ DE CET OUVRAGE

25 Exemplaires numérotés sur papier du Japon

Tous droits réservés.

UN MAITRE DU ROMAN CONTEMPORAIN

L'INIMITABLE BOZ

ÉTUDE HISTORIQUE ET ANECDOTIQUE

SUR LA VIE ET L'ŒUVRE

DE CHARLES DICKENS

PAR

ROBERT DU PONTAVICE DE HEUSSEY

PARIS

MAISON QUANTIN

COMPAGNIE GÉNÉRALE D'IMPRESSION ET D'ÉDITION

7, RUE SAINT-BENOÎT, 7

1889

AU LECTEUR

— « *Qu'est-ce qu'une grande vie ?* — *Une pensée de la jeunesse exécutée par l'âge mûr.* »

A. DE VIGNY.

Une grande vie ! — si jamais l'existence d'un homme mérita d'être ainsi appelée, c'est celle de Charles Dickens. Certes, c'est une « grande vie » que la sienne ; non pas seulement parce qu'elle fut remplie des plus éclatants triomphes littéraires, mais surtout parce qu'elle réalisa pleinement le noble but qu'il s'était fixé dans son enfance, — servir l'humanité, être le champion des misérables, le défenseur des opprimés, le consolateur de toute souffrance, le dénonciateur de tout abus, le bienfaiteur et l'ami du pauvre. — Ce dessein, dont jamais il ne s'écarta, fut, selon l'expression de Vigny, « une pensée de l'enfance exécutée par l'âge mûr ». Il eut, pendant cette première et sombre période de sa vie, l'âpre privilège de plonger aux profondeurs sinistres de la misère de Londres, d'être spectateur, acteur souvent, hélas ! dans ces drames douloureux, ignominieux et obscurs qui sont lateurs, car il est plus beau d'être le bienfaiteur et le consolateur de sa race que d'en être le conquérant et le dominateur !

Pour nous, dans les pages suivantes, nous nous sommes efforcé de raconter, aussi exactement que possible, les événements de cette généreuse existence, sans jamais perdre de vue le but auquel elle aspirait et qui, du commencement à la fin, l'éclaire d'une lueur attendrissante et céleste ; nous avons essayé d'être un miroir fidèle, reflétant dans son ensemble et dans ses détails les plus minutieux la puissante personnalité du grand écrivain anglais. C'est pourquoi nous nous sommes effacé chaque fois qu'il nous a été possible de le faire, pour laisser parler Dickens lui-même. Loin de nous manquer, les documents précieux que nous avons recueillis sont tellement abondants, qu'il nous a été nécessaire de choisir, de procéder par élimination. Le lecteur trouvera en tête de ce volume la liste complète des ouvrages et des collections où nous avons puisé, mais nous devons une mention particulière à l'ouvrage de John Forster, que nous avons suivi dans ses grandes lignes, et aussi à la belle correspondance de Dickens, éditée par sa belle-sœur et sa fille aînée..

Nous avons intitulé notre livre :

L'INIMITABLE BOZ

C'est de cette glorieuse épithète que l'enthousiasme de ses contemporains salua Dickens, lorsqu'il fit paraître sous le pseudonyme de Boz son célèbre et premier roman :

le lot quotidien des déshérités de la terre : dès cet instant, il conçut le projet de mettre toutes ses forces, son talent, son énergie, sa passion au service des malheureux, des victimes d'une société égoïste. Cette pensée, il l'exécuta : les romans de Dickens ont plus fait pour la destruction d'abus monstrueux, pour l'amélioration des classes souffrantes, pour l'instruction du pauvre et la protection de l'enfant que toutes les déclamations des philanthropes, que tous les discours des membres du Parlement. Ce sont eux qui ont renversé les prisons pour dettes, jeté un peu d'air, de lumière et de charité dans ces noirs refuges de la mendicité : les « work-houses », créé des hôpitaux pour les enfants trouvés et des écoles pour les orphelins ; ils ont triomphalement revendiqué le droit du pauvre à la vie, à la terre et au ciel, affirmant et démontrant aux riches que ces déguenillés sont leurs frères et que, sous leurs haillons, ils possèdent comme eux, comme nous tous, une parcelle du Dieu vivant ! Le grand et vaillant artiste a fait tout cela avec sa plume seulement, plume héroïque, sans peur et sans reproches, tour à tour joyeuse, triste, ironique, indignée, attendrie, jamais pesante, jamais pédante, jamais didactique, ne prêchant jamais. Ses deux armes irrésistibles sont le rire et les larmes. C'est en faisant rire et en faisant pleurer le pays tout entier qu'il a obtenu de lui les réformes qu'il demandait, au nom de l'humanité et de la justice. Une telle vie porte en soi de féconds enseignements, et le Plutarque du XXe siècle qui retracera les faits et gestes des hommes illustres de notre époque tourmentée placera Charles Dickens au-dessus des guerriers, des princes et des législ-

Pickwick. *La postérité lui conservera ce nom d'inimitable, plus encore à cause de son héroïque amour pour la race humaine qu'à cause de son merveilleux talent d'écrivain et de romancier.*

R. DU PONTAVICE DE HEUSSEY.

Rennes, 5 octobre 1888.

CHARLES DICKENS

SA VIE ET SON OEUVRE

LIVRE PREMIER

1812-1837

CHAPITRE I.

Le 7 février 1812, la femme de John Dickens, modeste employé de l'intendance maritime, mit au monde, dans un cottage de Portsea, qui est un faubourg de Portsmouth, un enfant si chétif et si malingre que, de l'avis de toutes les commères du quartier, il ne devait pas vivre deux heures. En dépit de ces prédictions il vécut, pour la gloire de son pays et s'appela Charles Dickens (Charles, John, Huffam, dit le registre baptismal de sa paroisse). Son père avait épousé quelques années auparavant la sœur d'un de ses collègues, miss Elisabeth Barrow; il avait déjà une fille, Fanny, lorsque naquit l'enfant qui devait immortaliser son nom. Charles n'avait que deux ans quand les fonctions de son père le rappelèrent à Londres. Cependant, semblable en cela à Walter-Scott, il avait conservé certains souvenirs très vifs de ces premiers jours à Portsmouth. Il aimait à décrire le petit jardin qui se trouvait devant leur maison; il s'y revoyait roulant sur le gazon ou se promenant dans l'allée avec sa grande sœur pendant qu'une vieille bonne les surveillait à travers la fenêtre demi-ouverte d'une cuisine de plain-pied. Il se rappelait encore avoir été mené pour assister à une grande revue et, vingt-cinq ans plus tard, il reconnaissait « la Parade » où la revue avait eu lieu. Il se souvenait enfin que la famille avait quitté Portsmouth au milieu d'une tourmente de neige. Cependant Dickens n'avait alors que deux ans. Cette vaste mémoire, cette prodigieuse faculté d'observation ont été les premiers signes de génie chez le grand romancier. Nous les notons tout de suite, car au cours du récit de son enfance et de sa jeunesse, c'est à lui surtout, à ses souvenirs intimes, que nous emprunterons des détails tellement précis, tellement minutieux que, sans cet avertissement, ils pourraient paraître arrangés et embellis après coup dans le but d'une publication posthume. Il est loin d'en être ainsi : tous les romans de Charles Dickens sont remplis de vivantes peintures ; les grandes souffrances, les petits bonheurs de l'enfance, y sont surtout décrits avec une intensité, une vérité qui étonnent : c'est qu'ils sortent tout palpitants de ses souvenirs.

Ces extraordinaires facultés, il les a conservées toujours. Excepté pendant les cinq années qui précédèrent sa mort, cet écrivain dont toutes les œuvres fourmillent d'observations profondes et précises de la vie réelle, n'a jamais pris une note. Lorsqu'il se mettait à sa table de travail, il évoquait, de la chambre noire de son cerveau, les personnages ou les paysages dont il avait besoin et qui y étaient emmagasinés, attendant leur tour depuis cinq, dix ou même vingt années !

M. John Dickens ne demeura que peu de temps à Londres ; il fut nommé aux docks de Chatham. Charles était alors âgé de quatre à cinq ans ; c'est donc dans cette vieille ville qu'il reçut les premières impressions durables de son enfance. La destinée, que les sots seuls appellent le hasard, a voulu qu'à l'heure de sa mort il fût entouré du même paysage, des mêmes scènes familières au milieu desquelles son imagination s'était éveillée à la vie et à la réalité. Gadshill-Place, la maison où Dickens s'est éteint, est située entre Rochester et Gravesend ; perchée sur une colline, elle domine la grande route et prend des airs hautains vis-à-vis des habitations voisines. Le romancier ne fut véritablement heureux que le jour où il put acquérir cette maison ; lorsqu'il était petit, elle lui inspirait une telle vénération qu'il se détournait de son chemin pour aller la considérer. « Qui sait ? lui disait alors son père, si tu travailles beaucoup, beaucoup, tu en habiteras peut-être un jour une toute semblable ! » Dans une de ces ravissantes esquisses qu'il répandait sans compter à travers toutes les revues, nous retrouvons une page où ce souvenir d'enfance est délicieusement évoqué :

La vieille grande route était si douce, les chevaux si frais et nous allions de tant belle allure, que je me trouvais, comme par magie, entre Gravesend et Rochester ; sur le fleuve élargi, les bateaux aux voiles blanches, et les steamers aux panaches noirs, descendaient vers la mer... Voilà qu'au bord du chemin j'aperçus un très drôle de tout petit garçon.

— Holà ! dis-je à ce très drôle de petit garçon, où demeurez-vous ?

— A Chatham, dit-il.

— Qu'est-ce que vous faites là ? dis-je.

— Je vais à l'école, dit-il.

Je l'enlevai rapidement, et rrrrrr..., nous voilà repartis. Tout d'un coup ce drôle de petit garçon se prit à dire : Nous allons arriver à Gadshill, où Falstaff s'était caché pour voler les voyageurs.

— Vous avez donc entendu parler de Falstaff ? dis-je.

— Moi ! je connais toute son histoire ! dit le drôle de petit garçon. Je suis vieux, M'sieu, j'ai neuf ans ! et je lis toutes sortes de livres... Mais, oh ! voulez-vous M'sieu ? arrêtez au haut de la côte pour que nous regardions la maison !

— Vous admirez cette maison ? dis-je.

— Dieu vous bénisse ! M'sieu, dit le très drôle de petit garçon. Je n'avais pas la moitié de neuf ans qu'on me menait déjà la voir comme récompense. Et maintenant que j'ai neuf ans, je viens la voir tout seul. Et, du plus loin que je puis me rappeler, mon père, sachant combien j'aime cette maison, me répète souvent : « Si tu es toujours très persévérant, et si tu « travailles ferme, ferme, un jour, peut-être, tu viendras « l'habiter ! » Mais, je sais bien que ça c'est impossible !... ajouta le très drôle de petit garçon en poussant un soupir et dévisageant la maison de ses deux yeux écarquillés... La confidence de ce très drôle de petit garçon eut lieu de m'étonner, car cette maison se trouve être ma maison, et j'ai quelque raison de croire que ce qu'il a dit alors est aujourd'hui la vérité.

C'est à Chatham que le petit Charles s'assit pour la première fois sur les bancs d'une école..... Il y allait tous les matins avec sa sœur Fanny :

Je ne me souviens plus du tout, dit-il dans une lettre à un ami, de la brave dame qui tenait l'établissement, mais j'aurai toujours présente à la mémoire la vision d'un horrible petit carlin recroquevillé sur un vieux paillasson, tout au bout d'un long et étroit couloir. Les aboiements de cette vilaine bête, une certaine manière tournante qu'elle avait de se précipiter sur nos jambes nues, le contraste diabolique de son museau noir et de ses dents blanches, l'insolence de sa queue en crosse d'évêque, tout cela vit et fleurit dans mon souvenir. Le carlin s'appelait : Fidèle... Il appartenait à une vieille demoiselle qui habitait sur la cour et qui nous semblait passer sa vie à éternuer et à porter un chapeau de feutre brun.

A peine l'enfant eut-il appris à lire couramment, que la passion de la lecture s'empara de lui. Dans l'humble maison paternelle il existait une petite chambre qu'on appelait pompeusement la bibliothèque. Cet endroit devint pour lui un paradis terrestre; là se trouvaient les œuvres de Fielding et de Smolett; le *Vicaire de Wakefield, Don Quichotte, Gil-Blas* et *Robinson Crusoë*; il passait dans cette chambre ses dimanches, assis sur un lit de fer, seul ornement de cette mansarde, lisant avec une ardeur extraordinaire. Le résultat était facile à prévoir: l'enfant se mit un jour à écrire lui-même; il devint fameux parmi ses camarades, pour avoir composé une tragédie : *le Sultan Mismar*, fondée sur un conte des *Mille et une Nuits*. Ce n'était qu'un côté de son talent. Il racontait des histoires mieux que quiconque, et chantait des chansons comiques avec une telle maëstria, que les grandes personnes elles-mêmes éclataient de rire en l'entendant. Il avait alors pour allié et pour protecteur un cousin beaucoup plus âgé que lui, qui s'appelait James Lamert; ce fut par ce cousin qu'il fut mené pour la première fois au théâtre : la représentation de *Macbeth* lui fit une impression très vive, mais son génie d'observation se manifestait déjà :

Je m'aperçus, raconte-t-il quelque part dans sa correspondance intime, que les horribles sorcières avaient précisément les mêmes figures que les bons thanes de l'acte précédent, et il me sembla que le roi Duncan ne pouvait pas rester tranquille dans sa fosse, mais qu'il reparaissait continuellement sur la scène, tantôt sous un nom, tantôt sous un autre.

Pendant les deux dernières années qu'il passa à Chatham, Charles suivit les cours d'une école tenue par un jeune pasteur baptiste, du nom de William Giles. C'était à cette époque un enfant assez chétif, sujet à des crises nerveuses qui continuèrent pendant toute sa première jeunesse; d'une physionomie singulièrement attirante, il y avait dans ses yeux, dans son sourire, dans son maintien, quelque chose de doux et de pensif; son imagination et ses connaissances surprenaient dans un être si jeune, sa vivacité et sa sensibilité étaient extrêmes; de telles qualités pouvaient devenir dangereuses si elles n'étaient disciplinées; à ce point de vue l'influence de son premier maître M. Giles paraît lui avoir été favorable, en le préparant à supporter avec énergie toutes ces dures épreuves de sa jeunesse que nous allons avoir bientôt à raconter. L'enfant avait un peu plus de neuf ans, lorsque son père fut rappelé à Londres. Depuis de nombreuses années les affaires de la famille allaient de mal en pire. John Dickens, bien qu'il fût un modeste employé, avait la naissance et les goûts d'un *gentleman*, malheureusement il n'en avait pas les revenus; c'était un excellent homme, serviable, généreux, très tendre pour les siens, mais d'une faiblesse de caractère et d'une légèreté d'esprit qui devaient lui être fatales. Il faisait partie de cette classe d'individus qui remettent tout au lendemain et qui vivent d'illusions; il se consolait des ennuis que lui suscitaient ses dettes criardes en rêvant de quelque héritage problématique, et continuait à vivre au jour le jour en ne retranchant sur sa dépense que lorsqu'il ne pouvait faire autrement. C'est ainsi qu'il absorba peu à peu le petit capital qu'il avait reçu de son père et aussi une grosse partie de la dot de sa femme. Depuis la venue de Charles, trois autres enfants étaient nés et la gêne était définitivement entrée dans le ménage; lorsqu'il s'installa à Londres, le pauvre John Dickens en était réduit aux expédients : il empruntait sur ses appointements et avait recours aux usuriers.

Les premières impressions de son séjour dans la grande ville, furent donc pour l'enfant des impressions de tristesse; il assista à cette lutte quotidienne, énervante, ignominieuse du débiteur contre la meute des créanciers; il conserva dans son esprit le souvenir vivant de ces scènes pathétiques ou grotesques, et, dans *David Copperfield*, roman qui est l'histoire à peine déguisée de la jeunesse de Dickens, il a retracé avec un saisissant réalisme toutes les péripéties par lesquelles sa famille passa à cette époque.

Les Dickens furent obligés d'établir leur domicile dans une des rues les plus pauvres du plus pauvre quartier de Londres; ils louèrent (Bayham-Street, Camdem-Town) une sorte de petit cottage avec un maigre jardinet derrière. Là, le pauvre enfant vécut triste, malheureux, solitaire, sans un compagnon de son âge, négligé, presque abandonné par ses parents : « Que n'aurais-je pas donné, écrit-il dans une de ses lettres intimes, pour qu'on m'envoyât à l'école ! à n'importe quelle école !... » Hélas ! il ne se doutait pas, lorsqu'il faisait ce vœu, que, poussé par la destinée, il commençait son apprentissage dans une école sombre et terrible, où les faibles succombent, mais d'où sortent plus forts et mieux armés les vaillants comme lui : l'école du malheur !

Au bout de peu de temps, l'argent devint si rare, les besoins si pressants, que la mère de famille dut songer sérieusement à travailler pour vivre. Le père Dickens déclara qu'il connaissait un moyen assuré de faire fortune — ce brave homme passa sa vie à espérer — Mme Dickens, disait-il, était née pour instruire la jeunesse, il fallait qu'elle se mît à la tête d'une institution, et dans quelques années ils seraient tous riches. « Riches, pensait le pauvre petit Charles, alors peut-être on m'enverra à l'école... » En conséquence de cette nouvelle détermination, on loua une maison au n° 4, de Gower-Street-North, on fixa sur la porte une belle plaque en cuivre avec cette inscription :

ÉTABLISSEMENT DE MADAME DICKENS.

On lança une foule de prospectus et M. Dickens père se rendormit plein d'espoir dans l'avenir. Dans une lettre à un vieil ami, Dickens raconte quelles furent les suites de ce merveilleux projet.

J'avais distribué à un grand nombre de portes un grand nombre de circulaires, appelant l'attention d'un chacun sur les mérites de notre Etablissement. Pourtant, personne n'y vint jamais, personne ne proposa jamais d'y venir, et jamais on ne fit de préparatifs pour y recevoir personne, mais, en revanche, nous avions des scènes continuelles avec le boucher et le boulanger, nous nous passions souvent de dîner et, un beau jour, mon père fut arrêté et emmené à la Marshalsea.

Tous les familiers de l'œuvre de Dickens, tous ceux qui ont lu ces deux chefs-d'œuvre de l'esprit humain : *David Copperfield* et *Petite Dorrit*, connaissent dans ses moindres recoins cette sombre prison pour dettes « la Marshalsea », qui naguère déshonorait Londres, et qui, grâce à la plume du puissant humoriste, n'est plus qu'un souvenir à la fois hideux et grotesque. Les peintures de la vie des détenus, de leur intérieur, de leurs souffrances, de leur dégradation, sont des scènes réelles que l'auteur enfant a vécues, des épisodes où il a eu sa part de douleur et dont le souvenir est resté éternellement gravé dans sa mémoire.

Cependant, dans la maison déserte de Gower-Street, où la mère restait seule avec des enfants[1] qu'elle ne pouvait nourrir, la lutte contre la misère devenait chaque jour plus difficile. Un à un, les objets qui composaient le petit mobilier prirent la route qui mène chez les revendeurs et les prêteurs sur gages : les chers vieux livres, premières délices du petit Charles, furent retirés de leurs rayons et l'enfant, le cœur bien gros, les porta lui-même chez un bouquiniste ivrogne de Hampstead Road. Qui ne se souvient de cette scène, dans *David Copperfield*, entre le bouquiniste aviné, la mégère qu'il a pour femme et le jeune héros du roman? Dans toute cette peinture il n'y a de fictifs que les noms. Le reste est de l'autobiographie. Enfin, dans les chambres, il ne resta bientôt plus que les lits : la mère passait les jours et les nuits à pleurer pendant que ses enfants, réunis autour d'elle, tremblaient de froid et criaient la faim. Tout ceci, pourtant, ne fut pour Charles Dickens que le prologue d'un drame beaucoup plus sombre. Il était dans la destinée de cet enfant d'expérimenter lui-même toutes les misères, toutes les promiscuités, toutes les amertumes qui sont le lot des petits abandonnés; il connut ces douleurs ineffables, cette dégradation de l'enfance dont il fut plus tard l'historien attendri et indigné. En parcourant le chapitre suivant le lecteur aura la preuve que dans sa descrip-

---

1. Fanny, l'aînée, avait été reçue cette année-là même comme élève de l'Académie Royale de Musique.

tion de l'enfance ténébreuse de David Copperfield, Dickens n'a rien exagéré. Il n'a fait que raconter, en adoucissant même certains détails, le résultat de ses douloureuses expériences personnelles. Après la mort du grand écrivain, on trouva parmi ses papiers un manuscrit autographe qui contenait des mémoires commencés avant qu'il eût conçu son roman *David Copperfield*. C'est de cette autobiographie inachevée que nous allons extraire le pathétique récit de son enfance et de sa jeunesse; ces pages, outre leur intérêt biographique, sont très caractéristiques de l'esprit et du cœur de Dickens, elles en ont la véhémence et l'ironie, l'humour et le pathos.

CHAPITRE II.

... Il y avait à cette époque un certain cirage fabriqué par un certain Warren (Robert), dont la réputation était universelle : ce Robert Warren avait son magasin au numéro 30 du Strand. Mais un autre Warren (Jonathan), cousin du premier, prétendit qu'il était le véritable inventeur du précieux cirage, que son parent était un voleur, et il établit une concurrence tout à côté du numéro 30. Sur ses prospectus, son adresse était ainsi fallacieusement libellée :

WARREN'S BLACKING
30, Hungerfordstairs **Strand, 30.**

Malgré cette ruse commerciale l'entreprise réussit mal et Jonathan se décida à vendre. Il découvrit un acheteur dans la personne d'un monsieur Georges Lamert, beau-père de mon cousin et de mon ancien camarade de Chatham, James Lamert. Dieu voulut, pour mon malheur, qu'il prît James comme gérant de sa fabrique, et celui-ci, au courant de nos affaires pécuniaires, pensant nous être utile, proposa de me faire entrer comme ouvrier dans la maison à raison de six ou sept shillings par semaine : je crois me souvenir que ce devait être six pour commencer, sept ensuite. Quoi qu'il en soit ma mère et mon père acceptèrent la proposition avec une joie sans mélange, et, le lundi suivant, dès la première heure, je me dirigeai vers la fabrique pour commencer ma vie d'ouvrier.

Je l'avoue, je n'ai jamais pu comprendre qu'on m'ait jeté sur le pavé à un âge aussi tendre : je n'ai jamais pu comprendre ce manque de compassion de la part de ceux qui m'entouraient ; pas un parent, pas un ami ne s'est trouvé assez généreux pour donner les quelques sous qui m'eussent fait admettre à une école de charité! personne n'a fait un signe pour sauver de la boue un enfant plein de moyens, vif, enthousiaste, délicat, sensible, impressionnable... personne ! Mon père, ma mère, paraissaient aussi satisfaits que si leur fils, après un brillant examen, venait d'être reçu à vingt ans à l'Université de Cambridge !

La fabrique était installée dans une vieille maison lézardée, donnant sur la Tamise et complètement envahie par les rats. Pendant que j'écris, je vois se dresser devant moi cet étrange logis ; je vois les chambres aux panneaux sombres, les escaliers vermoulus le long desquels les gros rats gris dégringolent en poussant de petits cris aigus, et la cave humide, et la poussière, et la moisissure qui semblaient sortir de partout. Le bureau et la caisse étaient situés dans une salle du premier étage dont les fenêtres s'ouvraient sur la rivière. Dans cette salle, il y avait une encoignure où l'on m'installa : mon travail consistait à recouvrir les pots de cirage d'abord avec un papier huilé, puis avec un papier bleu ; il fallait ensuite entourer la couverture d'une ficelle, puis la couper tout autour : lorsque j'avais habillé une certaine quantité de ces pots, je collais dessus des étiquettes. Deux ou trois enfants faisaient le même métier dans une cave au-dessous de moi et recevaient les mêmes gages. Le jour de mon installation, on fit monter l'un d'eux pour m'initier aux secrets du métier : il avait un tablier en loques et une toque de papier sur la tête. Il s'appelait Bob Fagin : je me suis permis de me servir de son nom longtemps après dans *Olive Twist*. Bientôt on s'aperçut que pots de cirage, ciseaux, papiers et chétif petit ouvrier produisaient un singulier effet dans un bureau où les clients pénétraient de temps à autre. On en vint donc assez vite à nous reléguer, avec nos semblables, dans la cave. Je devins le voisin et le compagnon de Bob Fagin et d'un autre enfant, du nom de Paul Greene. Bob était orphelin et demeurait chez son beau-frère, un porteur d'eau. Le père de Paul Greene était un pompier employé à Drury Lane, et sa petite sœur figurait comme lutin dans les féeries au même théâtre.

Rien ne saurait exprimer l'agonie secrète de mon âme en se voyant plongée dans un semblable milieu : comparant ces nouveaux associés aux compagnons de mon enfance, je sentis mourir en moi l'espérance que j'avais caressée jadis de devenir un jour un homme instruit et distingué ! J'ai conservé si profondément dans mon cœur le souvenir de mon abandon et de mon impuissance, ma nature entière a été tellement pénétrée par les injustes humiliations dont j'ai été la victime à cette époque, que même maintenant ce spectre infâme de ma jeune ignominie me hante et me fait froid ; j'oublie que je suis célèbre, heureux, caressé, j'oublie que j'ai une chère femme et de chers enfants... j'oublie... et, dans un rêve sombre, je remonte, désolé, vers les premiers jours de ma vie !

Ma mère, mes frères et mes sœurs, continuaient à camper dans la maison vide de Gower-Street-North : c'était un long trajet pour moi, aussi avais-je pris l'habitude d'emporter mon dîner ou de l'acheter à une boutique du voisinage. Il se composait généralement d'un saucisson et d'un pain de deux sous, quelquefois d'un morceau de fromage et d'un verre de bière avalés à la hâte dans une misérable auberge qui avait pour enseigne un cygne. Je me souviens qu'un jour, mon morceau de pain sous le bras, je fis bravement mon entrée dans un de ces grands restaurants qu'on appelait « Maisons du Bœuf à la mode ». Je m'assis à une table et commandai magnifiquement un plat de bœuf pour manger avec mon pain : j'ignore ce que le garçon put penser à l'aspect de cette étrange petite apparition, je le vois encore, me regardant de ses yeux ronds et hébétés, et allant chercher les uns après les autres tous ses collègues pour me dévasiger : je lui offris un sou de pourboire, et, pour lui, je voudrais pouvoir écrire ici qu'il ne l'a pas accepté[1].....

La clé de la maison fut renvoyée au propriétaire, très heureux de la revoir, et moi (petit Caïn que j'étais, avec cette différence que je n'avais jamais fait mal à personne), je fus livré en qualité de locataire à une vieille dame pauvre, connue de ma famille, qui demeurait dans Little-College-Street, Camden-Town, et qui prenait des enfants en pension ; elle avait déjà pratiqué la même industrie à Brighton, et c'est elle qui, sans s'en douter, posait devant moi pour le portrait de mistress Pipchin dans *Dombey*.

Elle avait, à cette époque, la garde d'un petit garçon et d'une petite fille, enfants naturels de quelqu'un, et dont la pension était très irrégulièrement payée ; il y avait en outre un autre enfant, le fils d'une veuve. Les deux petits garçons et moi couchions dans la même chambre. J'achetais moi-même mon déjeuner, composé d'un petit pain de deux sous et de deux sous de lait. Je conservais un autre petit pain et un quart de fromage dans un tiroir qui m'était spécialement affecté ; cela servait à mon souper lorsque je rentrais le soir. On comprendra que cette dépense faisait un trou dans mes sept shillings, et cependant je n'avais rien autre chose à attendre pendant toute la semaine. Je suppose que mon père payait mon logement, mais, à part cela, je ne recevais aucune autre assistance de personne, du lundi matin au samedi soir !... Non !... pas un sourire, pas un conseil, pas un encouragement, pas une consolation, pas le moindre support de personne,... de personne au monde,... J'en prends Dieu à témoin !...

Fanny et moi nous passions le dimanche à la prison. J'al-

---

1. Il y a ici une lacune dans le manuscrit: entre temps, la mère et les enfants, à bout de ressources et de crédit, durent aller rejoindre John Dickens dans la prison pour dettes « The Marshalsea ».

lais la chercher le matin à son Académie, située dans Tenterden-Street, Hanover-Square, et je l'y ramenais à la nuit.

J'étais si petit, si enfant, j'avais encore si peu de prévoyance (souvenez-vous que j'avais à peine onze ans), que, lorsque je me rendais le matin à la fabrique, je ne pouvais résister à la tentation des étalages de pâtisseries de Tottenham-Court-Road, et je dépensais là souvent l'argent que j'aurais dû garder pour mon dîner... Je m'en passais alors, ou bien parfois j'achetais un petit pain ou une tranche de pudding... On nous accordait une demi-heure pour goûter : quand j'étais assez riche, j'entrais dans un petit établissement et j'avalais une tasse de café en dévorant un morceau de pain et de beurre... Quand mes poches étaient vides, je me promenais dans le marché de Covent-Garden et je contemplais les ananas. Il y a un café où j'allais souvent et dont je me souviendrai toujours ! Au-dessus de la porte de la salle, sur une grande plaque ovale en verre dépoli, se détachait cette inscription : *Coffee-Room*. Maintenant encore, si, dînant dans un restaurant, j'aperçois de ma place, au-dessus de l'entrée, ces deux mots à l'envers : mooR-eeFFoC, un frisson me passe dans les veines. J'affirme que, dans tout ce qui précède, je n'ai rien exagéré, même sans le vouloir. Si quelqu'âme charitable me donnait un shilling, je le dépensais pour apaiser ma faim. Du matin au soir, pauvre enfant en guenilles, entouré de gens sortis de la lie du peuple, je travaillais à une tâche ignoble. J'errais souvent à travers les rues, à moitié mort de faim, et j'affirme devant Dieu que, sans son indulgente pitié, j'aurais pu devenir, grâce à l'abandon où j'étais plongé, un petit voleur et un petit mendiant. Mais il lui avait plu de mettre, dans ce corps chétif d'enfant mal nourri, une étincelle de sa divinité, qui me relevait en me donnant l'énergie de souffrir en secret. Mes souffrances, personne jusqu'à ce jour n'a pu les connaître... Et pourtant elles ont surpassé en intensité tout ce que peut supposer une imagination humaine... N'importe ! dans cette douloureuse période j'ai toujours tenu la tête haute et j'ai toujours accompli ma tâche : J'avais compris vite que, pour éviter le mépris de mes collègues, il me fallait être aussi bon ouvrier qu'eux. Je devins très habile dans mon métier d'habilleur de pots de cirage. Bien que familier avec mes camarades, ma conduite et mes manières étaient si différentes des leurs, que cela les tenait un peu à l'écart. Eux et les ouvriers de la fabrique parlaient toujours de moi comme du « Jeune Gentleman ». Un jour, Paul Greene voulut s'insurger contre cette distinction, mais Bob Fagin le remit aussitôt à sa place. Je n'espérais plus la délivrance et je me résignai à ma vie sans cependant m'y réconcilier. J'étais toujours très malheureux, mais, ce qui me faisait le plus de peine, c'était encore d'être complètement séparé de mes parents, de mes sœurs et de mon père. Un dimanche soir je plaidai ma cause si pathétiquement et avec tant de larmes, que ce qu'il y avait de bon en mon père s'émut. Il commença à penser que la destinée qui m'était faite n'était pas souverainement juste ; c'était la première fois que je me plaignais à lui et peut-être ma plainte eut-elle un accent plus douloureux que je n'imaginai. On me loua une mansarde dans la maison d'un huissier qui demeurait dans Lant-Street, illustrée depuis par la présence de l'étudiant Bob Sawyers, le facétieux ami du célèbre Pickwick. Ma petite fenêtre donnait sur une vieille cour pittoresque, ombragée d'un grand arbre, et, lorsque j'entrai dans ma nouvelle demeure, je me figurai que c'était l'Eden.

Le principal avantage de ce céleste séjour était qu'il me faisait rentrer dans le cercle de la famille. A partir de ce moment je déjeûnai à la maison (la Maison c'était la Prison, hélas !). Ma mère y avait établi un certain confort. La pension de mon père ne pouvait être saisie, il la touchait régulièrement, et cela suffisait à assurer à toute la famille un bien-être matériel qu'elle n'avait pas lorsqu'elle était libre. Mes parents avaient conservé leur servante, une pauvre orpheline sortie du dépôt de mendicité de Chatham; elle avait des petites manières fines et des attentions du cœur très délicates que j'ai essayé de rendre en peignant « *la Marquise,* » dans le *Magasin d'antiquités.* Elle habitait une mansarde, elle aussi, dans les environs, et nous nous rencontrions parfois le matin sur le pont, attendant l'ouverture des portes de la prison. Je m'amusais alors à lui conter d'effroyables et merveilleuses histoires sur la Tour de Londres, qui se dressait, sinistre, dans les brumes de la Tamise, et je finissais par croire moi-même les histoires que j'inventais. Souvent, après ma journée de travail, je soupais le soir à la prison et je rentrais dans ma chambre vers neuf heures. Mon propriétaire était un vieux monsieur gros et d'un cœur excellent, il avait une femme vieille, il boitait et avait un fils, boiteux également. Ils étaient très bons, très attentifs pour moi, me soignant lorsque j'étais malade. Ils sont tous morts maintenant, mais j'ai tenté de les faire revivre sous le nom de la famille Garland, dans un de mes ouvrages intitulé le *Magasin d'antiquités.*

On se souvient qu'étant tout petit, j'étais sujet à des spasmes nerveux : un jour, à la fabrique, je fus brusquement repris d'une de ces attaques.

Je souffrais d'une façon tellement atroce, qu'on étendit de la paille dans le coin où je travaillais, pour que je pusse m'y rouler. Bob remplissait d'eau chaude des bouteilles de cirage vides et me les appliquait sur le côté sans discontinuer. Enfin vers le soir, je me trouvai mieux. Bob, qui était bien plus grand et bien plus âgé que moi, insista pour me reconduire. J'avais honte de lui avouer que j'habitais une prison, et, après avoir vainement essayé de m'en débarrasser, je lui serrai la main et sonnai à la porte d'une maison située près du pont de Southwark, comme si c'était là que je demeurais.

Malgré tous ses efforts, mon père ne put éviter de passer en justice, et il fallut se soumettre à toutes les cérémonies pénibles grâce auxquelles il est permis de bénéficier du statut relatif aux débiteurs insolvables. Une des conditions du statut est que le débiteur et sa famille ne peuvent conserver d'effets ou de propriété personnelle d'une valeur totale de plus de £ 20 (500 francs). Il était donc nécessaire, pour se conformer aux usages, que les vêtements que je portais fussent examinés par l'expert officiel. J'allai chez lui une après-midi, il demeurait derrière l'obélisque ; je me souviens qu'il sortit de table pour venir me voir ; il avait la bouche pleine et sentait très fort la bière. Il me tapota les joues en disant : « Très bien ! très bien ! ça suffit ! » Assurément aucun créancier n'eût été assez cruel pour m'enlever mon misérable chapeau de feutre blanc, ma mesquine jaquette et ma culotte en velours de coton, mais j'avais une grosse montre ancienne en argent dans mon gousset, qui m'avait été donnée par ma grand'mère avant mon entrée dans le cirage, et je tremblais qu'on ne me la prît : aussi je m'en retournai d'un cœur plus léger que je n'étais venu.

Enfin, au moment où tout espoir de liberté semblait perdu, mon père hérita tout à coup d'un parent éloigné qui lui laissait une fortune à peu près suffisante. Ma famille quitta donc la Marshalsea, cette étrange prison, qui m'a depuis continuellement hanté, que je revois comme au jour de mon enfance, et dont je pourrais dessiner tous les habitants sans me tromper sur un seul détail de leurs traits ou de leurs vêtements, si seulement je savais un peu dessiner. Le plus étrange est que, tout enfant que je fusse alors, je comprenais ce qu'il y avait de grotesque et de pathétique dans les scènes auxquelles j'assistais journellement, aussi bien que je le comprendrais maintenant.

En quittant la prison pour dettes, mon père et ma mère louèrent une petite maison à Somers town, mais il ne fut pas question de me retirer de la triste position que j'occupais. Vers cette époque, j'assistai à la distribution des prix de l'Académie Royale de musique ; pour y voir couronner

Fanny, qui avait obtenu une récompense. A cette vue, les pleurs inondèrent mon visage. Jamais je n'avais senti plus vivement mon injuste dégradation. En me couchant ce soir-là, je suppliai Dieu avec la ferveur naïve d'un enfant, de m'arracher à cette humiliation, à cet abandon complet. Ma prière fut enfin écoutée.

Le jour vint où mon père et mon patron (son cousin par alliance), se querellèrent. J'étais sans aucun doute le sujet innocent de cette querelle. Un matin j'apportai une lettre au Directeur de la fabrique ; après l'avoir lue, il s'écria que mon père l'insultait et qu'il me chassait : je partis en pleurant, sans me douter de mon bonheur.

Au bout de quelques jours les deux cousins s'apaisèrent et ma mère fut d'avis qu'on me fît rentrer comme ouvrier dans la fabrique. En dépit de mon affection filiale, je ne puis oublier que ma mère a voulu me rejeter dans l'ignominie d'où la Providence me faisait sortir ! Mais mon père déclara que jamais je ne remettrais les pieds dans cette maison, et que maintenant qu'il avait de l'argent, il m'enverrait à l'école...

A ce mot « d'École », je crus voir s'ouvrir les portes du Paradis !

J'ai fini le récit de l'histoire de mon enfance. Jusqu'à ce jour, pas une de ces révélations sombres ne s'était échappée de mes lèvres : combien de temps mon supplice a-t-il duré ? Je l'ignore encore à l'heure présente. Sur cette période de ma vie, mon père et ma mère semblent frappés de mutisme. Hélas ! Je le comprends... Depuis que le rideau est tombé sur ce lugubre drame, je ne l'ai jamais relevé pour personne. Jusqu'à ce que *Old Hungerfordstairs* ait été détruit, jusqu'à ce que la nature même du sol ait été changée, je n'ai jamais eu le courage de revisiter ces lieux témoins de ma servitude : je ne pouvais en approcher ! Pendant de nombreuses années, toutes les fois que le hasard m'amenait dans le voisinage de l'établissement de Robert Warren, je traversais la chaussée pour éviter l'odeur du ciment, qui me rappelait ce que j'avais été autrefois. Maintenant encore, dans mes rêves, je refais continuellement le trajet de la sombre prison à la fabrique plus sombre encore, et peu à peu j'ai été amené à écrire ceci, qui n'est pas la millième partie de ce que j'aurais pu écrire si j'avais laissé déborder le flot de mes pénibles souvenirs.

CHAPITRE III.

C'est encore à la correspondance de Dickens que nous empruntons le passage suivant, relatif à son entrée au collège :

Il y avait dans Hampstead-Road un établissement tenu par un Welsh du nom de Jones : mon père m'envoya lui demander un prospectus avec les prix. Quand j'arrivai, les élèves étaient au réfectoire, et M. Jones, les avant-bras recouverts de manches de toile, découpait. Il sortit pour me remettre la liste de ses prix, et me dit qu'il espérait que je deviendrais bientôt son élève. Je le devins. A sept heures un matin, je fis mon entrée comme externe dans l'établissement de M. Jones. Au-dessus de la porte principale on lisait en grosses lettres dorées : « Wellington House Academy. »

Dickens resta deux ans dans ce collège, il le quitta vers l'âge de quatorze ans. Il a fait allusion à sa carrière d'élève de M. Jones, dans *David Copperfield*, et, dans une fantaisie, publiée dans *Houschold Words*, revue qu'il avait fondée et dont il était le directeur, il décrit l'école et ses habitants avec cette minutie de détails qui est un des caractères de son talent. Le titre de ce morceau, qui a été réimprimé dans les œuvres diverses, est *Notre École*.

Quelques mois après sa sortie du collège, Dickens

entra comme petit clerc chez un attorney (avoué).
M. Edward Blackmore, dont l'étude était située dans
Gray's Inn. M. John Forster a publié la très intéressante lettre que M. Blackmore lui a adressée au sujet
de son jeune employé. Nous en détacherons les passages suivants :

Je connaissais beaucoup ses parents, et, comme j'étais
établi, à cette époque, dans Gray's Inn, ils me demandèrent
de trouver un emploi pour leur fils. C'était un enfant au
regard vif, à la physionomie intelligente. Je le pris comme
petit clerc, il entra à l'étude en mai 1827 et la quitta en novembre 1828. J'ai conservé précieusement un livre des
comptes de l'étude, tout entier de sa main et dans lequel il
est inscrit pour la modeste somme de 15 shillings par
semaine. Il devait observer très attentivement tout ce qui se
passait dans nos bureaux, car dans *Pickwick* et dans *Nickleby*,
j'ai reconnu certains incidents réels qui ont eu pour décor
mon étude, et je me trompe fort si quelques-uns des personnages de ces deux romans ne sont pas d'anciens clients à
moi. Son goût pour le théâtre était partagé par un autre clerc
du nom de Potter, mort depuis. Tous deux fréquentaient une
petite salle des environs, quelquefois même ils y jouaient
des rôles. Après qu'il m'eut quitté, je l'apercevais de temps
en temps dans la Cour de justice du Lord chancelier, prenant
des notes comme reporter. Puis je le perdis de vue jusqu'à
l'apparition de son *Pickwick*.

Son métier de saute-ruisseau — il n'était pas plus
haut en grade — laissait à l'enfant quelques heures
de liberté ; cette ferme résolution de s'élever, de se
distinguer dans la vie, qui ne l'abandonna jamais pendant les épreuves de sa jeunesse, lui firent consacrer

tout son loisir à maîtriser une des sciences les plus rebelles et les plus ingrates : la sténographie. Son père avait obtenu une place de reporter dans un journal de second ordre. Charles, attiré instinctivement vers tout ce qui se rapprochait de la littérature, eut l'ambition de succéder à son père. Il avait entendu dire que beaucoup d'hommes éminents avaient commencé par être reporters parlementaires. Les difficultés inouïes de ce métier ne le rebutèrent pas ; il les a décrites lui-même. « Pour arriver à une connaissance entière et parfaite des mystères de la sténographie, dit-il quelque part, il faut autant de travail que pour apprendre six langues vivantes. » N'importe, il se plongea résolument au milieu de « ces mystères » et sut les éclaircir sans l'aide d'aucun professeur.

Dans ce beau roman de *David Copperfield* qui, comme nous l'avons dit déjà, n'est que le récit à peine déguisé de l'enfance et de la jeunesse de l'auteur, Dickens nous a donné une juste idée de ces véritables casse-tête de l'ancienne sténographie ; je dis ancienne, car depuis elle a été singulièrement simplifiée. « Les différents changements des points, qui dans telle position signifient telle chose et dans telle autre position une chose absolument contraire ; les étranges bizarreries auxquelles se livrent les cercles, les conséquences inouïes qui résultent de certaines marques semblables à des pattes de mouche, les terribles effets d'une courbe mal placée, tout cela troublait mes jours et réapparaissait dans mes rêves »………

Il y avait à cette époque — comme il y a encore

maintenant — dans les salles du Parlement anglais, une tribune spécialement affectée aux sténographes de la presse. Cette tribune était désignée sous le nom de Galerie, et c'était l'ambition suprême de tout jeune reporter d'avoir une place dans cette galerie. Le père de Dickens y était déjà depuis quelque temps, il y représentait un journal du matin intitulé *The Chronicle*, mais il fallut au jeune homme plusieurs années avant qu'il pût s'asseoir à côté de son père. Il débuta par faire de la sténographie judiciaire et ce ne fut qu'en 1831 qu'il fut nommé reporter au Parlement pour un journal du soir *The true sun*. Il n'y resta que peu de temps, s'étant mis à la tête d'une grève de sténographes qui ne se trouvaient pas suffisamment rétribués par ce journal. Il passa ensuite au *Mirror of Parliament*, et enfin il fut attaché d'une façon durable au *Morning Chronicle*, qui était un des journaux les plus répandus et les mieux rédigés de l'époque. Il avait alors vingt-trois ans.

Mais quelques mois auparavant, un fait bien autrement important pour nous, s'était passé dans sa vie. Ce fut dans le numéro du mois de décembre 1833, d'une revue intitulée *The old monthly Magazine*, que parut la première œuvre littéraire de Charles Dickens. C'était une fantaisie intitulée : *Un dîner à l'allée des Peupliers*. L'auteur a raconté lui-même combien le cœur lui battait, le soir où il alla subrepticement jeter son manuscrit « *dans la boîte noire d'un bureau noir, au fond d'une cour noire.* » Il nous a décrit également son agitation lorsque son œuvre parut dans toute la gloire qui environne un premier article imprimé. « J'allai me réfugier, dit-il, dans la salle des Pas-Perdus de Westminster, et j'y restai une demi-heure, stupide de joie et d'orgueil. J'avais acheté la livraison dans un magasin du Strand, et, deux ans plus tard, je reconnus dans l'éditeur qui venait me faire les propositions d'où est sorti *Pickwick*, le jeune homme qui m'avait vendu le prestigieux numéro où ma prose eut l'honneur d'apparaître pour la première fois. »

Dans l'intervalle de ces deux années, il continua, avec un succès toujours croissant, son métier de reporter parlementaire et politique, pour le *Morning Chronicle*. Ses lettres contiennent de nombreux et amusants détails sur cette partie de sa vie. — Laissons donc Dickens nous décrire avec sa verve accoutumée cette existence pour laquelle il fallait être doué d'une énergie, d'une activité et d'une promptitude presque surhumaines :

Jamais journaliste n'a eu à faire payer à ses patrons autant d'exprès, autant de chaises de poste que moi. Ah ! quels hommes c'étaient que ces messieurs du *Morning Chronicle !* Tout leur était égal pourvu qu'ils fussent promptement servis ! Je versais six fois dans douze lieues, ils payaient les six accidents. Je couvrais de bougie un grand manteau en écrivant, dans une voiture enlevée par deux chevaux fougueux, à la clarté d'une immense bougie, ils payaient le grand manteau, ils payaient les chapeaux cassés, ils payaient les valises éventrées, ils payaient les voitures brisées, ils payaient les traits coupés, ils payaient tout... excepté les crânes fracassés,... et qui plus est, ils payaient le sourire aux lèvres, ne grommelant que quand on n'arrivait pas !...

Les sténographes actuels ne peuvent se figurer ce qu'était la vie de reporter parlementaire à cette époque. Souvent j'ai transcrit pour l'imprimerie, d'après mes notes sténographiées, d'importants discours publics demandant la plus stricte exactitude, écrivant sur mes genoux repliés, à la lueur d'une lanterne sourde, assis dans une chaise de poste attelée de quatre chevaux, emporté à travers une contrée sauvage, au milieu de la nuit, au train presqu'incroyable de quinze milles à l'heure! La dernière fois que je suis allé à Exeter, je suis entré dans la cour du château pour identifier l'endroit où j'ai sténographié jadis un discours de lord John Russell pendant les élections du Devonshire. Cette fois-là, j'étais entouré d'une foule énorme de vagabonds qui criaient et se battaient; la pluie tombait à torrents si pressés, que deux de mes excellents confrères étaient obligés de tenir, au-dessus de mon carnet, un mouchoir de poche, déployé comme un dais ecclésiastique dans les processions religieuses. J'ai usé mes pantalons en écrivant à genoux dans le dernier banc de l'ancienne galerie de l'ancienne Chambre des Communes, et j'ai usé mes talons à écrire debout, dans la Chambre des Pairs, où l'on nous parquait comme autant de moutons, ayant l'air d'attendre que le sac de laine, siège glorieux, eût besoin d'être rembourré! En revenant des bruyantes réunions politiques de la province à l'impatiente imprimerie, j'ai été versé dans les fossés par des véhicules de toutes les descriptions. Je me suis plus d'une fois trouvé en détresse au milieu de la nuit, à vingt lieues de Londres, sur une grande route marécageuse, dans une voiture veuve de roues, en compagnie de chevaux éreintés et de postillons avinés, et me disant qu'il fallait arriver,..... arriver à tout prix !..... et (comment faisais-je?) j'arrivais! et j'étais toujours reçu par notre excellent directeur, M. Black, à bras et à cœur ouverts; et il me complimentait dans le magnifique patois d'Écosse, dont il était né natif. Eh bien !

cette vie possédait une sorte de fascination et je ne l'ai jamais oubliée!

Les exigences d'une carrière aussi aventureuse n'empêchèrent pas le jeune reporter de continuer ses contributions à la *Revue* qui la première avait accepté les effusions de sa plume. De 1832 à 1835, il fit paraître neuf autres petites compositions, toutes portant l'empreinte de son futur génie. Il signait ces fantaisies, qu'il appelait *Esquisses,* du pseudonyme de Boz. Boz était le surnom donné dans le cercle de la famille au benjamin du foyer, le petit Auguste, le plus jeune des frères de Charles. De 1832 à 1835, la collaboration de Dickens au *Monthly Magazine,* avait été absolument gratuite; il travaillait pour l'honneur seulement. Mais cette période de probation achevée, il eut la juste conscience de sa valeur, et se dit que sa plume devait lui rapporter autre chose que des éloges. Le directeur du *Magazine* ne partagea pas cet avis, il refusa de rétribuer le travail du jeune humoriste, de là querelle et rupture finale. Cette rupture ne porta pas bonheur à la vieille *Revue*, elle s'éteignit au milieu de l'indifférence générale quelques mois plus tard.

Il advint précisément à cette époque que les éditeurs du *Morning Chronicle*, journal auquel Charles était attaché, résolurent de faire paraître une édition du soir. Le directeur Black en confia l'administration à un de ses compatriotes du nom de Georges Hogarth; celui-ci avait remarqué les premières fantaisies signées Boz; il s'empressa d'aller trouver Dickens dans le modeste appartement qu'il occupait dans Furnival's Inn, et lui demanda, pour le nouveau journal, une série d'esquisses dans le genre de celles qui avaient attiré son attention. Le débutant accepta avec joie et reconnaissance le très modeste salaire que M. Hogarth lui offrit. Cette entrevue est le point climatérique dans l'histoire de la jeunesse de Charles Dickens ; c'est d'elle que datent les véritables débuts du grand romancier dans la carrière des lettres, et c'est à elle qu'il dut sa première liaison avec l'homme distingué qui, très peu de temps après, devait devenir son beau-père.

Les esquisses continuèrent à paraître régulièrement pendant toute l'année. Leur destinée fut des plus brillantes. On en parlait dans les salons et dans les clubs. La presse et la critique s'en occupaient. Derrière le masque du pseudonyme on pressentait une grande individualité, comme aux premières heures du jour on pressent le soleil derrière les nuages lumineux de l'Orient !

CHAPITRE IV.

Les premiers jours de l'année 1836 trouvèrent Dickens occupé à réunir en deux volumes les *Esquisses de Boz*. Il avait cédé tous ses droits sur cet ouvrage à un jeune éditeur de Londres, M. Macrone, moyennant la somme de £ 150 (3.750 fr.). Le *Times*, du 26 mars 1836, annonçait que le 31 du même mois devait paraître le premier numéro à un shilling des *Papiers posthumes du club Pickwick*, édités par Boz, et, quelques jours après, le même journal enregistrait dans sa colonne spéciale, le mariage de M. Charles Dickens, et de demoiselle Catherine, fille aînée de M. Georges Hogarth qui a déjà fait son apparition dans ces pages. La cérémonie eut lieu le 9 avril, à Londres, mais Dickens se hâta de fuir, en compagnie de sa jeune femme. Il alla cacher son bonheur au sein de ce paysage verdoyant et paisible qui avoisine Chatham et Rochester, pays rempli des souvenirs de sa première enfance, pays de prédilection, où ses yeux s'étaient ouverts à la vie, où son cœur fut bercé par l'amour, d'où plus tard enfin son âme devait s'envoler vers l'éternité bienheureuse. Laissons le jeune ménage savourer les joies de la lune de miel et racontons l'origine et la naissance du célèbre M. Pickwick, dont la

figure est aussi populaire en Grande-Bretagne que
celle de M. Prud'homme en France.

Il existait à Londres à cette époque (1835-1836)
une maison d'édition qui avait à sa tête deux jeunes
hommes énergiques, entreprenants et audacieux
MM. Chapman et Hall. Dès 1835, ils avaient inauguré
une sorte de bibliothèque de fiction et d'humour, qui
paraissait par séries et par numéros et qui répondait
assez exactement à nos publications en livraisons il-
lustrées... Ils s'étaient attaché comme dessinateur
principal un jeune caricaturiste du nom de Seymour,
dont l'excentricité égalait le talent. Un jour l'artiste,
déjà fameux par sa joyeuse collaboration à un petit
livre comique, intitulé *The squib annual*, eut une
idée heureuse. Mais ici mieux vaut laisser parler
M. Chapman. En présence de certaines réclamations,
sans fondement, faites en 1849 par la famille Seymour, Dickens crut ne pouvoir mieux répondre qu'en
priant l'éditeur de raconter au public l'histoire des
origines et de la composition de l'œuvre objet du
litige. M. Chapman s'empressa d'accéder à cette
demande ; il le fit dans une lettre adressée à l'auteur
de Pickwick lui-même, que les journaux du temps
publièrent, et d'où nous extrayons les passages suivants :

En novembre 1835, nous avions édité un petit livre intitulé : *The squib annual*, avec des dessins de Seymour. Un
jour que j'étais en visite chez lui, il me dit qu'il aimerait à
composer une série de dessins humoristiques plus soignés
que les précédents, et représentant des mésaventures de

sport ayant pour héros des *cockneys* (nom donné aux bourgeois de Londres). Je lui répondis que l'entreprise me sourirait assez, à la condition que ces gravures seraient accompagnées d'un texte et que le tout paraîtrait par livraisons. J'écrivis à l'auteur de : *Trois plats et le Dessert*, pour lui faire des propositions ; il ne répondit pas. Au bout de quelques mois, Seymour me pressant pour une solution, je me décidai à vous aller trouver. C'est dans cette première entrevue que l'idée générale du plan de Pickwick fut conçue. Elle vint entièrement et absolument de vous, Seymour n'y fut pour rien, il ignora jusqu'au dernier jour ce que nous avions projeté. Notre prospectus parut au mois de février 1836.

Citons encore ce passage de la préface de 1849, écrite par Dickens pour une nouvelle édition de son *Pickwick* :

Qu'il vint de Seymour ou de l'éditeur, voici le projet qui me fut d'abord soumis : on avait besoin d'un texte mensuel ou bimensuel qui pût servir de véhicule aux dessins de l'admirable caricaturiste ; on me parla vaguement d'un certain *Club de Nemrod*, dont les membres, tous bourgeois de Londres, seraient successivement les héros de grotesques mésaventures à la chasse, à la pêche, aux courses, etc... Je m'opposai à ce plan pour des raisons nombreuses : tout d'abord, bien que né en province, je n'étais pas homme de sport ; puis l'idée n'était pas neuve, on s'en était déjà servi. Bref il me paraissait infiniment préférable que le dessin fût la conséquence du texte. En ce qui me concernait j'exigeai une liberté d'allure complète et le droit d'étendre mon cadre à toutes les parties de la société anglaise. L'éditeur consentit à tout ; et c'est alors que l'image de Pickwick me parut en rêve. J'écrivis le premier numéro d'une seule haleine, et aussitôt que j'eus les épreuves, je les envoyai à Seymour : c'est après les avoir lues qu'il dessina la réunion du Club pickwickien et l'admirable portrait de son fondateur.

Ajoutons que ni le nom de Pickwick ni sa physionomie ne sont imaginaires. Son nom était celui d'un célèbre maître de postes de Bath et, quant au portrait, écoutons M. Chapman. Il clôt ainsi la lettre justificative adressée à Dickens et dont nous avons cité plus haut quelques passages :

> Comme cette épître doit demeurer historique, je ne vois pas pourquoi je ne revendiquerais pas la petite part qui m'appartient dans la création de ce héros populaire.
> Le premier dessin de Seymour, représentant Pickwick, était le portrait d'un homme long et maigre ; il le changea pour celui qui désormais est immortel, d'après la description que je lui fis d'un mien ami qui habitait Richmond. C'était un vieux beau assez obèse, qui s'obstinait à porter, en dépit des protestations féminines, des culottes collantes brunes et des guêtres noires. Il s'appelait John Foster.

Mais avant le premier numéro de *Pickwick*, il faut mentionner l'apparition des *Esquisses* par Boz, précédées d'une préface et accompagnées de dessins pleins d'humour par Cruikshank. Dès le début, cet ouvrage eut le plus grand succès ; il le méritait : il est digne en certaines parties du génie de Dickens, toutes ses qualités s'y retrouvent ; la puissance d'observation y est merveilleuse, l'esprit et la bonne humeur y débordent, le ton en est toujours sain et viril, le sentiment n'y devient jamais du sentimentalisme. Certes c'est un livre inégal ; dans ce recueil de deux volumes il y a des faiblesses de débutant et des enfantillages de très jeune homme : on se souvient à quel âge les premières *Esquisses* furent composées ; mais le charme des descriptions de ce monde, complètement ignoré jusqu'à ce jour,, qui tient le milieu entre la classe moyenne et la basse classe, la vérité des peintures du Londres intime, que Dickens connaissait si bien, enfin cette tendresse pour les faibles et les malheureux qui vibre à chaque page de ces *Esquisses*, tout cela fait déjà pressentir l'observateur redoutable, le moraliste profond, le prestigieux humoriste auquel ses compatriotes ont décerné l'épithète d'*Inimitable*.

Entre le premier et le second numéro de *Pickwick*, Seymour, comme dernière excentricité, se fit sauter la cervelle. Dickens ne vit qu'une fois son malheureux et extraordinaire collaborateur, et cela, quarante-huit heures avant son suicide : il vint, vers le soir, à Furnival's Inn chez le jeune auteur, lui apportant un croquis pour l'*Histoire du comédien ambulant* qui devait paraître dans la prochaine livraison. Dickens fit quelques remarques, et Seymour se retira en disant qu'il allait rentrer exécuter les retouches nécessaires. Il se mit, en effet, au travail aussitôt chez lui, remania scrupuleusement son dessin, et quand il eut fini, il se tua. Une note ajoutée à la livraison annonça au public ce sinistre événement. Un certain monsieur Buss, artiste de peu de valeur, illustra le troisième numéro de *Pickwick*, mais, avant l'apparition de la quatrième livraison, Dickens avait fait son choix, et le jeune dessinateur qu'il avait découvert devint, par la suite, l'illustrateur

habituel des œuvres du grand humoriste; il signait
Phiz et s'appelait Hablot-Browne : Parmi tous les
artistes qui ont essayé d'interpréter Dickens avec le
crayon, H.-Browne est celui qui a le mieux compris
et le mieux rendu son genre d'esprit; il a apporté
dans la composition de ses dessins cette même finesse,
cette même puissance d'observation, cette même exubérance de fantaisie qui caractérisent l'œuvre écrite.
Comme la plume de Dickens, son crayon a de ces
saillies inattendues qui forcent au rire les plus moroses
spectateurs; au point de vue de l'exécution artistique,
la plupart de ses dessins sont de petits chefs-d'œuvre
absolument originaux.

En même temps que l'auteur s'attachait la collaboration de Hablot-Browne, il changeait le format
des livraisons qui, à partir du quatrième numéro,
eurent trente-deux pages au lieu de vingt-quatre, et
n'eurent plus que deux illustrations par numéro.

La fin de la session parlementaire de 1836 fut,
pour Dickens, la fin de sa carrière sténographique.
Il profita de ses nouveaux loisirs pour s'essayer au
théâtre. Fanny, élève de l'Académie de musique, artiste de grande valeur, qu'une incurable maladie retint
seule loin des premières scènes lyriques, l'avait mis
en rapport avec les plus éminents musiciens et com-
positeurs de Londres. Il fut ainsi amené à s'intéresser
très vivement à l'entreprise de M. Braham, au théâtre
de Saint-James. Pour l'aider, il composa deux livrets :
l'un bouffe, intitulé *le Monsieur qui n'est pas d'ici*,
musique de M. Harley, et l'autre d'opéra-comique,

intitulé *la Coquette du village*, musique de M. Hullah. L'opérette-bouffe fut représentée au mois de septembre, et *la Coquette* au mois de décembre 1836. Cette dernière représentation eut un très grand succès.

Avec 1837, Charles Dickens entre sur la route de la gloire. Il sied donc de fixer ici, par un crayon rapide, les traits caractéristiques de sa physionomie à cette époque.

Cette figure vous attirait d'abord par un rayonnement de jeunesse, par la candeur d'une expression ouverte qui vous faisait sentir, du premier coup, les qualités de l'âme : les traits, un peu indécis pendant l'enfance, s'étaient affermis, étaient devenus très purs : le front était mat, carré et serré, le nez ferme, aux ailes dilatées, les grands yeux gris et changeants étincelaient de vie, d'intelligence, d'ironie et d'humour, la bouche rouge, un peu proéminente portait l'empreinte de la sensibilité. Dans son ensemble, la tête était admirablement formée et symétrique; le maintien, le port, la démarche étaient élégants, souples, rapides ; une belle chevelure brune, aux boucles luxuriantes, encadrait cette physionomie complètement imberbe. La lumière et le mouvement semblaient se dégager de tout son être. « On l'eût dit fait d'acier », écrivait Mme Carlyle. « Dans un salon, s'écrie Leigh-Hunt, sa tête attire forcément les regards ; il y a dans cette figure la vie et l'âme de cinquante êtres humains. »

CHAPITRE V

Dans l'histoire de la littérature en Angleterre, deux figures originales de biographes se détachent avec un relief singulier, c'est celle de James Boswell, qui écrivit la vie de Johnson à la fin du dix-huitième siècle, et celle de John Forster qui, de nos jours, a écrit la vie de Dickens. Boswell, beaucoup plus jeune que le populaire philosophe, se fit l'ami de Johnson dans le seul but d'être son historiographe après sa mort. Loin de cacher son dessein, il en fit part, au contraire, à celui qui en était l'objet, et le supplia, au nom de la postérité, de ne lui rien dissimuler de ses pensées les plus intimes, de ses actions les plus secrètes. L'originalité de cette requête devait plaire à un homme comme Johnson; le marché fut conclu : le carnet à la main, l'œil ouvert, l'oreille attentive, James Boswell suivait partout son célèbre ami, sans être rebuté par la mauvaise humeur, les injures ou les railleries de l'étrange patron qu'il s'était volontairement donné. Il consignait jour par jour toutes les conversations comme tous les événements, enregistrant même, sans amour-propre aucun, les rebuffades qu'il ne manquait pas de recevoir : le résultat de cette persévérance a été un ouvrage considérable, unique en son genre, le

Vade mecum de tout littérateur qui veut étudier le dix-huitième siècle chez nos voisins d'outre-Manche. Cependant, on sort de la lecture de cette étonnante biographie avec un sentiment bizarre : on estime Boswell pour le sacrifice qu'il fait de sa personnalité, on l'admire pour sa persévérance prodigieuse, pour son exactitude, pour sa minutie dans le détail, pour la saisissante réalité de ses portraits, on ne l'aime pas ! On a contre lui presque de l'indignation ! On sent qu'il n'a vu, dans cette extraordinaire nature du grand Johnson, qu'un sujet de biographie, que sa patience, sa douceur, son aménité, sont le résultat d'une préméditation constante ; dans ces six volumes de biographie, il n'y a pas un cri du cœur dénotant une amitié profonde pour cet être, admirable même dans ses défauts, dont il dissèque le cerveau et l'âme avec la sûreté de main et la froideur d'un praticien disséquant un cadavre.

Tout autre est John Forster, le biographe de Charles Dickens. Plus âgé que son illustre ami, il fut, dès le début, attiré d'une sympathie invincible vers ce brillant jeune homme, pétillant d'esprit, qui portait sur son front et dans ses yeux la clarté du génie. Sans se douter qu'il aurait un jour la douloureuse mission d'écrire la vie du grand romancier, il conserva, comme autant de trésors d'amitié, les moindres lettres, les plus insignifiants billets. Il fut avant tout l'ami de Dickens, ami dévoué, désintéressé jusqu'au sacrifice : dans ces terribles marchandages entre éditeur et écrivain, c'est lui qui évitait à son ami les écœurements, les ennuis, les pertes d'argent, en apportant dans ces transactions son bon sens pratique, son sang-froid, sa loyale honnêteté. Dickens était digne d'une pareille affection. On dirait qu'il pressentait sa mort prématurée et que toutes ses confidences écrites faites à Forster pendant ses nombreux voyages, ou simplement pendant ses absences, s'adressaient surtout à l'ami qu'il avait choisi comme le gardien de sa réputation et le défenseur de sa mémoire vis-à-vis de la postérité... A ne considérer que le talent, certes le livre de Forster n'approche pas de celui de Boswell : il a des longueurs, des attardements, des obscurités ; mais la sincérité de cette admiration constante vous émeut, même dans ses exagérations : on est touché et comme enlevé par cette flamme d'amitié qui vivifie chaque page ; ce livre vous fait aimer non seulement Dickens, mais aussi celui qui vous le raconte.

Ce fut au milieu du succès de la publication périodique de *Pickwick*, que se noua cette amitié qui ne devait cesser qu'avec la mort. Un douloureux événement la cimenta ; le triomphe du jeune écrivain se voila des crêpes d'un deuil de famille : Marie, la plus jeune sœur de sa femme, délicieuse enfant de dix-sept ans, créature idéale par les charmes de l'esprit et les grâces de la personne, mourut avec une foudroyante rapidité. Les regrets de Dickens furent intenses : il avait fait de cette toute jeune fille sa confidente et son ange gardien. — Tel fut son chagrin, qu'il renonça momentanément aux lettres. Pendant deux mois la publication de *Pickwick* fut interrompue ; — Dickens se réfugia avec sa douleur à Hampstead. — Forster y courut et vécut avec lui pendant plusieurs semaines. « Chacune de ces semaines, lui écrivit quelque temps après Dickens, est un anneau nouveau rivé à la chaîne de notre affection, chaîne si solidement fondue que la mort seule pourra la briser ».

Cependant « les gens du métier » avaient vite flairé toute l'importance commerciale d'un auteur comme Charles Dickens. *Pickwick* n'en était qu'à son cinquième numéro que déjà les éditeurs assaillaient la porte du jeune écrivain qui avait quitté son modeste logis de garçon pour un appartement plus luxueux situé dans Doughty-Street. Le 22 août 1836, il avait signé, avec M. Bentley, un traité par lequel il s'engageait à prendre au mois de janvier suivant la direction d'un « *magazine* » mensuel, *Bentley's miscellanies* et pour lequel il devait écrire un roman. Quelques semaines plus tard, Bentley revint à la charge et obtint un second traité pour deux autres romans dont le premier devait paraître à une date déterminée. Ainsi donc, au moment où il revint à Londres après ses deux mois de triste villégiature dans Hampstead, il avait à fournir mensuellement à M. Bentley la copie de son roman *Oliver Twist* et à MM. Chapman-Hall la seconde partie du *Pickwick*. Or, pendant qu'il était ainsi absorbé par la fatigue d'une conception intellectuelle constante, la rapacité d'un éditeur de mauvaise foi vint le troubler au milieu de ses travaux. On se souvient sans doute qu'un M. Macrone avait acheté, pour la somme de 3,750 francs, le droit de publier en deux volumes les

Esquisses de Boz. Lorsque la publication périodique de *Pickwick* et d'*Oliver Twist* se fut affirmée comme un grand succès, Macrone se dit qu'en republiant en livraison les deux volumes de Boz, ce nom déjà célèbre l'aiderait à opérer une spéculation avantageuse. La nouvelle de ce projet atterra Dickens : avec la nervosité qui lui était propre, il se voyait déjà accusé d'essayer d'en imposer au public en voulant faire passer une œuvre ancienne pour une œuvre inédite. Il envoya des amis chez Macrone, Forster entre autres : tout fut inutile, le rusé éditeur tint bon ; il avait acheté le manuscrit, il en était propriétaire, il pouvait, affirmait-il, le publier à sa guise et sous la forme qui lui plairait le mieux. Il ajoutait cependant qu'il était prêt à retrocéder ses droits à Dickens où à ses éditeurs, pourvu qu'il y trouvât son profit.— A cette époque aucune loi sérieuse ne garantissait la propriété littéraire en Angleterre. MM. Chapman et Hall et le pauvre Dickens se virent obligés de transiger et l'impudent Macrone eut l'audace de revendre £ 2,000 (50,000 francs) ce que quelques mois auparavant il avait acheté £ 150 (3,750 francs) ! Cet honnête marché lui profita peu du reste ; il mourut deux ans plus tard et j'ajouterai, comme un trait caractéristique, que Dickens devint le bienfaiteur de sa veuve et de ses enfants.

Nous terminerons ce chapitre par quelques extraits de la correspondance intime de Dickens. Ils diront beaucoup mieux que nous quelles étaient ses occupations à cette époque de sa vie ; ils montreront aussi au lecteur l'état de son esprit ; dans ces citations comme dans toutes celles que nous emprunterons à sa volumineuse correspondance, on retrouvera toutes les qualités d'humour, d'esprit et de pathos qui donnent tant d'originale saveur à l'œuvre imprimée du grand romancier anglais :

Calais, 2 juillet 1837.

Nous avons loué une berline de poste qui doit nous mener à Gand, à Bruxelles, à Anvers, dans cent autres lieux dont je ne me souviens pas, des noms impossibles à épeler d'ailleurs... Cet après-midi nous sommes allés en *barouche* visiter certains jardins publics où le peuple danse. Ces braves gens dansaient de toute leur âme, les femmes surtout, très agréables à regarder avec leurs légers bonnets blancs et leurs courts jupons. Un gentleman en pourpoint bleu et en culotte de soie était notre garde du corps. Il a daigné valser, d'un air condescendant, avec une très jolie fille, seulement pour nous montrer comment la chose se pratiquait...

En rentrant à l'hôtel j'ai sonné pour mes pantoufles, et c'est le gentleman aux culottes de soie qui me les a apportées... C'était le garçon !

Broad-Stairs, 2 septembre.

Je vais mieux et j'espère pouvoir commencer demain le n° 18 de Pickwick, mais imaginez d'après le détail suivant combien j'ai dû être malade ; j'ai été obligé, pendant vingt-quatre heures, de renoncer à toute liqueur forte et de m'abstenir même de porter, même de bière !!! Oui, et j'ai eu ce courage, je l'ai eu. Depuis que je suis ici j'ai fait deux découvertes : *Primo,* j'ai découvert que le maître de l'Albion possède une merveilleuse eau-de-vie de Hollande (mais que vous importe à vous qui n'avez jamais eu la moindre sympathie avec moi à ce sujet !). J'ai découvert ensuite que le cordonnier qui demeure en face de ma chambre à coucher est un catholique romain, et que tous les matins il se livre pendant une demi-heure à ses dévotions, derrière son comptoir. Je me suis promené sur la grève à marée basse, je me suis assis sur les rochers à marée haute, j'ai contemplé des ladies et des gentlemen flânant en pantoufles couleur chamois le long des plages, ou se marinant dans les flots bleus, en costumes de même nuance ; j'ai vu de gros messieurs braquant, pendant des heures entières, d'énormes télescopes sur rien du tout ; je me suis aperçu que notre plus proche voisin logeait en même temps sous son toit sa femme et sa maîtresse ; la femme est sourde et aveugle, et la maîtresse ivre du matin au soir.

Brighton, 3 novembre.

....Mercredi dernier un magnifique ouragan a brisé les fenêtres, arraché les volets, renversé les passants, éteint les feux dans les cheminées, causé une universelle consternation : le ciel a été obscurci pendant quelques minutes par une nuée de chapeaux noirs qu'on suppose avoir appartenu à une troupe de *snobs* en excursion dans les environs ; les pêcheurs de l'endroit en ont bénéficié ; Charles Kean s'était annoncé pour jouer Othello ce soir-là, je ne sais s'il a pu parvenir jusqu'au théâtre : c'est un homme fort, mais je sais qu'aucun spectateur n'est arrivé jusque-là... Je n'ai fait qu'une connaissance jusqu'ici, c'est celle de la mer, qui s'étend magnifiquement devant mes fenêtres ; à moins que vous ne veniez, je n'aurai d'autre connaissance qu'elle et ma chère Kate[1].— Je suis très heureux que le numéro d'Oliver de ce mois vous ait plu ; je compte faire de grandes choses avec Nancy ; si je puis arriver à bien rendre l'idée que je me forme d'elle et de la personne que je veux mettre à côté

---

1. Mme Dickens.

d'elle comme contraste, je crois que ce sera joliment joli!...
J'ai toutes les difficultés du monde à laisser tranquilles Fagin
et sa bande de voleurs[1], mais j'ai résisté à la tentation jusqu'ici, et, puisque je suis en vacances, je m'applique laborieusement à ne rien faire !....

Avez-vous lu l'*Histoire du Diable*, de Defoë ? Je l'ai achetée
pour deux shillings hier, et depuis, je suis plongé dans cette
lecture. — C'est admirable de style et d'imagination....

Oui, je savais qu'on avait pillé Pickwick, et que ce personnage, stupidement travesti, allait paraître sur les planches
sans mon autorisation. Je connais même l'honnête membre
de la corporation des auteurs dramatiques, coupable de ce
plagiat. Il a eu jadis, avec je ne sais plus quel directeur
de petit théâtre, un procès au cours duquel il a été prouvé qu'il
s'était engagé à écrire sept mélodrames pour cinq livres
(125 francs). A cet effet, on lui avait loué une petite chambre
au-dessus d'un débitant de gin. Le malheureux, au lieu de
travailler, se saoûlait du matin au soir.— Eh bien, je ne veux
rien faire contre ce pauvre diable... Si Pickwick peut mettre
quelques shillings dans ses poches trouées par la vermine, s'il
peut le sauver de la prison ou du dépôt de mendicité, c'est
une bonne action dont je ne détournerai certes pas mon
héros !

1. Allusion à des personnages et à des épisodes d'*Olivier Twist*.

LIVRE DEUXIÈME

1837-1842

CHAPITRE I.

Ce fut vers la fin de 1837 que *Pickwick* fut achevé et qu'il parut en trois gros volumes chez Chapman and Hall. La réception enthousiaste faite à cet ouvrage par le public anglais est sans précédent dans l'histoire de la littérature : ce succès foudroyant n'eut aucune cause factice, il s'affirma et s'agrandit avec chaque livraison, devint un événement. Cette série de simples esquisses qui ne prétendit jamais à l'intrigue compliquée d'un roman bien construit, cette œuvre en apparence éphémère par sa forme et par son objet, ce texte, qui semblait n'avoir d'autre but que de se moquer légèrement des ridicules du « Cockney » et de venir en aide aux dessins d'un artiste humoristique, cette Fantaisie d'un jeune écrivain inconnu, sans l'appui des orateurs de clubs et des réclames des journaux, n'eut qu'à paraître pour prendre d'assaut et sans coup férir l'immense ville de Londres! — Ce fut une fièvre, une rage, qui s'accrurent avec chaque livraison : tout le monde parlait de *Pickwick*, tous les négociants donnaient à leurs marchandises le nom de *Pickwick*, — il y avait aux devantures des magasins des étoffes *Pickwick*, des culottes *Pickwick*, des cigares *Pickwick*, des chapeaux *Pickwick*, à bords étroits, relevés sur les côtés, des cannes *Pickwick* avec des glands, des pardessus *Pickwick* en étoffe prune ou vert-foncé, ornés de boutons en métal ou en corne, enfin des cabs *Pickwick* roulaient à travers les rues de Londres.

On avait cru bien faire les choses en ne tirant le premier numéro qu'à 4.000 exemplaires, on en vendit 40.000. C'était une sorte d'attrait irrésistible auquel succombaient les gens graves et les gens légers, les femmes, les vieillards et les enfants, ceux qui venaient d'entrer dans la vie et ceux qui étaient sur le point d'en sortir. — Je citerai à l'appui de mon dire l'extrait suivant d'une lettre de Carlyle : Un archidiacre m'a, de ses lèvres vénérables, répété l'anecdote suivante, étrangement profane ; « Un solennel pasteur venait d'administrer quelques funèbres consolations à un vieillard très malade. Il se retirait satisfait de son éloquence, lorsqu'il entendit le grabataire dire à sa garde : « Enfin, quoi qu'il arrive, j'en lirai encore un numéro ! C'est aujourd'hui jour de *Pickwick* ! » Ceci est horrible !!! ».

Faut-il attribuer ce grand triomphe populaire seulement au charme de gaieté et de bonne humeur, à l'esprit inépuisable, à cette exubérance de vie et de jeunesse, à cette puissance d'observation dans le comique qui fascinent à la première lecture? Certes tout cela a été pour beaucoup dans le succès de *Pickwick*, mais il y a dans ce livre quelque chose de profond, qui force la pensée à s'arrêter ; en dépit de toutes ces peintures grotesques, de toutes ces aventures extravagantes, les personnages qui s'y agitent sont très vivants et très réels ; ce n'est pas un écrivain humoristique qui les raconte, ils se racontent eux-mêmes. Pour les lecteurs anglais, les Wardles, Winkles, Wellers, Tupmans, Bardells, Snubbinses, Perkers, Bob Sayers, Dodsons et Foggs, sont aussi vivants que le sont pour nous les acteurs de la *Comédie humaine*.

Or, c'est dans cette façon saisissante de vous faire voir, toucher, entendre les personnages qu'il crée qu'éclate surtout le génie de Dickens. Pour ne parler que du héros de ce premier roman, est-il possible d'oublier *Monsieur Pickwick* après qu'on a fait sa connaissance, d'oublier cette combinaison d'excentricités et de bienveillance, de finesses et de naïvetés, de bon sens et de folie, qui caractérise ce type immortel? Pickwick est le Don Quichotte de la bourgeoisie de Londres, avec son groom Sam Weller pour Sancho Pança.

Au moment où paraissaient les derniers numéros de *Pickwick*, le jeune écrivain infatigable menait de front trois œuvres diverses. Outre *Pickwick* dont il fournissait régulièrement la copie, il avait commencé dans le *Bentley's miscellanies* un second roman, *Oliver Twist*, aussi important que le premier ; enfin il écrivait les *Mémoires de Grimaldi*, sur des notes et des documents laissés par ce clown célèbre. Forster prétend que ce livre n'est pas de Dickens, qu'il s'est contenté de le revoir et d'en écrire la préface; mais une lettre de l'éditeur, publiée dernièrement dans l'excellente revue anglaise *Notes and Queries* ne laisse subsister que peu de doutes à ce sujet. M. Bentley dit en effet très expressément : « La plus grande partie des mémoires de Grimaldi a été écrite par Dickens lui-même, j'en possède les preuves indubitables, ce sont les lettres autographes du grand romancier, dans lesquelles il se plaint des difficultés que lui donne la rédaction de ces mémoires. »

Quoi qu'il en soit de cette paternité, le nom seul de Dickens ou de Boz, inscrit sur la première page, était un gage certain de succès, et, une semaine après l'apparition des Mémoires, Dickens pouvait écrire à un de ses amis : « On a déjà vendu 1.700 Grimaldis et les demandes augmentent chaque jour!!!!!! »

Il faut citer, à propos de cet ouvrage, une page inédite de Dickens, qui porte bien la marque du maître : Un critique de la presse quotidienne s'était avisé d'écrire que la vie de Grimaldi par Boz ne pouvait être qu'une production très médiocre, l'auteur étant trop jeune pour avoir connu celui dont il avait entrepris de raconter l'existence ! A cette objection extraordinaire, « l'inimitable Boz » répondit par une lettre adressée à Bentley et qui, nous ne savons trop pourquoi, ne fut pas publiée : en voici les extraits principaux :

— Il m'est revenu qu'un certain gentleman inconnu parcourt la ville, informant toutes les dames et tous les messieurs d'humeur chagrine d'une précieuse découverte qu'il vient de faire. Il paraît qu'en comparant les dates, en rapprochant une foule de petites circonstances, ce gentleman, d'une sagacité rare, est arrivé à conclure que je n'ai pas pu connaître Grimaldi, et que, par conséquent, sa vie, éditée par moi, doit être dénuée de toute valeur. Je pourrais peut-être répondre que, dès les années préhistoriques de 1819 ou 1820, je fus amené du fond de ma province pour assister aux splendeurs des pantomimes de Christmas : on m'assure même que mes jeunes mains précoces applaudirent vigoureusement aux farces délicieuses de l'ami Joseph : je pourrais encore répondre que je revis le clown célèbre en l'an 1823, mais comme, à cette époque, je n'avais pas encore aspiré à la dignité de l'habit à queue, bien qu'introduit de vive force par des parents rigides dans ma première paire de bottines, je ne fais aucune difficulté de concéder qu'au moment où Grimaldi quitta la scène je n'étais pas arrivé à l'âge d'homme, et que je n'ai conservé qu'un souvenir vague et imparfait de son genre de talent; je fais cette confession publiquement, sans réserve et sans réticences, mais la conclusion du gentleman inconnu, « que, par conséquent, la vie éditée par moi est un livre dénué de valeur », ne m'en semble pas moins très illogique. Je ne sache pas en effet que, pour écrire la biographie d'un homme célèbre, il soit nécessaire d'avoir eu avec lui des relations personnelles, et le gentleman inconnu n'arrivera jamais à me persuader que lord Braybrooke ait fréquenté la société de M. Pepys, mort il y a environ deux cents ans, et dont il vient de publier une biographie très remarquable.

Cependant *Pickwick* avait enrichi surtout les éditeurs. M. John Forster, dans sa *Vie de Dickens*, établit que, pour cet ouvrage, son ami n'avait reçu, en 1837, que 2.500 livres (62.500 francs) alors que MM. Chapman et Hall avaient réalisé un bénéfice net de 600.000 francs; mais, au mois de novembre 1837, un nouveau traité intervint, qui restituait à Charles Dickens une part d'un tiers dans la propriété de son œuvre. Ce même traité contenait les clauses suivantes : « M. Dickens s'engage à fournir un nouvel ouvrage dont le titre sera déterminé par lui, d'un caractère et de dimensions semblables aux *Papiers posthumes du club Pickwick*. Le premier numéro devra être livré le 15 mars prochain, et les autres, jusqu'à complétion, le 15 de chaque mois suivant. MM. Chapman et Hall s'engagent de leur côté, à payer à l'auteur la somme de 3.000 livres (75.000 francs) en vingt versements mensuels, pour l'abandon de tous droits sur cette œuvre pendant cinq années. A l'expiration de cette période, l'œuvre redeviendra la propriété exclusive de l'auteur. »

Ce roman s'appela *les Aventures de Nicholas Nickleby*; le premier numéro parut le 15 avril 1838, et le dernier le 9 octobre 1839. Nous y reviendrons plus tard.

La fin de l'année 1837 et la plus grande partie de l'année 1838 furent consacrées par Dickens à continuer et à parachever *Oliver Twist*. Quelques fragments empruntés à sa correspondance pourront donner au lecteur un aperçu de sa façon de travailler et de vivre à cette époque :

...Toute la journée jusqu'à l'heure du dîner, j'ai pensé à *Oliver Twist*, et, juste au moment où je me précipitais sur lui ongles et dents, Kate m'a fait appeler et j'ai dû passer la soirée à la veiller. Ce matin il faut réparer le temps perdu.....

.....J'ai joliment bien travaillé la nuit dernière, savez-vous ? à minuit et demi j'avais écrit onze feuillets...........

.....J'ai déjà fait seize feuillets ce soir, et je compte en faire trente avant de me coucher.....................

.....Toujours, toujours à l'œuvre ! Nancy n'est plus ! J'ai lu à Kate mon travail de la nuit dernière, cela l'a *mise dans tous ses états*. C'est de bon augure, n'est-ce pas? Quand j'aurai envoyé le nommé Sikes en enfer, je vous demanderai votre opinion...................................

Venez! venez! venez! nous aurons un brin de causette avant d'avoir un brin d'autre chose. Ma dame dîne en ville ; je devrais l'accompagner mais j'ai un gros rhume. Venez donc! vous lirez, vous écrirez pendant que je terminerai le dernier chapitre d'*Oliver*, ce qui ne sera qu'après avoir partagé avec vous la côtelette d'agneau de l'amitié..............

« Combien je me souviens de cette soirée », ajoute John Forster auquel ces dernières lignes sont adressées, « et de notre conversation au sujet de la destinée finale de Bates. Notre ami commun, l'éloquent avocat Talfourd, plaida pour des circonstances atténuantes en faveur de ce misérable, avec autant de chaleur que s'il se fût agi d'un client réel. »

Oliver Twist parut en trois volumes vers la fin du mois d'octobre 1838. Les illustrations étaient l'œuvre de l'admirable auteur de *la Bouteille*, M. Cruikshank. Parmi les planches, il y en a une qui est un pur chef-d'œuvre : elle représente Bob Fagin dans la cellule des condamnés à mort. On a prétendu que les dessins de Cruikshank avaient été composés comme série originale par le caricaturiste, et que c'était la vue de cette suite de planches qui avait inspiré à Dickens son roman : autant valait dire que le véritable créateur d'*Oliver Twist* était Cruikshank. Cette calomnie est un joli produit de cette haine envieuse qui grince des dents devant tous les succès légitimes ; non seulement elle n'a aucun fondement, mais elle est absolument démentie par les faits : l'illustrateur n'a rien dessiné de relatif à *Oliver Twist*, avant la composition d'*Oliver Twist* ; chacune de ses planches, faite sur lecture des épreuves de Dickens, était soumise à Dickens, maître absolu de les refuser et de les altérer à sa guise. Une lettre du jeune écrivain à Cruikshank ne laisse d'ailleurs subsister aucun doute à cet égard.

Je rentre, et je trouve vos dernières planches pour *Oliver Twist*. En ce qui concerne celle de Rose Maylie et d'Oliver, je suis certain que vous ne pouvez en être satisfait ; parlons carrément : elle est mauvaise. Je viens donc vous demander franchement et sans ambages de vouloir bien la refaire tout de suite. Je vous connais assez pour être certain que vous ne m'en voudrez pas de cette exigence.

Oliver Twist trouva un cercle d'admirateurs plus restreint que *Pickwick*, mais ce roman, moins apprécié de la foule, eut pour lui les penseurs, les artistes et les véritables philanthropes. Si quelques esprits par trop scrupuleux accusèrent l'auteur de se complaire dans la peinture des basses classes de la société, ils ne purent nier du moins que cette peinture fût pleine de force et de précision : l'art de copier la nature telle qu'elle existe, dans ce que nous appelons aujourd'hui les couches inférieures, n'a jamais obtenu de résultats plus complets que dans ce roman. Il est impossible de trouver une image plus vivante et plus émouvante de ce qu'étaient, à cette époque, les systèmes de prisons et les systèmes de maisons de charité en Angleterre : une des gloires de Dickens est d'avoir appelé et retenu l'attention sur des faits monstrueux, crimes, tyrannies, cruautés ou négligences, commis au nom de la morale, de la charité et du bon ordre. N'ayant pour armes que le rire et l'esprit, que l'éloquence et la tendresse, que le bon sens et la pitié, il osa entreprendre de nettoyer les écuries d'Augias des différentes administrations, et, disons-le à l'honneur de l'Angleterre autant qu'au sien, il réussit dans son entreprise. Non pas que, pour arriver à ses fins, Dickens se serve jamais des moyens chers aux écrivains didactiques! Dans *Oliver Twist* ce sont les faits qui instruisent, non les commentaires ou les dissertations. Oliver est un orphelin, né dans un *work-house* (maison de charité), élevé par les autorités de la paroisse; tous les acteurs, dans cette tragi-comédie de la vie du pauvre, sont parfaitement naturels, tous, depuis la mère agonisante et les misérables affamés du début, jusqu'aux criminels du milieu, jusqu'aux condamnés de la fin. Même dans la peinture des scènes les plus sombres, je ne sais quel rayon d'humanité se fait jour à travers l'horreur des détails : la morale éclate partout, non pas la morale étroite des pédants et des hypocrites, mais celle qui prend sa source dans la tendresse pour son semblable, dans la pitié d'un cœur aimant pour tout ce qui est faible, pour tout ce qui est déchu. Le but premier du romancier est de montrer son petit héros, au milieu de la débauche, de la honte et du crime, préservé partout des pollutions du vice par une sorte de délicatesse exquise et naturelle, qu'aucune circonstance ne peut arracher de son âme : le crime y est dépeint avec un réalisme extraordinaire, mais il n'est jamais attrayant ; non seulement l'auteur rend le criminel odieux, mais il le montre aussi malheureux, bourrelé de remords et puni finalement. Il le montre poursuivi sans cesse par la terreur et par le châtiment. Le juif Fagin, quand nous l'apercevons pour la première fois dans son taudis, est aussi tourmenté par les angoisses que lui cause le moindre bruit de pas à l'extérieur, que dans sa cellule de condamné à mort par la pensée du bourreau qui apprête ses cordes pour le lendemain. Familier avec les bassesses les plus ignominieuses de la vie, l'auteur ne les peint que pour nous enseigner ce qui en constitue l'élévation essentielle : seuls les hypocrites et les imposteurs peuvent traiter d'immorales des peintures ayant un si noble objet.

CHAPITRE II.

Jamais la fortune ne fut aussi prodigue envers Dickens que pendant ces deux années 1838 et 1839, les années d'*Oliver Twist* et de *Nicholas Nickleby*. Aucune amertume sérieuse n'était encore venue troubler le rêve glorieux dans lequel il semblait marcher. La vie était pour lui comme un immense jardin, plein de parfums et de lumière, où toutes les fleurs tendaient vers lui leurs calices, pour être respirées ou cueillies. Plein de jeunesse et d'exubérance, sentant son génie grandir et se fortifier chaque jour, doué de toutes les qualités du cœur et de l'esprit qui attirent l'amitié des hommes et l'admiration des femmes, préservé des dangers de la bohème par un mariage précoce avec la femme de son choix, père d'enfants délicieux, riche d'une richesse qu'il ne devait qu'à son talent, on eût dit vraiment que la Providence voulait lui faire oublier ses duretés premières. Un tel rayonnement de génie, de bonheur, de jouissance, se dégageait du jeune écrivain, qu'il attira invinciblement autour de lui les esprits supérieurs : des amitiés qui durèrent toute la vie s'ébauchèrent joyeusement au printemps de 1838, dans un gai cottage situé à Twickenham et où le créateur de M. Pickwick s'était installé avec toute sa famille, composée de sa femme, de ses chers enfants, de sa mère et de son vieux père dont les prédictions de fortune s'étaient réalisées sans que certes le bonhomme eût rien fait pour cela.

Outre l'*alter ego* de Dickens, John Forster, allaient et venaient de Londres à Twickenham : Thackeray, à l'aspect froid, au cœur ardent ; Douglas Jerold, méditant sans cesse un calembour nouveau ; Talfourd, l'avocat irlandais à la voix de tonnerre ; Maclise, le beau Maclise, qui ressemblait à Raphaël et peignait comme Maclise ; Landseer, arrivant toujours escorté de deux ou trois chiens magnifiques ; Georges Cattermole, le caricaturiste qui avait en lui l'imagination de douze artistes ordinaires, et qui est devenu, hélas ! la victime de la *Ruine Bleue* (le gin) ; Ainsworth, exhilarant compagnon, en dépit de ses romans pleins de terreurs ; Macready, l'admirable tragédien, à cette époque directeur du théâtre royal de Drury Lane, et la foule des amis plus modestes : Beard, l'ancien collègue de Dickens dans la sténographie ; Mitton, qui avait été clerc d'avoué dans la même étude, et tous les autres !.. Tout ce monde venait en bande avec femmes, enfants, amis, chiens, chats ! Et ne croyez pas qu'on se livrât à de graves discussions littéraires ou artistiques dans cette joyeuse maison de Dickens : les plaisanteries succédaient aux plaisanteries, les jeux aux jeux. Les enfants étaient les rois de ce domaine, et les bons grands artistes y devenaient plus enfants que les enfants ; le soir, il y avait des comédies, des pantomimes, des farces, dont le maître de la maison était l'âme ; le jour, exercices variés sur la pelouse. On alla même jusqu'à fonder un *club aérostatique !* John Forster en fut nommé président, à la seule condition qu'il « fournirait les ballons », Il s'acquittait fort mal de sa charge, et mérita le blâme suivant : (M. Snodgering Blee, et Mlle Popem Jee, dont les noms paraissent dans cette pièce importante, étaient le fils et la fille de Dickens) :

Farce-Cottage, samedi soir, 23-7, 1838.

Monsieur,

J'ai mission de vous informer qu'à une nombreuse réunion de l'Association aérostatique pour l'encouragement des sciences et la consommation de l'esprit (de vin ou cognac), Thomas Beard, écuyer, Mme Charles Dickens, Charles Dickens, écuyer, le Snodgering Blee, Popem Jee, et autres personnages distingués étant présents, le vote de censure dont je vous envoie copie a été à l'unanimité passé contre vous, pour l'inqualifiable négligence dont vous faites preuve dans vos fonctions, et pour le peu de respect que vous manifestez envers les statuts de la société,

J'ai l'honneur d'être, Monsieur,

Votre très obéissant serviteur,

CHARLES DICKENS, *secrétaire honoraire.*

A John Forster, écuyer.

Dans ces plaisirs, dans ces distractions, Dickens semblait puiser une vigueur nouvelle. La meute des médiocres et des ratés aboyait en vain contre lui : incapables de nier un succès aussi foudroyant, les critiques se vengeaient en traitant ce succès d'engouement inexplicable et éphémère. De tous côtés on prédisait sa chute dans les colonnes des journaux. Avec *Pickwick*, s'écriait-on, il a donné tout ce qu'il possédait, *Oliver Twist* est déjà inférieur, *Nicholas Nickleby* ne sera pas lisible. « Il s'est élevé comme une fusée », prophétisait la grave et vipérine *Saturday Review*, « il retombera comme une baguette ».

Mais ces concerts des cassandres de la presse, loin d'émouvoir l'écrivain, le mettaient en joie : en lisant tout cela, il éclatait de son bon rire : « Ah! les chers et excellents amis! quelle tendresse! quelle sollicitude! que de reconnaissance ne leur dois-je pas!... » « Hé! hé!.... ils ont raison peut-être » ajoutait-il finement.... « Enfin!.... nous verrons bien ».

On vit bien en effet! Le premier numéro de *Nicholas Nickleby* parut. — Jamais la critique ne reçut un démenti plus formidable!

Du 15 au 25 avril 1838, on vendit cinquante mille exemplaires!.... Le même vaste public qui avait suivi d'un œil attristé le bon *Monsieur Pickwick* se rendant à son exil volontaire, n'eut pas assez de joyeux applaudissements pour accueillir l'apparition de son jeune et charmant successeur *Nicholas Nickleby*. Toutes les qualités de la première œuvre se retrouvent dans ce nouveau roman. C'est la même exubérance d'esprit, le même mélange d'humour et de pathos, de peintures minutieuses et d'esquisses grotesques : l'intrigue y est construite avec infiniment plus de soin que celle de *Pickwick*, enfin l'observation y est beaucoup plus profonde et le tracé des caractères plus ferme et plus réel.

C'est peut-être ici le lieu d'appuyer sur une particularité du génie de Dickens, qui le différencie de la plupart des grands écrivains modernes. Au rebours de Balzac, de Flaubert, de Daudet, de Zola et de la pléïade des romanciers contemporains qui, dans l'achèvement d'un roman ne voient que l'exécution plus ou moins parfaite d'une œuvre d'art, Dickens a voulu que chacune de ses productions, même la plus futile, eût en soi quelque chose de bienfaisant pour l'humanité. Certes il ne sacrifie jamais l'art ni sa façon de le comprendre ; de ce côté-là même il est plus indépendant, plus entier que quiconque, mais l'art est devenu entre ses mains habiles le levier avec lequel il a tenté de soulever cette effroyable masse d'injustices, de cruautés, de préjugés et d'hypocrisies, sous laquelle geignait et se débattait la société anglaise. Chacun de ses romans attaque un abus, dénonce un crime social ; — dans *Pickwick* ce sont les prisons pour dettes ; — dans *Oliver Twist*, le code criminel et les bureaux de charité ; — voici que, dans *Nicholas Nickleby*, il devient plus éloquent, plus pathétique encore : c'est que, cette fois, ceux qu'il va défendre sont les favoris de son cœur, ceux dont il a été le peintre le plus charmant et le plus vrai, — les enfants....

Mais ceci demande un rapide commentaire.

A l'époque où Dickens entreprit d'écrire *Nicholas Nickleby*, il y avait une certaine partie du comté d'York qui semblait spécialement affectée à l'éducation économique des enfants du sexe masculin; ces établissements qui avoisinaient presque tous la petite ville de Barnard-Castle, avaient depuis longtemps, dans le peuple, une réputation sinistre. L'auteur, alors qu'il n'était qu'un enfant, avait été frappé par les sombres histoires qu'il avait entendu raconter à ce sujet; les pauvres petits étaient martyrisés, disait-on, dans ces écoles, par des maîtres ignorants et brutaux; non seulement on les battait, mais on les affamait! Une impression pénible était restée dans l'esprit de Dickens; aussi, lorsqu'un procès célèbre, dans lequel un père demandait justice des cruautés commises sur son fils par un maître d'école du Yorkshire, vint, en 1836, rappeler l'attention publique sur ces indignes persécuteurs de l'enfance, tout ce qu'il y avait de tendre dans le cœur du grand artiste s'émut et s'indigna; il résolut d'aller voir lui-même ce qui se commettait dans ces repaires, et, si tout ce qu'on disait était exact, il se jurait de ne déposer la plume que le jour où la dernière de ces écoles aurait fermé ses portes, disparaissant sous le mépris et le courroux de la nation tout entière. Il partit donc pour le Yorkshire, accompagné de son fidèle collaborateur, le dessinateur Hablot-Browne; il voulait, en effet, que les détails de la campagne qu'il allait entreprendre fussent rendus plus précis et plus saisissants par une série de croquis pris sur les lieux mêmes. Dickens et son ami revinrent de leur excursion assombris, écœurés, furieux! La réalité dépassait tout ce qu'on aurait pu imaginer. Ils rapportaient tous deux de monstrueux documents. —

Le romancier a avoué qu'il avait la fièvre tout le jour et des cauchemars chaque nuit, pendant qu'il écrivait ces scènes épouvantables de *Nicholas Nickleby* qui se passent dans l'établissement de Dotheboy's Hall, pendant qu'il peignait, avec la sombre énergie du Dante, cet atroce mais très réel personnage, le maître d'école Squeers. — Afin de donner une plus grande importance à cette partie de son ouvrage, afin de surexciter davantage l'opinion publique contre ces bourreaux d'enfants, Dickens affirma, dans une préface demeurée célèbre, l'authenticité absolue de toutes les atrocités que décrivait sa plume. Cette page en dira plus que tous nos commentaires :

Pendant la progression de son œuvre, l'auteur a retiré grand amusement et satisfaction de certaines lettres de ses bons amis de la province et de certains articles de cette plaisante presse locale, d'après lesquels il semblerait que plusieurs maîtres d'école du Yorkshire ont émis la prétention d'être les originaux qui ont posé pour M. Squeers. Même il a des raisons de croire qu'un de ces dignes coquins a consulté des autorités légales pour savoir s'il ne lui était pas possible d'intenter un procès en diffamation ; un autre a médité un voyage à Londres dans le but unique d'attenter aux jours de son dénonciateur ; un troisième se souvient parfaitement qu'il y a environ douze mois, il reçut la visite de deux messieurs, dont l'un se mit à causer, pendant que l'autre faisait son portrait, et bien qu'il ait ses deux yeux et Squeers un seul, bien que le portrait publié ne lui ressemble en rien, il affirme que tout le monde, ses voisins, ses amis, et lui-même, l'ont reconnu immédiatement, tant la ressemblance morale est complète.

Tout en étant fort sensible à l'éloge tacite renfermé dans

une semblable constatation, l'auteur l'explique par ce fait que M. Squeers est le représentant d'une classe, et non d'un individu : lorsque l'imposture, l'ignorance, la brutalité, la cupidité se trouvent réunies dans une petite corporation, soyez assuré que, si l'un de ses membres est décrit comme possédant ces caractéristiques, chacun des autres reconnaîtra dans la description ce qui lui appartient en propre, et chacun prendra ce portrait général pour son portrait particulier.

L'auteur ne prétend point qu'il n'y ait aucune exception aux descriptions qu'il a faites, il préfère penser que ces exceptions existent ; ce qu'il dit, c'est que, dans son enquête personnelle dans le Yorkshire, il n'en a constaté aucune, qu'aucune ne lui a été signalée pendant ou depuis la publication de ces aventures. S'il appuie longuement sur ce point, c'est que son but ne sera véritablement rempli que lorsqu'il aura convaincu le public que M. Squeers et son école sont des peintures faibles et atténuées de la réalité existante ; oui, des peintures atténuées et affaiblies dans la seule intention de les rendre vraisemblables !... Il y a, dans les archives des tribunaux de Londres, tout un épouvantable dossier qui contient, sur les supplices, sur les cruautés dont les enfants de ces écoles sont les victimes, des détails tellement révoltants, tellement diaboliques, qu'aucun romancier n'aurait la hardiesse de les publier, et, depuis que son œuvre est en cours de publication, l'auteur a reçu certains récits absolument dignes de foi, d'atrocités commises dans ces repaires sur de pauvres petits, abandonnés ou reniés par leurs parents, à côté desquelles tout ce qui est raconté dans ce livre semble pâle et effacé !

Les propriétaires de ces sinistres établissements ne se relevèrent pas du coup terrible que Dickens leur avait porté. Un an après la publication de *Nicholas Nickleby*, toutes les écoles économiques du Yorkshire avaient disparu ; les unes s'étaient dissoutes volontairement, les autres avaient été fermées par autorité de justice.

Mais hâtons-nous de passer à des détails moins attristants. Pendant la publication en livraisons de *Nicholas Nickleby*, publication qui dura vingt mois, Dickens fut inondé de lettres de correspondants inconnus et anonymes, toutes relatives aux différents personnages de son roman : les unes lui demandaient de marier son héroïne, d'autres de châtier rigoureusement tel ou tel acteur du drame, d'autres d'être indulgent pour les fautes de l'un ou les extravagances de l'autre. Ces preuves désintéressées de l'intérêt qu'excitaient les créations de son cerveau, étaient chères au grand écrivain : une de ces missives lui fut particulièrement sensible, et il y répondit en une lettre de quelques lignes qui nous semble une pure merveille. — Son correspondant était, cette fois, un jeune gentleman de treize à quatorze ans, « Master Hastings Hughes », qui, au moment où les aventures de Nicholas approchaient du dénouement, lui avait écrit pour lui communiquer ses vues et ses désirs au sujet des punitions et des récompenses qui devaient être distribuées aux différents personnages du roman.

Voici la traduction de la réponse de Dickens, mais la traduction ne peut que rendre bien faiblement le charme et la drôlerie de l'original :

Doughty-street-London, 12 décembre 1838.

Respecté monsieur,

J'ai donné à Squeers un coup de canne sur le cou et deux

sur la tête : il a paru très surpris et s'est mis à pleurer. Pleurer est le fait d'un lâche, aussi cela ne me surprend pas de sa part, — et vous?

J'ai exactement fait tout ce que vous m'avez dit dans votre lettre, à propos de l'agneau et des deux moutons. Pour les petits garçons, ils ont eu également de la bonne bière, du porter et du vin. Je regrette que vous ne m'ayez pas spécifié quel vin il fallait leur donner. Je leur ai donné du sherry qu'ils ont trouvé excellent, excepté un des petits qui a eu un peu mal au cœur et qui a toussé beaucoup. C'est un gourmand ! il a voulu boire trop vite, voilà la vérité ; il a avalé de travers et c'est bien fait : je parie que vous êtes de mon avis!

Nicholas a eu son agneau rôti comme vous me l'avez demandé, mais il n'a pu le manger tout entier et il dit que, si vous le permettez, pour son déjeuner demain, il fera cuire le reste à la casserole, avec des petits pois autour : il aime beaucoup ça... et moi aussi... Il dit qu'il n'aime pas le porter chauffé ; il prétend que cela lui enlève toute saveur : je lui ai permis de le boire froid. Oh! si vous l'aviez vu boire !... J'ai cru qu'il ne finirait jamais !... Je lui ai donné également trois livres sterling en argent, le tout en pièces de douze sous pour que ça ait l'air de faire davantage, et il s'est écrié tout de suite qu'il en donnerait la moitié à sa mère et à sa sœur et qu'il partagerait le reste avec le pauvre Smikes. Nicholas est un bon cœur, un brave garçon, et, si quelqu'un dit que c'est pas vrai, je suis prêt à me battre avec lui quand il voudra — là !

Je n'oublierai pas Fanny Squeers, soyez tranquille! Votre portrait d'elle est très ressemblant, excepté que je ne trouve pas les cheveux assez bouclés : le nez est tout à fait ça et les jambes aussi... c'est une mégère grincheuse et désagréable. Elle va joliment rager quand je lui montrerai son portrait !... Tant mieux! n'est-ce pas!

Je comptais vous écrire une longue lettre, mais je ne

peux pas écrire vite quand j'écris aux personnes qui me plaisent, parce que ça me fait penser à elles, et vous me plaisez beaucoup, je vous le dis franchement. De plus, il est huit heures juste, et on me couche tous les soirs à huit heures, excepté le jour de ma naissance, où je reste pour le souper. Je ne vous en dis pas plus long, excepté que je vous envoie mes amitiés et à Neptune aussi, et si vous voulez boire à ma santé à chaque Noël, je m'engage à boire à la vôtre. Est-ce entendu ?

Je suis, respecté monsieur,

      Votre affectionné ami.

P.-S. — Je n'écris pas mon nom très lisiblement, mais vous savez comment je m'appelle, ça fait que ça ne fait rien.

Ce troisième roman, *Nicholas Nickleby*, plaça Dickens à la tête des écrivains de son pays ; désormais son génie devenait une vérité incontestable. Il eût pu se reposer sans crainte de voir sa gloire diminuer, mais la conception intellectuelle est plus qu'une jouissance pour le véritable artiste créateur, elle est aussi nécessaire à sa vie que l'air qu'il respire. Bulwer-Lytton l'a dit très justement : « Le talent fait ce qu'il peut, le génie ce qu'il doit ». Donc, trois mois ne s'étaient pas écoulés depuis l'apparition de *Nicholas Nickleby*, que déjà un nouveau projet littéraire s'était épanoui dans le cerveau de Dickens.

Une lettre, écrite à son ami John Forster pendant le courant de 1839, expose le plan du genre de publication périodique qu'il vient de concevoir : de ce plan réalisé est sorti un chef-d'œuvre exquis de tendresse et d'humour : *le Magasin d'antiquités*.

CHAPITRE III.

Je consentirais volontiers, écrit Dickens, à commencer le 31 mars 1840 une nouvelle publication, consistant entièrement en sujets inédits; un numéro du prix de trois pence paraîtrait toutes les semaines, et un certain nombre de numéros formerait un volume qui serait publié à des intervalles réguliers : ce serait quelque chose dans le genre du *Spectateur*, mais beaucoup plus populaire dans le choix des sujets et dans la façon de les traiter. Je proposerais de débuter, comme le fait le *Spectateur*, par quelque fiction agréable, relative à l'origine de la publication, d'établir ainsi un petit club, un noyau de personnages dont on raconterait l'histoire au fur et à mesure; de nouveaux acteurs viendraient constamment s'ajouter aux premiers : on ferait reparaître M. Pickwick et Sam Weller; on écrirait d'amusants croquis des mœurs et des ridicules du jour, et on varierait les numéros en se servant de toutes les formes que peut prendre la littérature légère.

De plus, sous des titres différents, j'attaquerais certains sujets qui deviendraient autant de sources d'amusement et d'intérêt pour les lecteurs : les chapitres sur les Chambres, auxquels j'ai beaucoup pensé; une série d'essais contenant des histoires et des descriptions de Londres tel qu'il était autrefois, tel qu'il est aujourd'hui, tel qu'il sera demain. On pourrait intituler cela « les Loisirs de Gog et de Magog[1] » et.

---

1. Ce sont les deux géants qui soutiennent l'énorme horloge dans la grande salle de réception de Guildhall.

supposer que chaque nuit les deux géants se racontent mutuellement des histoires qui cessent dès le point du jour.

Je commencerais également et continuerais de temps à autre une suite d'articles satiriques que je supposerais traduits du sauvage : j'y décrirais l'administration de la justice dans un pays de mon invention ; l'objet de cette série serait d'avoir toujours l'œil sur les magistrats de Londres et de la province, et de ne jamais laisser ces dignes personnages en repos.

La quantité de copie que je devrais fournir dans chaque numéro est une matière à discuter avec les éditeurs, mais moi seul exécuterais les idées émises plus haut. Évidemment il me faudra des collaborateurs, mais je serai libre de les choisir moi-même.

Pour donner un regain de nouveauté et d'intérêt à cette publication, je suis disposé à prendre l'engagement d'aller en Irlande ou en Amérique, et d'envoyer de là une suite de lettres décrivant le pays, ses habitants, les gens que j'y rencontrerai, racontant les anecdotes locales, les légendes et les traditions. Ceci n'est qu'une esquisse rapide du projet que j'ai en vue. Tout d'abord, il faut trouver un éditeur qui me fasse des propositions acceptables.

Les éditeurs furent rapidement trouvés dans Chapman et Hall ; ils laissèrent leur écrivain favori faire lui-même ses conditions, la nouvelle revue fut définitivement fondée. Cattermole et Hablot-Browne furent choisis comme illustrateurs. Jusqu'au dernier moment Dickens hésita sur le choix d'un titre ; enfin il se décida pour celui de *l'Horloge de maître Humphrey*, dont un nouvel emprunt à sa correspondance va nous faire connaître l'origine :

...Voici l'idée qui me hante au sujet du titre : le vieil

infirme qui demeure dans le logis bizarre que vous savez ouvrira la marche en donnant des détails sur lui-même; il parlera de son affection pour une grande vieille horloge aux fantastiques boiseries. Depuis bien des années l'horloge et lui ont passé en tête-à-tête les longues nuitées d'hiver, et peu à peu le bonhomme s'est habitué à la voix de son horloge comme à la voix d'un ami. La nuit, quand de son lit il l'entend sonner, il aime à se dire qu'il a à sa porte une joyeuse et fidèle gardienne; son cadran lui paraît une figure sympathique dont les traits, poudrés du temps, prennent une expression bienveillante chaque fois qu'assis au coin du feu, il lève les yeux vers sa vieille compagne. Puis ce vieux racontera comment il a conservé nombre de manuscrits dans le coffre profond, sombre et silencieux où les poids sont enfermés; comment de temps à autre, il en retire un pour le lire, et comment la vieille horloge semble prendre plaisir et intérêt à cette lecture. Enfin il expliquera que les membres du club qui s'est formé chez lui, admirant cette union entre lui et son horloge, ont voulu la célébrer, en donnant à leur compte rendu ce titre : *l'Horloge du vieil Humphrey* ou *l'Horloge de maître Humphrey*. Le frontispice représentera le bonhomme Humphrey et son horloge, et les histoires qu'il racontera seront toutes datées : « Du coin de mon horloge ».

La nouvelle publication parut à l'époque indiquée, mais bientôt elle changea de forme. Dickens avait habitué le public à de longs romans, à des histoires suivies, dont on attendait la suite avec une impatience fébrile. Quand on s'aperçut que le recueil, cette fois, ne contenait que des nouvelles ne dépassant pas trois numéros, le nombre des lecteurs diminua sensiblement. Les éditeurs, MM. Chapman et Hall, très effrayés, prévoyant un insuccès qui pour eux était la ruine, se jetèrent aux pieds de « leur auteur ».

Celui-ci répondit en leur envoyant, quinze jours après, le premier numéro du *Magasin d'antiquités*. Cet admirable roman, le plus pathétique peut-être qui ait jamais été écrit dans aucune langue, dura pendant toute l'année (1840-1841). Et, lorsque parurent les derniers feuillets, ceux qui racontent la mort de la petite Nell, à travers toute l'Angleterre on entendit comme un long et universel sanglot. Nell fut pleurée dans les somptueux hôtels du West End et dans les plus modestes cottages des plus pauvres campagnes ; elle fut pleurée par les jeunes filles, par les mères et par les aïeules, par les jeunes gens et par les vieillards, comme une amie, comme une sœur qui, après avoir éclairé de son charme naïf et délicat le cercle du foyer familial pendant une année entière, disparaissait soudain, emportée entre les bras de cette grande dame un peu pâle, la Mort.

Cette figure de la petite Nell, figure centrale de l'œuvre, n'est pas seulement peinte avec cette tendresse de cœur qui est une qualité naturelle de Dickens, elle est, au point de vue artistique, d'une exécution, d'un fini, d'une consistance qui n'ont jamais été surpassés. Depuis le début, où nous la voyons toute petite, assoupie au milieu des grotesques et fantastiques figures du magasin d'antiquités, jusqu'à cette dernière scène, dans le clos de la vieille église, où la pauvrette s'endort, pour ne plus se réveiller cette fois, tandis qu'autour d'elle, sous la lueur douteuse du crépuscule, les statues de pierre des piliers et des tombes semblent agiter leur tête, comme pour lui dire qu'elle peut dormir tranquille et qu'elles veillent, depuis son apparition, dis-je, jusqu'à sa mort, tout est d'un effet, d'une harmonie, d'un rendu prestigieux. Ah! petite Nell, petite Nell! que de mères tu as consolées, que de douces larmes tu as fait jaillir de leurs yeux en leur rappelant, par ta douceur charmante et ta rayonnante résignation, une fille qu'elles chérissaient et qu'elles ont perdue!

L'humour extraordinaire que Dickens répandait à profusion dans toutes ses œuvres n'était pas chez lui, comme chez beaucoup d'écrivains, le résultat d'un effort, c'était un don naturel dont il était presque inconscient. Dans le train-train de la vie quotidienne et familiale, dans ses relations avec ses amis cette exubérance de bonne humeur, d'originalité et d'esprit débordait à tout propos et hors de tout propos. Il avait élevé ce qu'on appelle à Paris « la scie d'atelier » à la hauteur d'un art véritable ; il avait, pour ce genre de plaisanterie, toutes les qualités requises : un sérieux imperturbable, un air de conviction profonde et une persévérance exaspérante. Dans sa correspondance pendant l'année 1840, je retrouve les traces d'une de ces *charges* qui prit sa naissance dans les cérémonies et les fêtes données à cette époque à Londres, en l'honneur du mariage de la charmante et jeune souveraine des Royaumes-Unis. Quelques rapides extraits ne manqueront pas d'égayer les lecteurs.

C'est d'abord une première lettre au poète Savage Landor :

La société est bouleversée par le mariage de Sa Majesté, et j'ai le regret de vous apprendre que je suis tombé désespérément amoureux de la reine. J'erre çà et là, le cœur rempli de pensées vagues et sombres. J'ai formé le projet de m'enfuir dans quelque île déserte, en compagnie d'une des demoiselles d'honneur, enlevée nuitamment du palais de son auguste maîtresse. Mais laquelle choisir? En connaissez-vous une qui pourrait faire mon affaire? Peut-être serait-ce abuser que de vous demander de faire partie de la conspiration où sont déjà entrés ces nobles jeunes hommes, Forster et Maclise, et cependant un homme de votre énergie me serait d'un bien grand secours... J'ai l'œil sur une des jeunes personnes... Elle est très jolie et elle n'a pas de grand frère. Sur ce point et sur quelques autres relatifs à ce projet, je conférerai plus abondamment avec vous à notre prochaine rencontre; en attendant, prière de brûler ce document, il ne faut rien laisser soupçonner, ni laisser transpirer quoi que ce soit de tout ceci.

Quinze jours se passent, et l'amour de Dickens pour sa gracieuse souveraine ne fait que croître. Il conte ses tourments à tous ceux qu'il rencontre, et il écrit à Forster :

Je suis plongé dans la douleur la plus profonde... je ne puis rien faire... rien! J'ai essayé de relire *Oliver*, *Pickwick*, *Nickleby*, pour remettre mes pensées dans la bonne voie. Efforts inutiles!

> Mon cœur n'est pas ici, — hi! hi!
> Mon cœur est à Windsor!
> Auprès de mon amie, — hi! hi!
> Mon cœur est à Windsor.

J'ai pensé aux responsabilités ce matin, et j'ai éclaté en sanglots. La présence de ma femme augmente encore mon chagrin. Père et mère me font horreur! ma maison me répugne! Je commence à rêver à la Serpentine, au canal royal, aux rasoirs dans mon cabinet de toilette ; j'ai l'idée de m'empoisonner en allant dîner chez Mme ***, ou de me pendre au poirier du jardin, ou de me laisser mourir de faim, ou de me jeter sous les roues d'un fiacre, ou enfin d'assassiner mes excellents éditeurs, MM. Chapman et Hall. Ce dernier projet est peut-être le meilleur! Tout Londres parlerait de moi. *Elle* entendrait prononcer mon nom : ô délices! *Elle* signerait mon arrêt de mort : ô transports! *Elle* me pardonnerait peut-être : ineffables jouissances !!!

Adieu, plaignez-moi.

Votre ami qu'affole une grande passion,
C. Dickens.

C'est dans sa maison de Devonshire Terrace à Londres et dans un joli lodging à Broadstairs, petite ville de bains de mer, située près de Ramsgate, que le beau roman du *Magasin d'antiquités* fut en partie composé. Dickens en écrivit cependant les premières feuilles à Bath, au cours d'une visite à un nouvel ami, Savage Landor, un des plus grands poètes et un des hommes les plus excentriques qu'ait produits l'Angleterre au dix-neuvième siècle. Cet extraordinaire personnage parlait et écrivait toutes les langues, les mortes ou les vivantes, avec une facilité merveilleuse. Il était doué d'une prodigieuse érudition et d'une imagination des plus brillantes : c'était un causeur délicieux, un poète au souffle puissant, mais toutes ces qualités étaient gâtées par un tempérament d'une violence épouvantable. On remplirait un volume en racontant les étranges mésaventures qu'il dut à ses colères qu'on ne peut comparer qu'à celles d'un taureau furieux. A la suite d'un procès retentissant, il fut obligé de s'expatrier et alla cacher sa misanthropie et ses accès de fureur en Italie. C'est aussi vers cette époque (1840) que l'auteur de *Pickwick* fit la connaissance de notre élégant compatriote, le roi des dandies de Londres et des lions de Paris, le comte d'Orsay. Il venait de faire sa réapparition à Londres à la suite d'une délicieuse, mais peu sévère Irlandaise, célèbre dans le monde des lettres, autant par son esprit que par sa beauté, lady Blessington. Nous aurons bientôt l'occasion de présenter aux lecteurs ce couple étrange et brillant pour lequel l'opinion publique anglaise, si revêche d'ordinaire, eut des trésors d'indulgence.

Certaines lettres écrites de Broadstairs par Dickens pendant la publication en livraisons de *l'Horloge de maître Humphrey*, sont fort intéressantes, en ce qu'elles montrent quel souci l'écrivain prenait de la parfaite exécution de ses œuvres. Ces lettres sont adressées à Cattermole, son ami et un des principaux illustrateurs de ce dernier ouvrage. Nous terminerons ce chapitre par quelques extraits de ces lettres :

Mon cher Cattermole,

Avez-vous quelque objection à nous faire? Nous voudrions un petit dessin à l'encre de Chine, de la grandeur de la feuille ci-incluse. Sujet : une vieille chambre fantastique avec des meubles de l'époque élisabethéenne ; dans le coin, auprès de la cheminée, une extraordinaire vieille horloge, l'horloge de maître Humphrey, en un mot : pas de personnages.

Londres, lundi 13 janvier 1840.

Je trouve votre dessin joliment joli et les éditeurs aussi, je vous enverrai le bois aussitôt que Browne l'aura terminé.

Londres, mardi soir.

Mon cher Georges,

Kit, le célibataire et M. Garland arrivent à l'endroit où est l'enfant, au milieu de la nuit... Il y a eu une chute de neige... Kit les laissant derrière, une lanterne dans une main et tenant de l'autre la cage où est l'oiseau, s'arrête un moment devant la porte du vieux logis, hésitant à se faire connaître. Dans une fenêtre, qu'on doit supposer être celle qui éclaire la petite chambre de l'enfant, une lumière brille, et derrière, l'enfant (vers laquelle accourent ses amis ignorants et pleins d'espoir), l'enfant est étendue sur sa couche, morte.

Londres, 21 décembre.

Mon cher Georges,

Sous le drap rigide, dans la petite chambre tranquille, l'enfant morte est étendue : c'est l'hiver, donc pas de fleurs, mais sur sa poitrine, sur l'oreiller, sur le lit, quelques branches de houx, du gui, des baies sauvages. La croisée entr'ouverte est encadrée de lierre ; le petit garçon qui a eu la conversation avec elle à propos des anges peut être à son chevet, si vous le désirez ; je trouverais, moi, la scène plus silencieuse et plus paisible si elle était toute seule. Je veux qu'il y ait, sur la figure de l'enfant, l'expression d'un repos magnifique et tranquille, et que la pauvrette ait l'air heureux enfin, si c'est possible dans la mort.

II

L'enfant a été enterrée à l'intérieur de l'église, et le vieux vagabond, auquel on ne peut faire comprendre qu'elle est morte, vient s'asseoir sur la tombe chaque jour, attendant qu'elle revienne pour se remettre en route. A côté de lui son sac et son bâton, et aussi le panier et le petit chapeau de l'enfant : « Elle viendra demain, » murmure-t-il quand tombe le crépuscule, et tristement il retourne à son pauvre logis. Peut-être vaudrait-il mieux qu'il tienne les effets de l'enfant à la main...

Je sanglote, mon ami, en écrivant la fin de cette histoire... je ne sais comment j'ai le courage de la finir !...

CHAPITRE IV

Le plus ou moins de célébrité d'un homme, dans notre société contemporaine, pourrait se mesurer au nombre de calomnies, de médisances ou de simples racontars dont il est l'objet dans la petite presse, et aussi à la multitude de solliciteurs inconnus qui l'accablent de leurs lettres quémandeuses ou le gratifient de leurs visites intéressées : c'est là le revers de cette belle médaille d'or, frappée à l'effigie de la renommée. Dickens n'évita aucun de ces inconvénients de la gloire. Les excellents critiques qui avaient prédit sa chute, ne pouvant plus attaquer une œuvre accueillie par le public avec tant de ferveur émue, essayèrent de se rattraper en attaquant l'homme privé. Sous le manteau de l'anonymat, toutes sortes de détails étranges commencèrent à circuler au sujet des mœurs, des habitudes singulières de l'auteur du *Magasin d'antiquités* : il ne composait que lorsqu'il était ivre, ce qui lui arrivait à peu près tous les jours. Il recherchait de préférence la compagnie la plus basse, s'attablant et passant la nuit dans des bouges, pour y boire du gin avec le rebut de la populace de Londres ; il abandonnait sa femme et la maltraitait, courait les

ruelles et se livrait à des orgies avec son compagnon
de plaisir, ce Français libertin (*profligate Frenchman*),
le comte d'Orsay. Bientôt on en vint à des détails
plus précis : un journal publia gravement, et sur un
ton de commisération, la nouvelle que le brillant
auteur de tant d'œuvres populaires venait d'être
frappé d'aliénation mentale et qu'on avait été obligé
de le renfermer dans une maison de fous. L'article
laissait habilement entendre que cet accident n'était
peut-être pas dû seulement à des excès de travail.
Dickens qui, retiré à Broadstairs, y préparait tranquillement la publication du premier volume de
l'Horloge de maître Humphrey, rit beaucoup de cette
nouvelle invention de la jalousie. Il voulut en perpétuer le souvenir, et, dans la préface qu'il mit en tête
de ce premier volume, il écrivit les lignes suivantes :

Ce sera sans doute une source de consolation, pour les
dames et les messieurs de dispositions aimables qui ont répandu le bruit que j'étais devenu fou à lier, d'apprendre
que ce bruit a circulé avec toute la rapidité désirable et a été
l'objet de controverses aussi nombreuses qu'importantes ;
non pas que la réalité de ma folie ait été mise un seul
instant en doute, c'est là un fait aussi parfaitement avéré
que celui du duel entre sir Peter Teazle et Charles Surface
dans *l'École de la calomnie*, mais on a beaucoup discuté sur le
nom de l'asile où le malheureux lunatique a été renfermé.
Les uns voulaient positivement que ce fût à Bedlam, d'autres
penchaient pour Saint-Luc, d'autres enfin apportaient des
preuves circonstanciées en faveur de l'établissement d'Hanwell...

Je n'aime pas à faire de la peine, et j'aurais voulu laisser ces excellents amis et ces bonnes amies jouir en paix du succès de leur petite histoire ; mais, quelques âmes naïves s'étant indignées à ce sujet, je crois devoir établir ici que le pauvre lunatique a reçu cette communication au moment où il était entouré d'une famille heureuse et joyeuse, que ces détails sur son humble individu ont rempli toute la maison d'une vive gaieté, qu'ils ont été l'occasion parmi nous d'un nombre extraordinaire de plaisanteries, bons mots, etc... enfin, pour me servir des expressions du bon vicaire de Wakefield : « Je ne sais si nous avons beaucoup plus d'esprit depuis cet incident, mais on entend chez nous beaucoup plus d'éclats de rire ».

A peine ce canard noyé, un autre vint se prélasser sur cette vaste mare sans fond de la calomnie littéraire. Cette fois-ci, Dickens fut dénoncé à l'indignation publique comme un renégat. Voici, en effet, ce que nous trouvons dans une de ses lettres datée de Broadstairs, 15 août 1840.

J'étais assez étonné de recevoir depuis quelque temps des lettres de prêtres catholiques me demandant (sur un ton pastoral et avec une sorte de grave autorité) des secours pour eux, pour leur église, et aussi l'aide de ma plume. Enfin, le soupçon me vint qu'on avait peut-être répandu le bruit que j'avais abandonné la religion de mon père... Je ne m'étais pas trompé.

Dans une lettre à ma mère écrite par Lamert qui est à Cork, je viens de lire ce qui suit : « Qu'est ce que cette nouvelle histoire, répandue par les journaux, d'après laquelle Charles ne serait plus fou et se serait converti aux doctrines de l'Église romaine ?...

Mais ce serait faire trop d'honneur à la calomnie et

aux calomniateurs que de s'y arrêter plus longtemps ; quant aux solliciteurs, quémandeurs, pauvres honteux, ils étaient encouragés par le bon cœur de Dickens lui-même. Pas une misère réelle ne se présentait à lui sans qu'elle reçût un soulagement immédiat, accompagné d'une parole tendre ou d'un excellent conseil : rien ne le rebutait, rien n'altérait la patience angélique envers les malheureux de ce véritable philanthrope. En voici un exemple à la fois comique et touchant.

Un ancien secrétaire à lui, Daniel Tobin, réduit par la débauche et l'ivrognerie à la dernière misère, s'était fait mendiant ambulant. Il parcourait villes et campagnes, sollicitant la pitié des passants. Dickens l'avait secouru cent fois, mais il désespérait de ramener jamais dans la bonne voie ce criminel endurci. Un jour, il reçut une lettre de Daniel dans laquelle il lui disait que ses jambes refusaient de le servir plus longtemps ; il se voyait donc dans l'impossibilité de continuer ses tournées, à moins que son ancien patron ne lui fît don d'un âne et d'une petite voiture pour le traîner. L'entourage de Dickens, parents et amis, s'indignèrent de l'impudence d'une pareille demande. Le grand humoriste se contenta de sourire. Huit jours après, maître Tobin sonna à la porte de Devonshire Terrace. Dickens n'y était pas, mais, dans les communs, un jeune âne et une charrette toute neuve attendaient leur nouveau propriétaire, l'incorrigible vagabond.

L'œuvre qui suivit presque immédiatement la conclusion du *Magasin d'antiquités*, s'appela *Barnaby Rudge*. Ce roman parut entièrement dans *l'Horloge de maître Humphrey*; mais avant de nous en occuper, nous remonterons un peu en arrière pour enregistrer quelques événements de famille que nous avons omis au cours de cette narration. Le lecteur se souvient sans doute de Fanny, la sœur aînée du petit Charles, qui, naguère encore, traversait Londres chaque dimanche, donnant la main à son frère, pour aller rendre visite aux parents renfermés dans la sombre prison de la Marshalsea. Nature d'élite, douée d'une admirable organisation artistique, elle fut soudainement arrêtée dans son essor par une maladie impitoyable qui la rendit infirme de bonne heure et qui devait la conduire très prématurément à la tombe. Paralysée, clouée sur un lit de douleur, elle n'avait qu'une joie, la gloire de son frère, ses livres et ses conversations. Ce triste état de sa sœur était la seule goutte de fiel dans la coupe de bonheur offerte à Dickens par la destinée. Chaque année il voyait croître sa famille, et l'apparition de chacun de ses quatre premiers romans correspond à la naissance d'un de ses enfants. Le quatrième, un petit garçon, vit le jour en même temps que le premier numéro de *Barnaby Rudge*; son aîné était né avec *Monsieur Pickwick*, et les deux petites filles étaient les sœurs jumelles d'*Oliver Twist* et de *Nicholas Nickleby*. Le vieux père Dickens et sa femme se retirèrent pour laisser la place aux enfants. Leur fils, rendant toujours le bien pour le mal, les installa tous les deux dans un charmant et gai cottage auprès d'Exeter, et voici des extraits d'une lettre qu'il écrivit, sur les lieux mêmes, à un de ses amis particuliers. Elle est datée « Exeter, New-London Inn, 5 mars 1839 ».

J'ai loué pour eux ce matin un petit cottage, et s'ils ne sont pas satisfaits, j'avoue que je serai douloureusement désappointé. A un mille juste de la ville, sur la route de Plymouth, s'élèvent deux petites maisons blanches : l'une est la leur, l'autre, celle de leur propriétaire. Il y a un jardin magnifique; à l'intérieur tout est propre, frais, neuf, reluisant, et le paysage alentour est un des plus beaux de l'Angleterre. Mais je dois une mention toute spéciale à la propriétaire, une veuve du Devonshire, avec laquelle j'ai eu l'honneur de luncher aujourd'hui; c'est une grosse vieille dame campagnarde, au teint frais, très grasse et impotente ; elle relève d'une maladie de nerfs : je croyais jusqu'ici qu'on n'avait des nerfs que dans les villes. Cette bonne matrone sera un excellent voisinage pour ma mère ; elle a l'air si respectable, si naïve et de si joyeuse composition!... Il y a une troisième maison blanche où demeure le frère de notre propriétaire ; c'est ce frère qui fait les affaires de sa sœur, mais, comme il avait tellement toussé la nuit précédente que l'on s'attendait à voir son âme s'envoler dans un de ces accès de toux, il a envoyé sa femme s'entendre avec moi au sujet de la location. Que n'étiez-vous là pour me voir, assis dans la cuisine entre les deux vieilles dames, essayant de leur faire comprendre que je n'avais aucune intention criminelle, aucun dessein caché, et que c'était tout à fait par hasard, qu'en passant sur la route, leur cottage avait attiré mon regard! Enfin, après bien des pourparlers, des allées et des venues d'un cottage à un autre cottage, des signatures apposées à des originaux, à des doubles, à des copies, l'affaire s'est terminée, et je me suis montré sous mon jour le plus agréable;

j'ai été tour à tour bavard, facétieux, vertueux, bon père de famille.

Et que n'étiez-vous là également pour me contempler chez le tapissier, très intimidé et n'osant me dire le prix de rien, parce que sa femme était absente ; pour m'admirer faisant la cour à la fille du tapissier, afin d'obtenir des réductions sur tous les articles dont j'avais besoin !

L'auberge où je suis descendu est excellente, et le garçon en chef est un *tel* garçon !... Le sommelier de notre ami Winter est un âne en comparaison ! Cette assertion semble peut-être un peu téméraire, mais le vrai n'est pas toujours vraisemblable !...

Revenons à ce qui constitue l'intérêt essentiel de la vie d'un écrivain, l'histoire de son œuvre. Le premier chapitre de *Barnaby Rudge* parut dans le numéro de l'*Horloge de maître Humphrey* qui suivit celui où le *Magasin d'antiquités* concluait d'une façon si pathétique. Dans ce nouveau roman, pour la première fois l'écrivain essayait de sortir de la sphère actuelle et de la peinture des mœurs contemporaines : commencé pendant la publication d'*Oliver Twist*, il avait été mis de côté et repris à différentes reprises. Dickens a choisi pour cadre de son intrigue cette période cruelle et récente pendant laquelle l'Angleterre devint le théâtre d'exécutions incessantes d'hommes, de femmes et d'enfants comparativement innocents ; ces exécutions démoralisaient au lieu de moraliser, et, dans certaines familles, la mort sur le gibet semblait être héréditaire. Alors, le vol d'une aune d'étoffe ou de quelques mètres de ruban sur un comptoir, était puni de mort. Ce fut aussi le temps où une sorte de folie religieuse s'empara du peuple de Londres et le plongea dans un abîme de crimes et de misère; les sombres horreurs commises par les émeutiers ayant à leur tête cet aliéné fanatique, Lord Gordon, le contraste étrange de crimes publics atroces et de vertus privées singulières, devaient tenter la plume d'un véritable artiste; cependant, il faut le dire, *Barnaby Rudge* manque à une des règles de l'art les plus importantes : il n'a ni cohésion, ni unité dans l'idée, ni harmonie dans l'ensemble : ce qui forme l'intérêt principal au début de l'œuvre, n'a plus qu'un intérêt très secondaire à la fin. L'auteur s'est laissé emporter par la description de l'émeute, par la passion avec laquelle il suit les émeutiers à travers Londres qui brûle de toutes parts, et, dans son emportement, il a complètement oublié que ces émeutes ne devraient être dans son livre qu'un incident de second plan; à mesure que l'œuvre tire vers sa fin, cet incident secondaire prend une importance capitale; tous les personnages du début s'y engloutissent, disparaissent; on ne voit plus que la révolte, les révoltés, l'incendie, les supplices et le bourreau.

Au point de vue de l'art, nous le répétons, c'est là un défaut, mais on est tenté d'y applaudir, tant la description qui en résulte est admirable!... Il nous semble que Dickens n'a jamais écrit de pages plus puissantes : depuis les premiers grondements sourds de l'orage jusqu'à sa terrible explosion, tout ce déchaînement de l'ignorance et de la furie populaires est dépeint avec une vigueur qui ne faiblit pas un seul instant. Si, de l'ensemble, nous passons aux personnages, bien que moins populaires ils sont tous dignes du maitre. Cet idiot au cœur léger que la nature seule influence, n'ayant aucune conscience de la douleur et du crime, Barnaby Rudge, et son seul ami le Corbeau, grave, funèbre et sournois ; Gabriel Varden, si plein d'humour, l'honnête et joyeux serrurier et sa grosse femme à la langue de vipère ; Dolly, la jolie et potelée Dolly, si bonne et si coquette ; Miggs, la vieille fille aigre, protestante fanatique, hypocrite et vicieuse ; enfin cette terrible et géniale figure de M. Dennis le bourreau, toutes ces créations sont vivantes, originales, toutes portent l'empreinte du vigoureux génie qui les a conçues.

Dans *Barnaby Rudge*, il y a au moins un personnage peint absolument d'après nature ; ce n'est ni un homme, ni une femme, ni un enfant : c'est un animal, c'est le Corbeau, c'est Grip. Grip appartenait à Dickens, c'était un favori de la famille et sa mort fut pleurée par un grand nombre de gens distingués et narrée avec force détails dans une lettre de Dickens, ornée d'un dessin à la plume du peintre Maclise, représentant l'apothéose du Corbeau. Nous ne pouvons mieux terminer ce que nous avons à dire sur ce roman que par quelques extraits de ce pathétique faire-part du décès de M. Grip.

Vous apprendrez avec une douloureuse surprise que le Corbeau n'est plus. Il a expiré aujourd'hui à midi et quelques minutes. Il était souffrant depuis quelques jours, mais nous ne nous attendions à rien de grave, pensant seulement qu'il était malade des suites du vernis blanc qu'il avait avalé l'été dernier. Hier, dans l'après-midi, son état me parut si alarmant que j'envoyai un express à son docteur, M. Herring, lequel arriva tout de suite et prescrivit une forte dose d'huile de ricin. Sous l'influence de cette médecine il reprit assez de force pour donner un coup de bec à mon groom Topping, à huit heures du soir. Sa nuit fut paisible. Ce matin, au lever du jour, il paraissait mieux. D'après l'ordonnance du médecin, on lui administra une seconde dose de ricin, puis on lui servit de la bouillie de gruau qu'il sembla manger avec plaisir... Vers onze heures, son état avait tellement empiré, qu'on fut obligé de supprimer les sonnettes de l'écurie. A onze heures et demie on l'entendit se parler à lui-même. Il prononça le nom du cheval et de Topping et quelques autres mots incohérents qui devaient sans doute avoir rapport à ses dispositions testamentaires ; il laisse, en effet, beaucoup de sous, enterrés par lui dans différents endroits du jardin. Lorsque l'horloge sonna midi, il eut comme un léger frisson, mais, se remettant bientôt, il fit deux ou trois fois le tour de la remise, s'arrêta pour aboyer, chancela, et criant d'une voix forte : « Allô ma vieille ! » (c'était son exclamation favorite) il tomba et mourut.

Pendant tout le temps il a fait preuve d'une force d'âme, d'une égalité de caractère, d'une patience, qu'on ne saurait trop admirer. Je regrette vivement de n'avoir pu recevoir ses dernières instructions.

Votre ami douloureusement affligé,

C. D.

Kate va assez bien, mais son chagrin est violent, comme vous devez le penser. Les enfants sont très contents. Le Corbeau leur pinçait les mollets, mais c'était pour jouer.

— Un mot encore au sujet de ce corbeau, désormais historique.

Quelques semaines après la mort du grand romancier, on vendit, dans une salle de vente de Londres, des peintures et des objets d'art ayant appartenu à Dickens. Nous détachons d'un journal de l'époque le passage suivant relatif à un incident de cette vente[1] :

Une émotion indescriptible s'empara de nous lorsqu'on plaça sur la table un corbeau empaillé. Nous avions sous les yeux l'oiseau favori du grand homme, Grip, le Grip de Barnaby Rudge et du monde entier, l'oiseau que Dickens avait caressé et nourri de ses propres mains, le modèle qui avait servi à l'une de ses créations. Nous n'aurions pas été plus excités si l'on nous avait présenté, tout embaumé, Samuel Weller lui-même.... Aussitôt que Grip apparut, les applaudissements enthousiastes retentirent de tous côtés. Tout le monde criait : « Grip ! Grip ! Grip ! » comme si la pauvre bête eût pu entendre !... On rappelait ses expressions favorites : « Je suis un diable ! Je suis un diable ! » et : « Petit bonhomme vit encore ! » On racontait qu'il était mort d'avoir avalé, morceau à morceau, un escalier de six marches et tout un palier.

A 1250 francs le célèbre Grip !.... 1500 !.... 1750 !.... 2500 francs.... (tonnerre d'applaudissements). Enfin, au milieu des vociférations, on l'adjuge à 3000 francs : « Le nom ! le nom ! » s'écrie-t-on de toutes parts. Et chacun a l'air dégoûté d'apprendre que c'est un Musée d'histoire naturelle qui est l'acquéreur. Jamais, de mémoire d'Anglais, on n'avait assisté à une vente pareille !...

1. *Chamber's Journal.* Edinburgh, 6 août 1870.

CHAPITRE V

Le principal événement de la vie de Dickens pendant l'année 1841, fut un voyage qu'il fit en Écosse, accompagné de sa jeune femme qui, comme on le sait, était Écossaise. Les citoyens de la ville d'Édimbourg avaient adressé au grand écrivain une invitation le conviant à des réjouissances publiques et à un banquet qu'ils voulaient donner en son honneur. Celui qui avait pris l'initiative de cette manifestation était lord Jeffrey, le doyen de la critique écossaise, et le plus grand philanthrope de son siècle. C'était un admirateur enthousiaste de Dickens.

Ce dernier ayant accepté l'invitation, les adhésions affluèrent de tous côtés. Édimbourg a, de tout temps, eu la réputation d'une ville intellectuelle; non seulement elle était la patrie de Walter-Scott, de Macaulay et de tant d'autres écrivains célèbres, mais la critique littéraire y tenait sa cour et y rendait ses arrêts dans les bureaux de la fameuse *Revue* qui régnait toujours en dépit du coup terrible que lui avait porté lord Byron. Enfin, Édimbourg affirmait ses droits à une supériorité intellectuelle en offrant à cette jeune gloire qui venait d'apparaître en Angleterre, son premier triomphe public.

Dickens était trop artiste pour se contenter d'Édimbourg. Les beautés sauvages et mystérieuses du pays des Hautes-Terres l'attiraient invinciblement. Aussitôt les fêtes en son honneur terminées, il s'engagea dans une excursion charmante à travers les paysages écossais. Sa correspondance de cette époque est si abondante en détails sur tout ce voyage, qu'on peut l'y suivre jour par jour. En puisant çà et là dans toutes ces lettres écrites en courant, sur son genou ou sur le coin d'une table d'auberge, nous allons laisser le grand humoriste raconter à sa guise et sans l'interrompre, ses aventures à Édimbourg et dans les montagnes d'Écosse.

Royal Hôtel, Edinburgh, 23 juin.

J'ai visité ce matin le palais du Parlement et je crois que j'ai été présenté à tous les habitants d'Edimbourg. L'hôtel est littéralement assiégé et j'ai été obligé de me réfugier dans une chambre isolée tout au bout d'un long corridor. On dit qu'il y aura trois cents personnes au banquet. Ici j'ai un appartement excellent. Le château se dresse fièrement en face de mes fenêtres. Parlons un peu des plus célèbres parmi mes hôtes. Peter Robertson[1] est un gros et grand homme, à la figure rouge et pleine, éclairée de deux yeux pétillants de malice ; il porte des lunettes et a une manière tout à fait caractéristique de regarder par-dessus. Pendant que je me promenais avec lui à travers la foule d'avocats, d'avoués, de clercs et de flâneurs qui remplissaient la salle du Palais, nous avons rencontré un monsieur de haute taille ayant la démarche d'O'Connell ; ses longs cheveux tombaient en bou-

1. Célèbre avocat écossais.

cles épaisses sur ses épaules, et jamais je n'ai vu un œil bleu aussi clair que le sien. Il était vêtu d'une sorte de manteau et d'une chemise en coton bleu, dont le col énorme était retenu par une gigantesque cravate noire... pas de gilet, et, dans la chemise ouverte, un immense mouchoir rouge sortant à moitié. Sur ses talons trottait un petit terrier à poil ras, à l'œil diabolique, suivant son maître qui marchait de long en large à travers les salles et les corridors, la tête levée au plafond et les yeux ouverts démesurément.... Robertson m'a présenté... c'était le célèbre professeur Wilson, un vrai montagnard, un vrai grand homme.

26 juin.

.. Le grand événement a eu lieu ; le banquet est un fait du passé, me voilà descendu de mon piédestal et redevenu simple mortel. Ç'a été d'un brillant incomparable du commencement à la fin. Le succès a été aussi complet que possible. La salle était tellement bondée, qu'on a dû laisser dehors près de soixante-dix personnes. Wilson était souffrant, mais à l'heure des discours, il s'est levé, a secoué sa crinière comme un vieux lion et a parlé avec une éloquence admirable. Je crois (hum! hum!) que je ne m'en suis pas trop mal tiré. Les sujets (à la mémoire de mon ami Wilkes et à la littérature écossaise) me plaisaient : il y avait plus de 200 dames présentes, mais cela ne m'a nullement intimidé, et malgré la foule, malgré les cris d'enthousiasme, je me suis senti toute la soirée aussi frais qu'une salade de concombres.

Les orateurs étaient tous des progressistes, et appartenaient presque tous au barreau écossais ; j'étais entouré à la table d'honneur par des personnages marquants et d'âge vénérable, et, lorsque je me suis levé, mes boucles brunes ont produit un incroyable effet au milieu de ces têtes aux cheveux blancs et gris.

Loch-Earn-Head, lundi 5 juillet.

…Nous avons quitté Edimbourg hier au soir, Kate et moi, ayant pour guide mon extraordinaire et original ami Angus Fechter. Nous sommes arrivés le soir à un endroit appelé Stewarts-hôtel, neuf milles en deçà de Callender. Comme nous ne nous étions pas annoncés, nous n'avons trouvé qu'une toute petite chambre pour Kate et pour moi. Fechter a couché dans un chenil divisé en deux compartiments; à côté de lui reposait un voyageur inconnu. Ce matin mon ami m'a avoué qu'ayant eu un cauchemar, il avait crié toute la nuit. Or vous savez ce que sont les cris de Fechter: les hurlements des loups affamés dans les steppes de la Russie ne sont rien en comparaison… En enfer seulement on doit entendre des vociférations pareilles…Son compagnon de chambre a été pris d'une peur immense !… Il a fait atteler un cabriolet au milieu de la nuit, et… court encore… Nous avons vu les Trossachs et Loch-Katrine, paysage tellement sublime qu'il ne se peut décrire. Mais il pleut comme il ne pleut qu'en Ecosse. Kate a essayé de nous suivre au haut d'une montagne d'où l'on aperçoit l'île de la Dame-du-Lac, mais, au bout de quelques instants, elle a renoncé à son entreprise, et nous l'avons laissée, pittoresquement et inconfortablement installée sur un rocher avec le groom, tenant au-dessus de sa tête un immense parapluie… Quand nous sommes revenus, elle s'en était allée avec la voiture… Rien de pittoresque et de phantomatique comme la marche des grands brouillards à travers les montagnes; les nuages semblent s'appuyer sur les collines ; d'en haut on n'aperçoit pas le fond des vallées, mais on entend le bruit assourdissant des torrents, qui courent et bondissent au milieu des rochers.

Ballechelish, vendredi soir, 9 juillet 1841.

…Partis hier de Loch-Earn-head, dans l'après-midi…

couché à un endroit appelé Killin. Fechter et moi nous avons fait six milles à pied pour voir une chute d'eau, mais la vue nous a bien récompensés de notre peine. La cascade écume, bondit, franchissant successivement trois marches énormes d'un escalier de Titan : elle jaillit du rocher supérieur avec une telle violence que l'œil ébloui peut à peine la suivre, puis elle se perd dans un tourbillon profond et vertigineux, à cinq cents mètres plus bas. Aujourd'hui nous avons traversé pendant une soixantaine de milles la partie la plus glaciale et la plus désolée de toute l'Ecosse. Les hauteurs sont encore couvertes de neige, la route court sur les crêtes et aux bords de torrents profonds et de précipices. Le froid était intense, et la pluie, par moments, d'une violence extraordinaire ; le wiskey lui-même n'a pas réussi à nous réchauffer. Quand nous sommes arrivés devant une auberge solitaire (la maison du Roi) à l'entrée de Glencoe, nous étions littéralement glacés ! Mais quel voyage !... à travers les bruyères et les montagnes, au milieu d'éboulements chaotiques qui donnent aux alentours l'aspect du cimetière d'une race de géants, la voiture allait comme dans un rêve, heurtée, cahotée, passant de temps en temps devant quelque misérable hutte sans fenêtre et sans cheminée, dont la porte ouverte laissait s'échapper les flots de fumée d'un feu de tourbe ; mais, même ces habitations sont rares, et il est impossible de concevoir rien de plus sauvage, de plus morne que ce pays. Quant à Glencoe, un seul mot peut rendre l'impression que j'en ai ressenti : Glencoe m'a pénétré de terreur... Cette gorge est sinistre et solennelle. Elle est fermée des deux côtés par d'énormes rochers d'où s'élancent dans toutes les directions de formidables torrents. Tous ces rocs sont percés de grottes ténébreuses telles qu'on en voit dans les rêves de la fièvre ou de la folie... Tant que je vivrai, ce spectacle hantera mes songes... Je frissonne rien qu'à son souvenir.

Loch-Leven..., juillet.

...Nous sommes dans une maison blanche sur les bords de Loch-Leven, nous avons une chambre très confortable au haut de la maison, c'est-à-dire au premier étage... La pluie bat les vitres comme au mois de décembre, le vent hurle tristement, un brouillard froid et humide s'étend sur tous les objets extérieurs; dans ma cheminée le feu flamboie, et, sous mes fenêtres, un infernal joueur de cornemuse s'exerce, en prévision d'un prochain concours. Notre compagnon, l'ami Fechter, continue à faire notre joie.... Il paraît que les Fechter forment un clan très considérable, et que le père du nôtre était un highlander. Il en résulte que partout où nous allons il rencontre des paysans ou des fermiers qui sont ses cousins, et il faut le voir profiter de sa parenté pour boire toute la meilleure crème et pour embrasser toutes les jolies femmes!... il a une assurance stupéfiante!... Hier, la malle-poste est venue, selon son habitude, prendre les lettres à notre auberge, qui est également le bureau de poste... Elle était déjà repartie, quand nous avons entendu la voix d'Angus crier : « Hé! là-bas, n'êtes-vous pas la poste ? — Oui, Monsieur. — Eh! bien revenez, mon ami, et veuillez attendre que j'aie terminé ma correspondance..... » Le postillon interloqué a obéi, et l'excellent Fechter a détenu pendant une demi-heure un courrier qui a pour devoir de desservir près de cinquante localités.... Nous partons pour Oban demain et serons à York samedi.

Dalmally, dimanche 11 juillet 1841.

Le nom de cette localité n'étant pas sur notre itinéraire, vous serez surpris de le voir en tête de cette lettre, mais notre présence ici est une des conséquences de divers extraordinaires accidents sur terre et sur mer qui vont grandement vous étonner. Si vous avez votre chapeau sur la tête, ôtez-le, afin de laisser vos cheveux se dresser sans interruption....

Pour se rendre à Oban, il est nécessaire de traverser deux lacs, dont l'un est un bras de mer d'une largeur de huit à dix milles. Quand le temps est raisonnablement beau, on empile dans un bateau voyageurs, voitures, chevaux et bagages et l'on passe tant bien que mal. Hier matin la brise soufflait avec une telle violence que le maître de notre auberge, auquel nous avions loué une voiture, vint honnêtement nous prévenir que la traversée serait impossible... Nous voilà donc contraints de revenir sur nos pas et de faire le tour par Dalmally et Inverary. Au milieu d'une tempête de pluie et de vent, nous avons traversé une seconde fois Glencoe.... La pluie avait tombé toute la nuit, elle tombait encore en cataractes épaisses. D'un bout à l'autre de la sinistre gorge, qui a dix milles de long, les torrents bouillonnaient, écumaient, répandant de tous côtés un embrun qui ressemblait aux flots de fumée d'un gigantesque incendie. Ces torrents se précipitaient du sommet des monts et des collines, se ruant à travers le sentier, s'abîmant dans la profondeur des précipices, comme des démons déchaînés. Des montagnes semblaient répandre par leurs mille crevasses des cascades d'argent en fusion, d'autres apparaissaient couvertes par une seule formidable cataracte qui dévalait vers l'abîme avec un mugissement terrible et continu... Notre postillon était fort inquiet, nos chevaux très effrayés, comme il est facile d'imaginer, par les bruits assourdissants d'une nature furieuse. Tout à coup l'un d'eux a fait un écart, et il s'en est fallu de cela (—) que nous allions rouler au fond de l'abîme..... A ce moment nous descendions une pente très rapide, notre mécanique s'est cassée et nous avons été obligés de mettre pied à terre et de nous pendre au derrière de la voiture pour l'empêcher de passer par-dessus les chevaux... C'est dans cet état que nous sommes arrivés à notre ancien relai de la Maison du Roi... Les chevaux qui nous étaient destinés étaient dans la montagne à quelque dix milles de là. Trois ou quatre gaillards aux jambes nues sont allés à leur recherche pendant que nous essayions de nous sécher un peu... Enfin nous sommes repartis, sans mécanique et avec un ressort cassé, et nous sommes allés boiteusement jusqu'à Inversuran. Pendant les trois premiers milles, nous sortions d'un fossé pour tomber dans un autre; un des chevaux s'est déferré. La pluie n'a pas cessé de nous transpercer, le vent de nous glacer, le brouillard de nous aveugler. C'est ainsi que nous avons passé la Montagne-Noire et que nous sommes arrivés sur les bords d'une rivière qui court en bondissant à travers les rochers; sur cette rivière, il y avait un pont l'hiver dernier, mais il s'est brisé à la fonte des neiges et n'a jamais été réparé depuis, en sorte que les voyageurs sont obligés de traverser sur des planches placées de rochers en rochers. Quant aux chevaux et aux voitures, ils passent à gué. Comme lesdites planches sont très étroites, très glissantes et sans aucun parapet, Kate voulait rester dans la voiture, ayant plus de confiance dans les roues que dans ses propres jambes, mais je la décidai à nous accompagner Fechter et moi, car le courant me semblait d'une dangereuse violence, et notre jeune postillon examinait le passage à gué depuis une demi-heure, d'un air très découragé... Nous voilà donc, ma femme, Fechter, moi et notre groom Tom, nous aventurant sur ces planches qui se balançaient comme de véritables escarpolettes. Comme nous atteignions l'autre bord, nous aperçûmes un cavalier écossais couvert d'un énorme plaid, qui, sans faire attention à nous, passa en galopant et en criant, en langue gaëlique au postillon qui se préparait à traverser avec sa voiture. Il fut bientôt rejoint par quelques montagnards à pied, qui se mirent à faire des signes désespérés à notre conducteur.... Comprenant ce que cela voulait dire, nous courûmes à leur suite.... Il était trop tard !... Voiture, chevaux et postillon avaient plongé dans le torrent; on n'apercevait que les têtes des chevaux.... J'eus un frisson en pensant que Kate avait été sur le point de rester dans la voiture. Elle tournait et évoluait comme une grosse pierre, le postillon était pâle comme un mort.... Nous lui criions de se jeter à l'eau et de laisser voiture et équipages s'en aller à tous les diables, quand soudain il se trouva comme par miracle sur un haut fond, et, une heure plus tard, nous étions tous devant la vaste cheminée d'une auberge dont le propriétaire était le cavalier au gigantesque plaid que nous avions rencontré dans de si dramatiques circonstances.... Le village est une agglomération d'une quaranntaine de petites huttes ; dans une d'elles on avait entassé cinquante highlanders (écossais de la montagne) tous ivres-morts. C'étaient des conducteurs, des joueurs de cornemuse, des maçons, qui tous s'étaient réfugiés là au moment de la tempête ; l'un d'eux était un tapissier venu pour tapisser la principale chambre de l'auberge. Il était là depuis trois jours et n'avait pas dessaoûlé un seul instant... Ces ivrognes gisaient à terre dans toutes les directions ; il y en avait aussi de couchés sur des tables et sur des bancs. Après quelques heures de repos nous prîmes congé de notre hôte, et à dix heures du soir nous sommes arrivés ici, ravis d'y trouver un hôtel et des lits anglais.... Notre voyage est à peu près fini et j'avoue que je n'en suis pas fâché.... Hurrah ! donc pour notre vieille Angleterre !...

CHAPITRE VI

Cette excursion à travers l'Écosse fut le prélude d'un beaucoup plus long voyage dont nous avons vu poindre le projet dans une lettre relative à la publication de l'*Horloge de Maître Humphrey*. A peine était-il de retour en Angleterre qu'il écrivait de sa villa de Broadstairs :

Je suis hanté jour et nuit, par des visions de l'Amérique... Ma pauvre Kate pousse des gémissements quand je mentionne ce sujet, mais, Dieu aidant, je pense qu'il faut que ce voyage s'accomplisse.

Les lettres qu'il recevait quotidiennement d'au delà de l'Atlantique contenaient des invitations chaleureuses, enthousiastes et pressantes... Son succès dans les Etats-Unis avait été aussi foudroyant que dans la mère patrie... Après le *Magasin d'antiquités*, Washington Irving, au nom de tous, lui écrivit pour le supplier de ne pas retarder plus longtemps le plaisir et la gloire que sa présence allait causer à la grande nation américaine.

Dickens était homme de résolution prompte. Les obstacles qui s'élevaient entre une décision prise et son exécution lui donnaient la fièvre tant qu'il ne les avait pas vaincus. Or, dans ce projet de voyage en Amérique, les obstacles étaient nombreux. Il lui fallait se libérer de ses engagements littéraires, obtenir de Chapman et Hall, vis-à-vis desquels il se trouvait lié par plusieurs traités, un congé d'une année au moins, arrêter la publication de *Maître Humphrey*, dont la courte existence devait se terminer en même temps que le roman de ***Barnaby Rudge***; il lui fallait encore prendre une décision au sujet des enfants... Pouvait-il les emmener avec lui ?....

Enfin, il y avait aussi les questions d'intérêt;.. une maison tout récemment louée et pour laquelle il était urgent de trouver un sous-locataire; la nécessité d'obtenir de ses éditeurs habituels des conditions grâce auxquelles il pourrait couvrir, en partie du moins, les frais d'un long et dispendieux voyage.

Dès le 7 septembre 1841, il signait avec MM. Chapman et Hall un nouveau traité annulant tous les précédents, et dont les principaux articles peuvent se résumer de la façon suivante :

L'*Horloge de Maître Humphrey* cesserait avec la conclusion de *Barnaby Rudge*. Le nouveau roman en vingt numéros, identique à *Pickwick* et à *Nickleby*, ne commencerait qu'après un intervalle de douze mois, c'est-à-dire en novembre 1842. Pendant toute la durée de la publication, l'auteur recevrait 200 livres (5.000 fr.) par mois et pendant l'année d'intervalle 3.500 francs par mois. Cette dernière somme serait prise sur ses droits de propriété pour la nouvelle œuvre projetée. Enfin, les éditeurs abandonnaient les trois quarts de la recette brute du nouveau roman, pendant les six premiers mois de sa publication périodique.

Quelques extraits de la correspondance de Dickens à cette époque, nous initieront aux autres difficultés qui s'opposaient encore à la réalisation de son projet de voyage, et nous montreront en même temps de quelle façon il s'en débarrassa.

Broadstairs, 23 septembre 1841.

J'ai écrit à Chapman et Hall en leur demandant ce qu'ils pensaient de ce voyage et de mon intention de prendre des notes et de les publier à mon retour en un volume du prix d'une demi-guinée... Ils m'ont envoyé tout de suite leur plus chaleureuse adhésion... ajoutant qu'ils connaissaient depuis quelque temps mon projet et qu'ils en étaient tout à fait enchantés. Je les ai priés de prendre tous renseignements relatifs aux prix, cabines, couchettes, époque et heure du départ. Je ferai mon possible pour emmener Kate et les enfants. Dans ce cas j'essaierai de sous-louer la maison toute meublée, pendant six mois (durée de mon voyage en Amérique)... On m'a parlé de cabines de famille pour 100 livres (2.500 francs), et elles sont assez grandes pour nous contenir tous. Je ne pourrais être tranquille si l'Atlantique était entre moi et les miens... mais si je les savais à New-York, je vagabonderais sans inquiétude à travers la libre Amérique... J'ai l'intention, dans le dernier numéro de l'*Horloge*, de prendre congé de mes lecteurs en leur faisant part du voyage que j'entreprends... Les avantages que je compte retirer de cette expédition me semblent si grands, que j'en suis arrivé à me persuader que c'est là pour moi une affaire de première nécessité.

Entre temps ses amis, John Forster en tête, arrivèrent à lui persuader qu'il serait très imprudent de soumettre des enfants aussi jeunes que les siens aux dangers d'un très long voyage. Car, à cette époque, on n'allait pas aux Etats-Unis avec la même facilité luxueuse que de nos jours, et les paquebots n'offraient aux voyageurs qu'un douteux « comfort » et qu'une sécurité approximative. Un ami de la première heure, le grand acteur Macready, habitant avec sa femme et ses enfants une charmante et joyeuse maison à Canterbury, proposa au romancier de se charger de ses babys, pendant son absence et celle de sa femme. La proposition était si affectueuse, faite avec tant de chaleur, que Dickens accepta les larmes aux yeux :

Macready, s'écrie-t-il, m'a décidé.... il a enlevé la position.... il a obtenu même le consentement de Kate... C'est entendu, je vais retenir nos deux places pour le mois de janvier prochain... Je n'ai jamais aimé mes amis autant qu'aujourd'hui.

Et deux jours plus tard, de Broadstairs :

Un mot seulement. Kate est tout à fait réconciliée à son sort... Anne, sa femme de chambre, vient avec nous et paraît enchantée... A présent c'est à moi que ce départ fait le plus de peine... Le 4 janvier est le jour. Je me sens si plein d'indulgence, si doux, si ami de tout le monde, si rempli de gratitude et de confiance, qu'on me prendrait pour un agonisant.

Mais, entre son départ et l'époque où il écrivait, la mort devait se dresser pour la seconde fois. On se souvient du chagrin violent ressenti par Dickens lorsqu'il vit mourir, encore dans la première fleur de la jeunesse, la plus jeune sœur de sa femme. Au mois d'octobre 1841, son beau-frère fut enlevé avec la même soudaineté douloureuse. Les circonstances dont cette mort fut entourée ravivèrent dans le cœur du grand romancier une douleur profonde, qui n'était qu'endormie. Laissons-le nous initier lui-même à ces tristes détails :

Comme personne n'avait rien préparé en vue de la cérémonie funèbre et de l'inhumation, il a fallu que j'aille moi-même au cimetière. Je ne puis dire la peine que je ressens à l'idée qu'un autre va partager la tombe de Marie. J'aurais voulu pouvoir la déterrer et la descendre dans des catacombes ignorées, où personne, moi excepté, ne pourrai la retrouver!... car cette place que son frère va prendre à son côté, je l'avais réservée pour moi-même... Le désir d'être enterré auprès d'elle est aussi fort dans mon cœur aujourd'hui, après un intervalle de cinq ans, et je sais que ce *désir* ne pourra jamais mourir en moi, car rien ne peut peindre l'affection que je portais à cette enfant ! Oui, mon ami, si c'était possible je voudrais la faire enlever de là, et je sens bien pourtant que ses frères, ses sœurs et sa mère ont plus de droits que moi à dormir auprès d'elle.....

Lettre singulière, troublante, qui fait soupçonner un étrange mystère dans le cœur de Dickens. Nous l'avons citée, parce que nous pensons qu'il y a certains côtés de la nature humaine dont il est bon de soulever le voile, ne fût-ce que pour un instant... Mais nous serons sobres de commentaires... Il y a, dans la vie du grand romancier anglais, une particularité bizarre : jeune, nouvellement marié, son âme semble communier beaucoup plus avec l'âme de la toute jeune fille, qui est sa belle-sœur, qu'avec l'âme de celle qu'il a volontairement choisie pour sa compagne. Plus tard, beaucoup plus tard, aigri, désillusionné, désabusé, nous le voyons se séparer de Mme Dickens et aller s'établir à la campagne, dans une maison dirigée par une autre de ses belles-sœurs, miss Hogarth, qui l'entoura d'affection dévouée et intelligente et lui ferma les yeux. La méchanceté envieuse des médiocres a voulu donner à ce mystère psychologique une couleur d'affection illicite. Explication banale, calomnieuse et impossible, que dément la vie même de Charles Dickens : nous croyons, au contraire, que ce qui a produit la force et la pérennité du sentiment du grand écrivain pour ses belles-sœurs, c'est sa pureté même. Il épousa sa femme sans la connaître, parce qu'il était *épris* de sa beauté. Il connut ses belles-sœurs après son mariage, et son affection pour elles naquit d'une fréquentation quotidienne qui lui permit d'apprécier et d'admirer les belles qualités qui fleurissaient dans leur cœur et répandaient autour d'elles un parfum de douceur et de pureté, cher à la tendre nature du grand artiste.

Au commencement du mois de décembre, le *Britannia*, paquebot qui devait emmener les voyageurs le mois suivant, arriva à Liverpool, apportant à Dickens un flot de lettres cordiales, d'invitations chaleureuses, de félicitations enthousiastes et pressantes, auxquelles il répondit, non par une lettre cette fois, mais « en personne vivante, bien portante, solide des genoux, dormant profondément, mangeant énormément et riant bruyamment ».

Il s'embarqua avec sa femme à Liverpool sur le susdit *Britannia*, le lundi 4 janvier 1842 et le livre suivant a pour objet de faire connaître au lecteur les péripéties, aventures et mésaventures de ce fameux et premier voyage de l'inimitable humoriste à travers le vaste royaume du Dollar.

LIVRE TROISIÈME

LE VOYAGE EN AMÉRIQUE ET LES NOTES AMÉRICAINES

1842

CHAPITRE PREMIER

Dans les *Notes Américaines*, publiées peu de temps après son retour en Angleterre, Dickens a raconté au public, avec sa verve et son humour habituelles, les péripéties de son voyage à travers les États-Unis ; il a consigné dans cet ouvrage le résultat de ses observations sur les mœurs, les institutions, les vices et les vertus de la jeune république. Il l'a fait avec la fière indépendance d'un écrivain épris de vérité, insensible aux flatteries intéressées ; son livre lui créa de nombreux ennemis de l'autre côté de l'Océan et ceux-là même qui l'avaient entouré des plus basses flagorneries au moment de son arrivée, le vouèrent à l'exécration de leurs concitoyens dans des articles et des pamphlets d'une violence qui côtoie la folie. Cependant, ces cris de l'amour-propre yankee blessé n'eurent pas le pouvoir de changer la réalité et les *Notes américaines* sont encore, à l'heure présente, la peinture la plus juste, la plus brillante et la plus vraie qui ait été faite de la société aux États-Unis. Nous y renvoyons le lecteur. Mais, à côté de ces notes destinées à la publicité, où par conséquent les effusions personnelles sont plus rares et plus contenues, il existe sur cette expédition de notre romancier toute une série de lettres intimes, écrites au jour le jour sans arrière-pensée, adressées pour la plupart à l'ami de cœur John Forster et dans lesquelles Dickens, complètement à l'aise, se laisse aller, parle sans réticences, raconte, critique, admire, s'indigne, rit, pleure avec toute la liberté et toute l'exubérance d'un homme qui, s'entretenant avec un intime ami, n'a plus besoin de contrôler sa phrase et lâche la bride à son imagination.

Cette correspondance charmante, religieusement conservée de son vivant par Forster et léguée par lui au South Kensington Museum va nous permettre de reconstituer dans ses principaux détails le récit du voyage de Dickens, sans rien emprunter à l'œuvre publiée.

On se souvient que nos voyageurs s'étaient embarqués sur le *Britannia*, capitaine Hewitt, faisant le service entre Liverpool, Halifax et Boston. La traversée fut très longue et très mauvaise. Le seizième jour ils étaient seulement en face de Terre-Neuve; le steamer fut assailli dans ces parages par une tempête épouvantable dont on trouvera la très graphique description dans les *Notes américaines* :

Pendant deux ou trois heures nous nous sommes crus perdus sans retour et nous nous sommes résignés tranquillement à la mort en tournant nos pensées vers nos chers enfants et nos chers amis.

Ils furent sauvés cependant, grâce à l'énergie et à l'habileté du commandant, et, la nature étant devenue plus calme, l'humoriste eut le loisir de promener autour de lui ses regards ironiques et observateurs :

Il y a environ quatre-vingt-six passagers, et, depuis l'arche de Noé, jamais collection aussi étrange d'animaux n'a été réunie sur la mer. Je ne suis jamais entré dans le salon excepté le premier jour ; le bruit, l'odeur, la chaleur y sont intolérables; je ne suis monté qu'une seule fois sur le pont et j'ai été surpris et désappointé par la petitesse du panorama. La mer, violente comme elle est, est assurément très stupéfiante, et, si on pouvait la voir de très haut, ce serait sans doute un magnifique spectacle, mais, vue du bord par le temps qu'il fait, elle donne seulement une impression pénible et étourdissante.

Je me suis établi dès le début dans la cabine des dames dont voici les personnages :

Kate, moi et Anne quand elle est hors de son lit, ce qui est rare ; une drôle de petite femme écossaise, Mme P.... Son mari est orfèvre à New-York ; il l'a épousée il y a trois ans, à Glascow, et il s'est enfui le lendemain de ses noces pour éviter les poursuites de ses créanciers. Depuis, elle a vécu chez sa mère. Elle va maintenant, sous l'escorte d'un sien cousin, tenter pendant un an un essai loyal de l'existence conjugale ; si elle lui déplaît, elle compte revenir en Ecosse au bout de ce temps. Une madame B...[1], vingt ans, son mari l'ac-

---

[1]. Avons-nous besoin de dire au lecteur que nous remplaçons par des initiales absolument fictives, les véritables noms des personnes mentionnées par Dickens au cours de cette correspondance?

compagne. C'est un jeune Anglais domicilié à New-York, drapier de son état... Il y a quinze jours qu'ils sont mariés. M. et Mme C..., merveilleusement amoureux l'un de l'autre, complètent ma liste. J'ai dans l'idée que Mme C... est la demoiselle de comptoir de quelque café, et que son mari l'a enlevée en même temps que l'argent dans le tiroir de la caisse et la montre d'or de sa belle-maman. Toutes ces dames sont très... très... très jolies.

...En jouant au whist, nous sommes obligés de mettre les levées dans nos poches de peur de les voir disparaître pour toujours. Pendant une seule partie, nous sommes en moyenne précipités de nos sièges cinq ou six fois, et nous roulons sur le plancher dans tous les sens, jusqu'à ce que les *stewards* nous ramassent. Cela est devenu tellement habituel, qu'à peine relevés nous reprenons tranquillement notre partie comme si de rien n'était..

Des nouvelles !.... nous en avons autant que si nous étions à terre, et d'aussi importantes : Un monsieur a perdu cinq cents francs hier soir dans le salon, au vingt et un, un autre s'est enivré pendant le dîner, un autre a été aveuglé par de la sauce de homard versée dans son œil par un domestique ; un autre est tombé sur le pont et s'est évanoui.... Le chef était ivre hier matin, et le capitaine a ordonné au pilote de faire jouer sur lui la grande pompe à incendie ; il a hurlé et demandé un pardon qui ne lui a pas été accordé, car il a été condamné à être de vigie toutes les nuits pendant quatre heures, sans manteau et on lui a supprimé son grog. Quatre douzaines d'assiettes ont été cassées pendant le dîner. Un domestique est tombé dans l'escalier et a abîmé le rôti, un autre est également tombé et s'est coupé la langue ; le boulanger est malade, le pâtissier aussi. Douze douzaines de bouteilles de porter ont rompu leurs chaînes et roulent de tous côtés avec un bruit horrible... Sont-ce là des nouvelles, oui ou non ?... Une douzaine d'assassinats à Londres ne nous intéresseraient pas autant

...Mercredi soir, nous entrions dans la baie d'Halifax par un temps calme et un clair de lune magnifique... Le pilote américain était monté à bord et avait pris possession du gouvernail ; nous faisions tranquillement notre partie, lorsque tout à coup le paquebot *toucha.* Tout le monde se précipita sur le pont. Les hommes de l'équipage se déshabillaient pour se jeter à l'eau, le pilote perdait la tête, les passagers demeuraient atterrés, tout n'était que bousculade, confusion... Dans la nuit, on entendait la mer mugir contre les écueils, et on apercevait vaguement la terre à 900 mètres en avant de soi.... On avait beau faire machine en arrière, le bateau avançait toujours ; un accident arriva qui empêcha pendant une demi-heure de jeter l'ancre... Enfin on y parvint. Personne n'était calme excepté Hewitt... On mit un canot à la mer et on l'envoya reconnaître la position avec un officier du bord, car le pilote ne s'en doutait pas ; mais Hewit posa son petit doigt sur un point de la carte et affirma que c'était là le point précis ou nous nous trouvions. Au bout d'une heure, l'officier revint avec le canot et confirma l'assertion de son capitaine... le steamer avait échoué sur un banc de sable par la faute du pilote, et nous nous trouvions sains et saufs, comme par miracle, au milieu d'écueils et de récifs très dangereux...

Le lendemain matin nos voyageurs étaient au bout de leurs épreuves ; ils entraient, par un radieux soleil, dans le port d'Halifax :

Sur le pont paraît un monsieur essoufflé qui parcourt le vaisseau en criant mon nom de tous les côtés. Bras dessus et dessous avec le petit docteur, je débarque... Le monsieur essoufflé m'aborde et se présente comme le Président de l'Assemblée ; il m'entraîne de force chez lui, il envoie une voiture chercher sa femme pour la présenter à Kate qui est couchée avec une fluxion à la joue. De chez lui il me traîne chez le gouverneur, de là Dieu sait où ; enfin il termine en me faisant entrer dans la salle du Parlement. Ah ! John Forster ! si vous aviez vu la foule acclamant « l'Inimitable » le long des rues, si vous aviez vu les juges, les officiers, les évêques, les avocats, souhaitant la bienvenue à « l'Inimitable » ; si vous aviez vu « l'Inimitable » installé dans un immense fauteuil à la droite du trône présidentiel, si vous l'aviez vu ainsi siégeant, majestueux, point de mire de tous les regards, écoutant avec une gravité exemplaire, les discours les plus baroques... Ah ! si vous l'aviez vu, quel spectacle, John Forster !

Enfin le samedi 20 janvier, le *Britannia* fit son entrée dans le port de Boston, à cinq heures du soir :

Le dock de la Compagnie Cunard est assez étroit, et il faut un certain temps pour y faire entrer les paquebots. J'étais debout sur la passerelle, à côté du capitaine, attentif aux manœuvres, lorsque je vis une douzaine d'individus se précipiter sur le pont au péril de leur existence ; ils portaient sous leurs bras d'immenses paquets de journaux et autour de leur cou des cachenez fort sales, le reste à l'unisson : « Ah ! ah ! me dis-je, voici qui rappelle le pont de Londres. » Je les prenais, bien entendu, pour des *camelots*.... pas du tout, c'était tout simplement des directeurs de journaux.... Ils se ruèrent sur moi et se mirent à me secouer les mains avec une violence furieuse... c'était absolument intolérable !

De Boston, huit jours plus tard.

Comment vous raconter ce qui s'est passé ici depuis ce premier jour ! Comment vous donner une notion à peu près exacte de la réception qui nous a été faite, de la foule qui assiège ma porte jour et nuit, du monde qui encombre les trottoirs quand je sors, des applaudissements qui éclatent lorsque j'entre au théâtre, des vers, des congratulations, des adresses, des invitations que je reçois, des banquets, bals, réjouissances donnés en mon honneur? On m'offre un dîner public ici à Boston, mardi prochain, et le prix élevé des entrées (soixante francs par place), cause beaucoup de mécontentement. J'ai reçu des députations arrivant du Far-West, ayant fait trois mille kilomètres pour venir me voir... Les lacs, les rivières, les forêts, les pionniers, les villes, les factoreries, les villages, m'ont envoyé des représentants !... Je suis accablé d'invitations des universités, des congrès des sénats : « Tout cela, m'écrivait hier le docteur Channing, n'est pas le résultat d'une folie ou d'un caprice ; c'est le cœur de l'Amérique qui s'offre à vous. Jamais il n'y a eu, jamais il n'y aura de pareil triomphe. » Et moi, je vous l'avoue, ami, ce n'est point l'effet d'une sotte vanité qui me fait jouir délicieusement de cette ovation; non, mais je suis ému, profondément ému par l'idée que ce sont les créations de mon imagination, les enfants chéris de ma pensée et de mon cerveau, qui remuent ainsi cette grande foule, l'enthousiasment et l'attirent vers moi !...

Nous quittons Boston samedi prochain, et, après avoir été reçus et fêtés à Worcester, Springfield, Hartford et New--Haven, nous espérons arriver à New-York le samedi suivant. Je n'ai pas un moment à moi... Je pose en même temps pour mon portrait et pour mon buste, j'ai une correspondance aussi importante qu'un secrétaire d'Etat et des rendez-vous aussi nombreux qu'un médecin à la mode.

Je m'aperçois que je ne vous ai rien dit encore de Boston et des Bostoniens et pourtant j'ai déjà assez de notes pour remplir un gros volume. Les femmes y sont jolies mais elles se fanent vite ; les manières sont simples, sans raideur comme sans laisser-aller ; la bonté du cœur est universelle. Si vous demandez votre route à un passant, il se détournera de son chemin pour vous conduire. Les hommes sont remplis de déférence vis-à-vis des femmes qui peuvent sans crainte aller et venir jour et nuit... Pas de pauvres ! Il n'existe pas dans cette ville ni dans toute la Nouvelle-Angleterre un homme qui n'ait un bon feu dans son foyer et qui ne fasse un repas de viande par jour. Une épée flamboyante dans les airs n'attirerait pas autant l'attention qu'un mendiant dans les rues. Dans les écoles, dans les orphelinats, dans les refuges, pas d'uniformes, pas de numéros. L'enfant, l'orphelin, le malheureux conserve son nom, son individualité. Au théâtre les femmes ont toujours les meilleures places... Le parterre est aussi bien élevé ici que les premières galeries au Royal-Drury-Lane ; enfin, il serait plus facile de trouver dans la ville un homme avec sept têtes qu'un être humain ne sachant ni lire ni écrire !

On le voit par cette dernière citation, l'impression première de Dickens pour le peuple américain est toute d'admiration. Etait-il possible d'ailleurs de résister à un accueil si plein de ferveur, à une bienvenue si débordante d'enthousiasme ?... Peut-être est-il intéressant de rechercher quelles furent les causes de cette entrée triomphale du jeune écrivain anglais dans le Nouveau-Monde. Ce n'était pas seulement l'homme de génie que les Américains saluaient et acclamaient avec tant d'ardeur, c'était encore et surtout l'ami du peuple, le défenseur des classes pauvres, l'avocat des opprimés. De plus, l'expression bruyante de leur admiration portait en soi une de ces leçons que la jeune République aime à donner à la mère-patrie. En rendant ainsi des honneurs presque royaux à un simple homme de lettres, elle semblait dire à la vieille Angleterre : « Vous vénérez les titres, les guerriers et les mil-

lionnaires ; nous, fils du Nouveau-Monde, en étendant les hommages rendus seulement aux rois et aux conquérants jusqu'à ce jeune homme qui n'a pour le distinguer que son cœur et son génie, nous montrons qu'il existe pour nous quelque chose de plus digne d'honneur que la richesse, la noblesse ou l'épée ».
« Nous lui préparerons une ovation pour laquelle toute la nation s'unira », écrivait un auteur américain quelques jours avant le débarquement de Dickens, « sa marche triomphale à travers le pays sera aussi glorieuse que celle de Lafayette ». « Il a, s'écriait Daniel Webster, fait plus pour l'amélioration des classes pauvres en Angleterre, que tous les hommes d'État de la Grande-Bretagne ». Enfin voici comment s'exprimait le grand et populaire docteur Channing :

« Toutes les sympathies d'une nation comme la nôtre doivent aller vers cet écrivain ; il a étudié la classe des malheureux si chère aux Américains, pour répandre sur elle ses bienfaits ; c'est dans la peinture des passions, des souffrances et des vertus de la masse qu'il a trouvé ses sujets les plus émouvants. Il nous a montré que, sous sa forme la plus grossière, la vie humaine pouvait se revêtir d'une tragique grandeur, qu'au milieu de folies et d'excès provoquant le rire et le mépris, le sentiment moral ne meurt jamais complètement et que les repaires les plus sombres du crime sont parfois illuminés par la présence et l'influence d'âmes pleines de noblesse ; ses écrits tendent toujours à changer le sentiment d'indifférence qu'on éprouve pour le peuple opprimé en un sentiment de tendresse pour sa misère et d'indignation pour les injustices dont il est la victime ».

C'est au travers de cette réception enthousiaste de ces acclamations, de ces fleurs de rhétorique jetées sur son passage que l'humoriste anglais aperçoit la première fois l'Amérique; toute cette gloire qui l'entoure lui retire sa sûreté de coup d'œil; pour un instant la fumée de l'encens trouble sa vision des choses Ébloui, flatté malgré lui, il rend d'abord éloges pour éloges, admiration pour admiration, mais cela dure peu : bientôt l'observateur profond va faire place au triomphateur étourdi, le voile va s'écarter, et la « Terre du Dollar » va lui apparaître dans toute sa réalité.

CHAPITRE II

The Carlton-Hotel, New-York.

...Nous sommes arrivés ici à deux heures ; une demi-heure plus tard nous étions à l'hôtel où nous attendait une suite d'appartements princiers. Au moment de nous mettre à table nous avons reçu la visite de David Cobden, et, pendant le dessert, Washington Irving est entré seul, les bras ouverts, pour m'embrasser. Il est resté à causer jusqu'à dix heures du soir. Et maintenant je vais diviser mon discours en quatre points :

1° Le bal ;
2° Quelques légers spécimens d'une certaine phase de caractère chez les Américains ;
3° Le récit de la lutte mémorable soutenue par moi au sujet du droit international de propriété littéraire ;
4° Ma vie et mes projets pour l'avenir.

I. *Le Bal.* — Lundi dernier, à neuf heures un quart précises, nous recevions la visite de David Cobden, écuyer, et du général Morris, chargés de nous introduire. Cobden était en toilette de soirée, le général revêtu d'un uniforme bizarre et somptueux. Le général offrit son bras à Kate, Cobden prit le mien et nous montâmes dans une voiture qui nous conduisit au théâtre et nous déposa devant l'entrée des artistes, au grand désappointement d'une foule énorme qui assiégeait la porte principale en faisant un bruit terrible. A notre entrée, le spectacle était saisissant. Il y avait trois mille personnes présentes, toutes en grande toilette. Du haut en bas, le théâtre était magnifiquement décoré. Nous fûmes conduits au centre, dans la loge officielle, où le Maire de la ville et les Dignitaires attendaient pour m'être présentés. Ensuite on nous promena deux fois tout autour de l'énorme salle du bal, au grand plaisir de l'assistance. Ensuite nous nous mîmes à danser. Dieu sait que cela n'était pas chose facile dans une foule pareille ! Enfin, quand la fête était à son comble, nous avons réussi à nous esquiver subrepticement et nous sommes rentrés nous coucher à l'hôtel.

II. *Phase de caractère chez les Américains.* — C'est très drôle et très amusant, cette phase. Le bal l'a mise en relief d'une façon particulière ; voici ce dont il s'agit : Bien entendu, tout ce que je dis, tout ce que je fais, est immédiatement imprimé dans les journaux. On publie à mon sujet un nombre incalculable de mensonges, ou, si c'est la vérité, on la défigure si bien, qu'elle ressemble à la réalité comme la jambe de Quasimodo à la jambe de Taglioni. Mais, à propos de ce bal, les journaux ont été plus loquaces que jamais, et une vanité étrange, énorme, absolue, éclate naïvement dans tous ces articles : « Je suis un homme tout rond, sans prétention, dont les manières un peu débraillées ont d'abord étonné les gens à la mode, mais depuis on me les a pardonnées. » Un autre parle des splendeurs de la fête : « Dickens a été surpris par cela ; Dickens n'a jamais fréquenté, en Angleterre, une société aussi distinguée que celle qui le reçoit à New-York ; le bon ton, les manières aristocratiques du grand monde américain, laisseront dans l'esprit de Dickens une impression indélébile, etc., etc... » Pour les mêmes raisons de vanité, les reporters me représentent toujours, quand je parais en public, comme « très pâle », comme « stupéfié » et « confondu » par les magnificences qui m'entourent. Je le répète, c'est très drôle, et cela m'amuse beaucoup.

Mais j'arrive à mon troisième point : au droit international de propriété littéraire [1].

Il n'existe pas sur la surface du globe un pays où la liberté de discussion, quand il s'agit de certains sujets, soit aussi peu libre que dans la libre Amérique. J'écris ceci avec répugnance, avec tristesse, mais c'est ma conviction absolue. Vous pouvez attaquer toutes les institutions ici, excepté les machines à dollars. J'ai parlé à Boston, comme vous le savez, en faveur du droit international des auteurs, j'ai recommencé à Hartford. Mon audacieuse témérité paralyse d'étonnement mes meilleurs amis. L'idée qu'un simple mortel ait le courage, en Amérique, de dire à des Américains qu'ils font preuve, dans une question quelconque, d'injustice et de rapacité, frappe tout le monde de stupeur : Washington Irving, Prescott, Hoffman, Bryant, Halleck, Dana, tous les écrivains, en un mot, sont du même avis que moi, et pas un *n'ose* élever la voix pour se plaindre de l'atrocité des lois à ce sujet. J'aurais voulu que vous vissiez les figures des invités à Hartford l'autre jour, quand, le banquet étant fini, au dessert, j'ai attaqué la question en parlant de Walter-Scott. J'aurais voulu surtout que vous fussiez là pour m'entendre. Mon sang bouillonnait à la pensée d'une injustice aussi monstrueuse,

---

1. Dickens n'alla pas en Amérique comme le « Commis-voyageur de la question des droits internationaux de la propriété littéraire », ainsi que certains journaux ennemis du grand écrivain le prétendirent, mais, une fois dans les États-Unis, il résolut de profiter de son influence pour combattre par la parole et par la plume un abus monstrueux, dont il avait été lui-même une des victimes principales. A l'époque où Dickens fit son voyage, aucune loi, aucun règlement ne protégeaient l'œuvre d'un écrivain étranger, ne garantissaient la propriété d'un ouvrage à son auteur. La contrefaçon était libre. Il s'ensuivait qu'un roman publié en Angleterre était immédiatement reproduit à New-York et vendu, comme certaines œuvres de Dickens, à cent et cent cinquante mille exemplaires, sans que le romancier touchât un sol de droits d'auteur. Tous les bénéfices étaient pour l'éditeur, qui commettait ses vols au grand jour et à l'abri de la loi. C'est contre cet état de choses que l'humoriste essaya de réagir. Il va nous faire connaître lui-même le résultat de ses efforts.

et je me sentais plus grand de douze coudées pendant que je leur enfonçais dans la gorge le glaive de la Vérité.

Dès le lendemain de ce second discours, un tolle formidable s'est élevé contre moi ; on voulait m'empêcher de recommencer à parler ici ; tous les moyens furent trouvés bons : lettres anonymes, paroles doucereuses, attaques de journaux : — Colt (un assassin dont on parle beaucoup en ce moment) était un ange en comparaison de Dickens ; Dickens n'était pas un gentleman, mais un misérable mercenaire ; Dickens était venu en Amérique avec toutes sortes d'intentions basses et cupides, etc., etc.![1]

Ici, les membres du Comité du banquet (composé des hommes les plus distingués des Etats-Unis) sont venus me supplier de ne pas renouveler ce sujet de discussion ; je leur ai répondu que je le renouvellerai certainement, que je recommencerai jusqu'à ce que je sois arrivé à un résultat, que rien ne pouvait me détourner de ma résolution, et que j'aurai le courage de dire en face aux Américains ce que je comptais écrire sur leur compte lorsque je serai de retour en Angleterre.

Enfin le soir du fameux banquet arriva et les journaux vous ont déjà fait connaître mon discours ; je serai content si mes amis et mes confrères d'Angleterre, en lisant ce plaidoyer en leur faveur, sentent grandir leur affection pour moi..... Mais il est temps que je parle de ma vie ici et de mes intentions futures. Je ne puis faire rien de ce que je veux faire, ni aller où je veux aller, ni voir ce que je désire voir Si je descends dans la rue, je suis poursuivi par une multitude ; si je reste chez moi, le nombre des visiteurs est si grand que mon salon prend l'aspect d'une foire ; si je visite, accompagné d'un seul ami, un établissement public, je suis saisi par les directeurs, entraîné dans une cour, et soumis à un long et ennuyeux discours ; si je vais dans une soirée, la

---

1. Nous voilà loin des fleurs et des hyperboles des premiers jours !

foule m'entoure, me presse de telle façon que je risque d'être étouffé chaque fois ; si je dîne en ville, il me faut parler de toute chose à tout le monde ; si, en désespoir de cause, je me réfugie dans une église, tous les fidèles se précipitent dans mon banc, et le ministre, se tournant vers moi, m'adresse son sermon ; si je monte dans un compartiment de chemin de fer, les employés viennent me regarder à chaque instant à travers la vitre ; si je descends à un buffet pour boire un verre d'eau glacée, cent spectateurs m'entourent et me regardent jusqu'au fond de la gorge ! Chaque poste m'apporte lettres sur lettres, toutes ne contiennent rien et toutes demandent une réponse immédiate ; tel correspondant est offensé parce que je ne veux pas aller demeurer chez lui, tel autre est furieux parce que je ne veux pas sortir plus de quatre fois dans une soirée ; ni paix, ni repos, une agitation, un tracas continuels..... voilà ma vie !

Dans ces circonstances fébriles, rendues plus fébriles par le climat de ce pays, je suis décidé à ne plus accepter de fêtes publiques ni d'ovations publiques pendant le reste de mon séjour aux États-Unis. En conséquence j'ai refusé les invitations de Philadelphie, Baltimore, Washington, Virginie, Albany et Providence. Nous verrons bientôt si mon refus aura quelque résultat, car lundi matin nous partons pour Philadelphie où je resterai seulement trois jours, de là à Baltimore, de là à Washington, de là à Virginie, de là à Charleston. J'avais l'intention d'aller de Charleston à Colombie dans la Caroline du Sud. Là, j'aurais loué une voiture pour Kate, une charrette à bagages avec un nègre pour la conduire, un cheval de selle pour moi, et, à la tête de cette caravane, je me serais enfoncé dans l'ouest, traversant les déserts du Kentucky et du Tennessee, les montagnes d'Alleghany et continuant ainsi jusqu'aux grands lacs par lesquels je serais revenu au Canada, mais on me représente que cette route est connue seulement des marchands voyageurs, que les chemins sont détestables, le pays absolument désert, les auberges quand on en trouve des huttes en bois, qu'enfin ce serait pour Kate une expédition infernale... Je suis ébranlé, mais non convaincu...

L'intéressante série à laquelle nous empruntons ces nombreuses citations contient encore deux lettres datées de New-York, sur lesquelles nous passerons rapidement. Elles sont toutes pleines d'anxiété au sujet du *Caledonia,* le paquebot poste faisant le service de Liverpool à New-York et qu'on attend vainement depuis quinze jours. Le *Caledonia* avait été, en effet, assailli par une tempête lorsqu'il se trouvait encore dans les eaux anglaises, et, complètement désemparé, il avait été obligé de se réfugier dans la rade de Cork (Irlande) : « Hélas, hélas! s'écrie Dickens, quand recevrai-je des nouvelles de la chère patrie! Je pense à vos bonnes lettres si pleines de cœur et d'affection, au gentil gribouillage de Charley et de Mamey, et je me dis que ce précieux trésor est peut-être enfoui tout au fond de la mer profonde, et je pleure vos lettres comme je pleurerais des êtres vivants! » Sa correspondance ne subit pas le sort qu'il' redoutait; un autre vaisseau s'était chargé de remplacer le *Caledonia,* et, parmi les lettres qui lui furent ainsi apportées, il s'en trouvait une qui fut particulièrement chère au cœur de Dickens. Elle avait été écrite spontanément par un de ses frères en littérature, par un esprit franc, original et généreux, par un prestigieux écrivain, Thomas Carlyle, elle apportait au romancier l'expression d'une admiration chaleureuse pour la façon dont il s'était constitué le champion et le défenseur des droits des gens de lettres outrageusement méconnus par les éditeurs américains. Nous citerons quelques passages de cette lettre conservée par Forster, comme un spécimen curieux du style et de la pensée de l'illustre auteur de la vie de Cromwell :

Dans un ancien livre, également révéré j'espère des deux côtés de l'Océan, il y a des milliers d'ans, ceci fut écrit de la façon la plus décisive et la plus explicite : *Tu ne voleras point!*

Parce que tu appartiens à une nation différente, parce que tu peux voler sans la crainte d'être pendu, n'imagine pas que pour cela tu aies la permission de voler. Tu ne voleras aucunement, en aucune façon !... Voilà la loi des Nations et des Hommes, le texte écrit dans le Livre de la Loi, par l'Artisan de l'Univers. Bien plus, voici venir le pauvre Jérémie Bentham et tant d'autres, qui démontreront qu'il est expédient et dans notre intérêt de ne voler point. Moi, pour ma part, je dis comme eux : quelle que soit la nature, la forme ou l'importance du vol, le vol est nuisible au voleur. Exemple : si les Nations s'abstenaient de voler, quel besoin y aurait-il de la Guerre?... de la Guerre avec ses boucheries et ses incendies, de la Guerre qui est certainement la chose qui coûte le plus cher aux sociétés?...

Lorsque monsieur Rob-Roy M'Gregor[1] habitait le district de Menteith, dans les Highlands, il y a ce tantôt deux siècles, il trouvait plus avantageux de voler le bœuf dont il avait besoin, tout vivant dans les gorges avoisinantes, que de l'acheter en quartiers chez les bouchers de Stirling. Et certes à cette époque, dans beaucoup de petites assemblées du district de Menteith, on discuta, on fit valoir nombre d'argumentations spécieuses sur cette question : Lequel est plus avantageux : acheter son bœuf... ou le voler? Il fallut de nombreuses années pour établir l'absolue conviction que l'achat est préfé-

1. Personnage principal du beau roman de sir Walter-Scott : Rob-Roy.

rable au vol. Ce que le temps et la justice ont fait pour la viande, nourriture du corps, ils le feront également pour nos livres, aliment des âmes!

Quelques jours après la réception de cette lettre (le 5 mars), Dickens et sa femme quittèrent New-York et l'hôtel Carlton pour Philadelphie. Les incidents du quart d'heure de Rabelais, dans la capitale des États-Unis, ne furent pas sans surprendre quelque peu désagréablement nos deux voyageurs. Ils étaient restés une quinzaine de jours environ à New-York :

> Pendant cette période nous avons déjeuné, lunché, dîné, soupé tous les jours en ville; nous avons consommé en tout et pour tout quatre bouteilles de vin, et notre « douloureuse » présentée gravement par un obséquieux monsieur en habit noir, se monte à 1..7..5..0.. francs!!!

C'est ainsi que Dickens fit connaissance avec un nouvel inconvénient de la célébrité.

CHAPITRE III

Cette tendre inquiétude pour le sort de la grande armée des misérables qui éclate à chaque page de l'œuvre de l'écrivain anglais, ne l'abandonna pas pendant son excursion à travers l'Amérique. Au milieu des joies du triomphe, de l'excitation d'une polémique où se montre bien son âme éprise de justice et de droit, le triste lot de ses frères « les déguenillés », comme il les appelle souvent, fut sa préoccupation constante. Ses *Notes américaines* sont remplies de détails sur les écoles, les hôpitaux, les maisons de charité et les prisons. A Boston, ses premières observations lui avaient donné une illusion qui se dissipa bien vite, hélas! Il s'était figuré qu'un gouvernement républicain faisant sonner si haut l'expression de sa sollicitude pour les souffrances des basses classes, devait avoir des établissements modèles et un système pénitentiaire admirable. Son court séjour à New-York suffit pour lui démontrer que notre vieux continent n'avait de ce côté rien à envier au Nouveau-Monde.

Pour ne parler que des prisons et des prisonniers, voici quelques détails extraits d'une lettre de Dickens à Forster et datée de Carlton hôtel, Philadelphie, dimanche, 6 mars 1842 :

> Si les établissements publics de Boston et d'Hartford sont admirables, on n'en peut dire autant de New-York ; l'asile d'aliénés est sinistre, la prison hideuse, les maisons de charité d'une tristesse mortelle ; il y a en plus un poste de police absolument monstrueux dont je veux vous dire quelques mots ; les agents s'emparent dans la rue d'un ivrogne ; ils le jettent dans un cachot souterrain, profondément obscur, si plein de miasmes délétères que, lorsqu'on y entre en tenant un flambeau, il se forme autour de la lumière une sorte de cercle vaporeux semblable à celui qu'on voit autour de la lune par un temps humide et nuageux ; les émanations sont si violentes, si dégoûtantes, qu'un homme ordinaire ne peut pas les supporter. Le pauvre diable est donc enfermé là, derrière une porte en fer, entouré de longs corridors voûtés qui étouffent le bruit, sans une goutte d'eau, sans un rayon de lumière, sans personne ; il reste là jusqu'à ce que le magistrat daigne venir... S'il meurt, il suffit d'une heure pour qu'il soit à moitié dévoré par les rats d'égout... le cas s'est présenté dernièrement... L'autre jour, en visitant ces hideux réduits, je ne pus m'empêcher de faire part de mon profond dégoût au geôlier qui me conduisait : « Moi, j'sais pas ! (*well I don't know!*) — ceci, entre parenthèses, est une expression tout à fait nationale — répondit cet homme, tout ce que je puis dire c'est que j'ai tenu renfermées dans ce cachot-ci, pendant toute une nuit, vingt-six jeunes femmes et toutes très jolies, Monsieur, je vous assure... »

> Ce cachot n'est pas plus grand que le caveau de ma maison à Londres. Il est à douze pieds sous terre et il pue comme une latrine publique... Quand je l'ai visité, il contenait une prisonnière, une fille chétive, rongée par la maladie, et, en remontant l'escalier silencieux, je me disais que, si prise d'une attaque soudaine cette pauvre femme se

mettait à crier, on ne l'entendrait pas plus que si elle était dans une tombe.

Dans ce même bâtiment sont enfermés les inculpés qui sont en prévention ou ceux dont l'affaire a été remise. Là, un homme ou une femme peuvent attendre pendant douze mois le bon plaisir de leur juge. J'ai visité cette prison l'autre jour sans avoir fait part à l'avance de mon intention (je suis obligé d'agir ainsi si je veux voir les choses sous leur aspect réel). C'est une sorte de construction longue, étroite, très haute, consistant en quatre galeries superposées et séparées en deux par une sorte de pont sur lequel est assis un geôlier endormi ou lisant. La lumière vient d'en haut, mais les vasistas sont hermétiquement fermés. Au centre un énorme poêle; le long de chaque galerie une rangée de petites portes en fer, froides, noires, sinistres, semblables à des portes de forges dont les feux seraient éteints depuis des siècles...

Celui qui me conduit fait sonner à la main un gros trousseau de clés... Il est jeune, beau garçon, gai, bien portant et poli.

— Comment! lui dis-je, un prisonnier qui reste ici douze mois ne vient jamais sur le pas de sa porte de fer?

— Rarement; il n'y tient pas!

— Voulez m'en montrer quelques-uns?

— Ah! tous si ça vous fait plaisir.

Il ouvre une porte, je regarde à l'intérieur. Un vieillard est assis sur sa couchette... il lit. Une pâle lueur vient d'une ouverture étroite pratiquée dans le mur; un épais tuyau de plomb, destiné à enlever les ordures, traverse la cellule et se termine par une bouche qui ressemble à celle d'un fourneau. Au dessus, un robinet. Le vieux me fixe un instant, puis il imprime à son corps un balancement étrange, puis il reprend sa lecture. Nous sortons. J'interroge le gardien. Le vieillard est là depuis un mois, attendant son procès.

— Il ne sort jamais?

— Jamais.

— En Angleterre, même un condamné à mort a un préau où il peut sortir à certaines heures réglementaires.

— Possible.

Il y a un monde dans ce mot court, froid, cruel, un vrai mot de terroir ici. Nous nous dirigeons vers la division des prisonnières, pendant que mon conducteur me raconte l'histoire de ce vieux qui a assassiné sa femme. Dans les portes des recluses il y a un guichet; j'en ouvre un au hasard et je vois, dans la cellule, un joli petit garçon de dix à douze ans, qui a un air profondément malheureux au milieu de cette solitude morne :

— Et celui-là, dis-je, qu'est-ce qu'il a fait?

— Rien du tout.

— Comment, rien du tout ?

— Non ; il est ici par mesure de sûreté. C'est le fils du bonhomme que nous venons de voir... Il a vu son père tuer sa mère, on le garde pour qu'il puisse témoigner contre son père au procès.

— Mais, mon ami, ne trouvez-vous pas que cette façon de traiter les témoins est un peu excessive ?

— Possible ! fait l'homme.

On dit toujours en Angleterre que, pour notre système pénitentiaire, nous devons prendre modèle sur l'Amérique : c'est qu'on ne connaît l'Amérique que par le récit de voyageurs qui n'ont rien vu, et par les dithyrambes des citoyens du Nouveau-Monde, qui décrivent leurs institutions privées et publiques telles qu'elles devraient être et non pas telles qu'elles sont. Nos prisons, nos asiles, nos maisons de correction, comme discipline, comme système, comme moralité, sont tout à fait supérieurs aux établissements du même genre à New-York.

A Philadelphie un spectacle plus attristant encore attendait Dickens. C'est non loin de cette ville que s'élève le redoutable pénitencier de l'est, où le système cellulaire et de solitude absolue est appliqué dans toute son inflexible rigueur.

Les prisonniers subissent leur peine, quelle qu'en soit la durée, dans la relégation et dans l'isolement le plus complet et le plus effroyable. Les directeurs m'ont invité à passer une journée entière dans la prison et à dîner ensuite avec eux pour leur faire part de mon impression. J'ai été de cellule en cellule, conversant avec les reclus ; toute facilité m'a été donnée et nulle contrainte n'a été imposée aux discours des prisonniers... Cette journée restera éternellement gravée dans ma mémoire et dans mon cœur. J'ai vu là des hommes qui ont été enfermés cinq ans, six ans, onze ans, deux ans, deux jours ; des prisonniers dont la peine était bientôt achevée et d'autres dont la réclusion commençait. Le condamné fait son entrée dans la prison au milieu de la nuit ; on lui donne un bain, on lui fait revêtir le vêtement des prisonniers, on lui recouvre la tête et la figure d'une grande cagoule noire et on le conduit dans la cellule d'où il ne ressortira que le jour où la durée de sa peine sera expirée. J'ai regardé certains de ces hommes comme j'aurais regardé un homme vivant descendre dans la tombe.

J'ai dîné dans la prison avec les directeurs ; je leur ai dit combien j'avais été douloureusement affecté : je leur ai demandé si les juges étaient assez sûrs de leur connaissance du cœur humain et s'ils comprenaient toute l'horreur du châtiment qu'ils infligeaient par philanthropie. Deux ans de solitude complète me semblait le maximum de ce qu'on pouvait faire subir à un homme ; mais dix, onze, douze années, ai-je ajouté, de réclusion, de silence, de mort, c'est, selon moi, une injustifiable cruauté !... Mieux vaudrait les pendre !...

De Philadelphie, Dickens se dirigea vers le sud par Washington, Richmond et Baltimore. En passant les frontières de la Caroline, il entrait dans le sombre royaume de l'esclavage. On peut facilement imaginer l'émotion que produisirent, dans une nature aussi vibrante que celle de l'humoriste, les scènes de brutalité révoltante, de cruautés inouïes, d'atroce misère dont ce pays était alors le théâtre. Sa correspondance déborde d'indignation, il s'irrite d'autant plus qu'il se sent impuissant. Les planteurs sourient de ses emportements et lui disent que les Anglais n'entendent rien à l'esclavage et que la domination de la race noire par la race blanche est de toute justice. Mais nous passerons rapidement sur cette partie du voyage de notre romancier. Le lecteur des *Notes américaines* trouvera dans ce livre tout ce que la haine de l'injustice et l'amour de l'humanité, sous toutes ses formes, peuvent inspirer à un écrivain. A part leur valeur artistique, ces pages n'ont plus qu'un intérêt rétrospectif. Grâce à la lutte mémorable, glorieuse à tout jamais, soutenue par les vrais apôtres et les vrais champions de la liberté, l'esclavage n'est plus qu'un hideux spectre du passé.

C'est à Baltimore que Dickens et sa fidèle compagne de voyage se décidèrent à pousser leur expédition à travers le Far West jusqu'à Saint-Louis et Cincinnati. Ils comptaient ensuite revenir par le Canada, visitant les chutes du Niagara et terminant par Montréal. Le récit du voyage à Saint-Louis, contenu dans les lettres conservées par M. John Forster, très différent dans la forme et dans le fond de celui des *Notes américaines*, est une des choses les plus charmantes et les plus humoristiques qui soient tombées de la plume de l'auteur de *Pickwick*. Ce sont des pages étonnantes de verve, de fraîcheur d'impression et aussi d'observation profonde. La traduction, impuissante à rendre tout le charme de l'original, pourra cependant en donner une idée au lecteur français, et l'admirateur du romancier anglais reconnaîtra, en lisant ces pages, certains sites américains qui lui rappelleront la colonie d'Eden, immortalisée par les aventures de Martin Chuzzlewitt[1].

1. Pour donner plus d'homogénéité à la narration, nous réunissons plusieurs fragments de différentes lettres écrites à des dates diverses, la plupart adressées à J. Forster.

CHAPITRE IV

Nous avons quitté Baltimore jeudi dernier, 24 mars, à huit heures et demie du matin, et le chemin de fer nous a amené à un endroit appelé York où nous avons dîné et pris la diligence qui conduit à Harrisburg, vingt-cinq milles plus loin. Cette diligence ressemble à une de ces grandes escarpolettes qu'on voit sur les champs de foire ; elle a quatre roues et est recouverte en haut et sur les côtés par une toile peinte ; il y avait douze passagers *à l'intérieur.* Ma bonne étoile a voulu que je fusse sur le siège. Le bagage était sur l'impériale ; entre autres objets j'y ai aperçu une énorme table de salle à manger et un rocking-chair. J'ai eu l'avantage d'avoir pour voisin, pendant les premiers milles, un gentleman dans un état d'ébriété complète ; un second gentleman, dans un état tout aussi respectable, a vainement essayé de monter à l'arrière du véhicule ; après plusieurs tentatives infructueuses il s'est décidé à regagner, en chancelant, la taverne qu'il avait quittée. Notre arche de Noé terrestre, était traînée par quatre chevaux ; cela ne nous a pas empêché de mettre six heures et demie pour faire le voyage. La première moitié de la route est assez ordinaire, mais ensuite elle traverse la vallée de la Susquehanah, qui est très admirable. La précocité de l'enfance est effrayante dans ce pays. A un des relais j'étais descendu pour me dégourdir les jambes et me rafraîchir d'un verre de wiskey. Il pleuvait à torrents et je me secouais comme un barbet mouillé. En remontant sur le siège, j'aperçus étendu sur la bâche de la voiture quelque chose que je pris pour un violoncelle renfermé dans un étui brun. Au bout d'un certain temps, je m'aperçus que ce violoncelle avait une paire de bottines très crottées à une de ses extrémités et une casquette très vernie à l'autre extrémité... Un examen plus attentif me convainquit que j'avais devant moi un minuscule gamin, dans un complet couleur tabac. Il était, je présume, le parent ou l'ami du cocher, et il était étendu au-dessus des bagages, la figure à la pluie, paraissant dormir ; eh bien ! monsieur, au dernier relai, cette chose se dressa lentement debout, présentant une hauteur totale d'environ trois pieds huit pouces et fixant sur moi un regard où il y avait à la fois de la complaisance, de la protection, de l'indépendance nationale, une sorte de pitié méprisante pour les pauvres barbares, il s'écria d'une voix aiguë : « Eh ! bien, étranger, j'imagine (*I guess*) que voilà une après-midi qui doit *presque* vous rappeler le beau climat de l'Angleterre !... » Inutile d'ajouter que j'eus soif de son sang.

Nous avons passé toute la matinée du lendemain à Harrisburg. Le *Canal boat*[1] ne partant qu'à trois heures de l'après-midi, les autorités m'ont rendu visite avant la fin de mon déjeuner. Cette ville est le siège de la législature pensylvanienne, je suis monté au Capitole. J'ai examiné avec beaucoup d'intérêt bon nombre de traités passés avec les pauvres Indiens. Leurs signatures sont des dessins grossiers représentant les animaux ou les armes dont ils portent les noms. La façon extraordinaire dont ces emblèmes sont dessinés, montre combien les mains de ceux qui les ont tracés sont peu habituées à tenir la plume. En rentrant à l'hôtel, nous

---

1. Les *Canal boats*, dont on lira bientôt une description humoristique, sont les transports qui desservent les localités situées le long des grands cours d'eau qui traversent l'Amérique. En 1842, c'était seulement au moyen de ces bateaux qu'on pouvait se diriger, d'une façon *un peu* rapide, dans le Far-West... Depuis la construction des grandes lignes de chemins de fer, ces transports sont tombés en désuétude.

avons reçu une députation des deux Chambres. Presque tous ces personnages crachaient sur le tapis, ce qui est l'habitude constante des Américains, et l'un d'eux, un sénateur, s'est mouché avec ses doigts, également sur le tapis.

Et maintenant j'arrive au *Canal boat*.

Ah ! John Forster, vieil ami ! (que le bon Dieu répande ses bénédictions sur votre bon cœur !) je voudrais que vous nous voyiez à bord du *Canal boat !*... Je voudrais que vous voyiez votre Inimitable d'abord le matin, entre cinq et six heures, en manches de chemise, sur le pont, tenant à la main une chaîne au bout de laquelle pend un grand gobelet, et puisant ainsi une certaine quantité d'eau trouble, qu'il verse dans une cuvette de plomb dans laquelle il se débarbouille avec rage. Je voudrais que vous le voyiez le soir, dans la cabine, étendu sur un guéridon aussi large que cette feuille de papier à lettre, avec un homme au-dessous de lui, un homme au-dessus de lui, et vingt-huit autres hommes dans cette cabine, si basse d'étage qu'on ne peut pas s'y tenir debout avec son chapeau sur la tête. Et l'heure du déjeuner !... Les guéridons de la nuit viennent d'être enlevés, l'atmosphère est d'une fraîcheur que vous vous figurerez aisément ; sur la table, du thé, du café, du pain, du beurre, du saumon, de l'alose, du foie, du bœuf, des pommes de terre, des cornichons, du fromage, du pudding, des saucisses... Autour de la table trente-trois voyageurs mangeant et buvant, et tout au proche, sur le comptoir, des bouteilles de gin, de wiskey, de brandy, de rhum ; sur les vingt-huit voyageurs (hommes), vingt-sept portent du linge hideusement sale, et leur barbe ruisselle d'une salive jaune, produit de la chique qu'ils ont continuellement dans la bouche. Onze heures est l'heure du barbier. Les gentlemen s'assemblent autour du poêle attendant leur tour, et il y en a au moins dix-sept qui crachent à l'unisson. J'écris ceci installé dans la cabine des dames, qui, du reste, est située dans la cabine des messieurs et n'en est séparée que par un mince rideau rouge.

Il est impossible de concevoir les ébrouements et les crachements qui durent toute la nuit, la nuit dernière cela a été pire que jamais ; je vous affirme sur l'honneur que, ce matin, j'ai été obligé d'étendre ma pelisse de fourrure sur le pont et d'essuyer avec un mouchoir les innombrables crachats dont elle était couverte. En me couchant hier soir je l'avais placée sur un tabouret près de moi et elle a passé la nuit sous le feu croisé de cinq tirailleurs dont l'un au-dessus, l'autre au-dessous de ma couchette. Je ne me plains pas ; je n'exprime pas mon dégoût. J'ai la réputation d'être très facétieux et j'amuse immensément mes voisins.

Nous espérons arriver à Philadelphie cette nuit entre huit et neuf heures ; le temps est exquis, mais très froid, des clairs de lune admirables et des cieux bleus étoilés. Le canal côtoie les rives du Susquehanah et de l'Iwanata. On a vaincu des obstacles effrayants. Hier nous avons passé la montagne en chemin de fer. On dîne à une auberge sur la montagne et on met environ cinq heures à traverser, côtoyant sans cesse des gorges et des précipices vertigineux.

Tout le paysage que nous avons traversé depuis le début est grandiose, très imposant le jour, et tout à fait fantastique sous les lueurs de la lune. Nous avons rencontré sur notre parcours beaucoup de nouvelles colonies et de huttes de pionniers. Il est impossible de se figurer rien de plus abandonné, de plus misérable. Sur six cents huttes, je n'en ai pas vu six qui eussent leurs fenêtres en bon état. C'est la pauvreté et la désolation. On est péniblement[1] impressionné par la vue des nombreuses souches de grands arbres gisant à travers les champs d'orge ; le regard se perd sur un immense et triste marécage où pourrissent, par centaines, dans des flaques d'eau bourbeuse, des troncs d'ormes, de pins et de sycomores. Aussitôt que viennent les ténèbres, les gre-

---

1. Comparer tout ce passage avec la description de la colonie d'Eden, dans *Martin Chuzzlewit*.

nouilles commencent leur lugubre concert, et l'on dirait que des millions de spectres passent dans la profondeur éloignée de l'horizon en agitant des cloches. Parfois on rencontre une éclaircie où les colons ont brûlé des arbres qui gisent à moitié consumés, semblables à des êtres vivants ; çà et là un géant noirci et crevassé élève ses bras dénudés vers le ciel, comme s'il maudissait ses ennemis. Hier, cependant, j'ai eu une compensation à tous ces tableaux lugubres. Nous étions sur le haut de la montagne et mes yeux plongeaient dans une vallée pleine de lumière et de douceur. Les huttes étaient disséminées çà et là, des enfants paraissaient et disparaissaient devant les portes entr'ouvertes, les chiens sortaient de leur chenil pour aboyer aux passants ; des petits cochons rentraient à l'étable en gambadant comme des enfants prodigues ; des familles étaient assises dans leur jardin ; des vaches regardaient l'horizon de leur œil plein de vague indifférence, des hommes en manches de chemise examinaient leurs maisons à moitié terminées, et au-dessus de tout cela, sur les crêtes montagneuses, notre train passait, rapide et bruyant comme la tempête....

.....Je reprends ma narration aujourd'hui 1er avril 1842, à bord du vapeur qui fait le service entre Pittsburgh et Cincinnati. J'écris de la cabine où je viens de m'installer environné de joueurs d'échecs, d'individus qui ronflent, de causeurs qui crachent autour du poêle, ajoutez à cela mon cauchemar, un horrible citoyen de la Nouvelle-Angleterre dont la voix ressemble au bourdonnement continu d'une abeille gigantesque, et qui s'obstine à rester près de moi et à faire à Kate d'interminables discours.

Nous sommes arrivés à Pittsburgh de nuit entre huit et neuf heures. Pittsburgh ressemble à Birmingham, c'est du moins la prétention de ses habitants, et sur un point, je n'y contredirai pas : il y a autant de fumée à Birmingham qu'à Pittsburgh. A ma réception d'hier, j'ai positivement offensé un Américain qui me disait que je devais me sentir dans

mon élément au milieu de ce brouillard, en lui répondant :
« Mais nous voyons quelquefois le soleil à Londres!... » Je
vous assure qu'à ladite réception nous avons reçu d'étranges
visiteurs. Parmi ceux-ci je citerai d'abord un gentleman dont
les *inexpressibles* étaient imparfaitement boutonnés et dont
on voyait la chemise jusqu'au milieu des cuisses. Il se tenait
dans la porte entrebâillée et il était impossible de le faire
reculer ou avancer. Il y avait un autre gentleman qui avait
un bon œil, et une groseille verte à la place de l'autre, et,
pendant toute la réception, cette groseille me fixait d'une
façon tragique.

Notre cabine, sur ce steamer, est meilleure que sur le
Britannia; les couchettes sont plus larges et il y a deux
portes dont l'une donne sur la cabine des dames et l'autre
sur une petite galerie à l'arrière du bateau. Nous espérons
arriver à Cincinnati lundi matin. Nous avons environ cinquante passagers. La salle à manger occupe toute la longueur du paquebot. Déjeûner à sept heures et demie; dîner
à une heure, souper à six.

On se lave un peu mieux ici ou plutôt un peu moins mal
que sur le *Canal boat*. Miss Martineau[1] elle-même convient
que les Américains sont assez négligents en voyage. Je dis,
moi, que dames et messieurs sont horriblement sales. La
toilette des dames consiste à se passer légèrement sur la
figure et sur les mains une serviette à peine mouillée; elles
y joignent un rapide usage de la brosse et du peigne communs à tous les passagers. Les hommes les plus soignés
changent de chemise une fois par semaine.

Mon ami le Nouvel-Angleterrien dont je vous ai déjà
parlé, est certainement le fâcheux le plus insupportable de
tout ce vaste continent. Il bourdonne, il renifle, il écrit des
poèmes, il cause philosophie, métaphysique et jamais, dans

---

1. Bas-bleu anglais qui a écrit sur l'Amérique un livre très flatteur,
mais bien peu véridique.

aucune circonstance, il ne peut rester tranquille ; il se rend
à une grande réunion de tempérance siégeant à Cincinnati,
en compagnie d'un certain docteur que j'ai un peu connu à
Pittsburgh. Ce docteur est tout ce qu'est le Nouvel-Angleterrien, et de plus il est phrénologue. Je suis obligé de me cacher pour éviter ces bons compagnons. Aussitôt que j'appa-
rais sur le pont ils se précipitent sur moi et m'obligent à fuir.

Je ne sais si je vous ai parlé, au cours de ma correspondance, d'un vaillant général qui, à Washington, avait sollicité de moi une entrevue immédiate pour me présenter deux
dames littéraires qui mouraient du désir de faire ma connaissance. Cet illustre guerrier est à bord. Il est vieux,
vieux,... a une face toute ridée, les restes d'une poitrine de
pigeon sous son uniforme, et il est presque aussi assommant
que le Nouvel-Angleterrien. D'ailleurs, il n'existe pas de pays
où le « crampon »[1] soit aussi florissant que dans les États-
Unis. Personne ne peut comprendre ce que signifie cette
expression s'il n'a pas voyagé dans ces parages.

La largeur moyenne du fleuve excède un peu celle de la
Tamise à Greenwich ; il y a des endroits où il est beaucoup
plus vaste ; généralement, une longue île verdoyante le
divise en deux courants. De temps à autre nous stoppons
devant un village (je devrais dire cité, car ici tout est cité),
mais les rives de l'Ohio sont surtout de profondes solitudes
couvertes de grands arbres qui, dans ces latitudes, sont déjà
couronnés de feuillage.

Je vois tout cela, au moment où j'écris, par la porte ouverte sur la petite galerie à l'arrière du bateau... Les passagers viennent peu de ce côté et nous y passons nos journées,
lisant, écrivant, causant, causant de la chère patrie et de
vous tous, amis absents et regrettés.

A Pittsburgh, j'ai vu une autre prison établie sur le principe de la solitude absolue ; une horrible, une atroce pensée

---

[1]. Cet animal nuisible est connu en Angleterre sous le nom de *Bore*.

a traversé mon esprit : *Peut-être que dans ces prisons il y a des fantômes qui apparaissent aux prisonniers!* Depuis, cette idée me hante, m'obsède. Cette solitude complète jour et nuit, ces heures de ténèbres si longues, ce silence de mort, ces continuelles et sombres méditations, cette agitation de consciences troublées, toutes ces circonstances sont propices à l'apparition des spectres nocturnes. Figurez-vous donc un de ces malheureux, cachant sa tête sous les couvertures et de temps en temps se redressant malgré lui pour fixer d'un regard plein de terreur une forme sombre, silencieuse, inexplicable, qui chaque nuit vient s'asseoir à son chevet, ou qui se tient debout et menaçante dans un coin de la cellule... Plus je réfléchis à cela, plus je me persuade qu'il doit en être ainsi... J'ai demandé à un prisonnier s'il rêvait parfois de fantômes : il m'a jeté un coup d'œil effrayant, et, tout bas, comme s'il avait peur d'être entendu par quelque invisible chose, il m'a répondu : Non...

Nous sommes arrivés à Cincinnati, ce matin 4 avril, à trois heures du matin, m'a-t-on dit, car je dormais profondément. Nous avons déjeuné à bord et nous sommes rendus à l'hôtel où nous avions écrit pour avoir des chambres. Nous étions à peine installés que deux juges se sont présentés de la part des habitants pour savoir quand nous recevrions la députation des citoyens. Nous avons fixé cette réception à demain onze heures et demie. Mercredi matin nous partirons pour Louisville par le bateau-poste ; c'est un voyage de quatorze heures ; de là nous nous rendrons, toujours par bateau, à Saint-Louis.

Voici la vue que j'ai de ma fenêtre :

Une rue très large, la chaussée pavée de petites pierres blanches, les trottoirs recouverts de tuiles rouges. Les maisons ont presque toutes un seul étage. Toutes les fenêtres ont des stores verts. En face, les principaux magasins sont : une grande boulangerie, une boutique de relieur, une fabrique de conserves et une carrosserie. Juste au-dessous de moi, un nègre casse du bois, un autre nègre, un peu plus

loin, cause confidentiellement avec un jeune cochon. Le dîner de table d'hôte de notre hôtel et de l'hôtel en face vient de finir. Les dîneurs sont réunis sur les trottoirs, conversant, le cure-dents aux lèvres. La journée étant chaude, ils ont apporté des sièges de l'intérieur. Il y en a qui sont sur trois chaises, d'autres sur deux, d'autres enfin, en dépit de toutes les lois connues sur le centre de gravité, sont installés sur une seule chaise, avec leurs deux pieds à eux et les trois pieds de la chaise en l'air. Il y en a qui parlent de la grande réunion de tempérance qui doit avoir lieu demain, d'autres parlent de moi, d'autres de l'Angleterre et de Robert Peel, qui est très populaire ici. . . . .
. . . .

A bord du *Messager*, revenant de Saint-Louis à Cincinnati.

Vendredi, 15 avril 1842.

Nous avons quitté Cincinnati le mercredi 6 avril, et sommes arrivés à Louisville à minuit le même jour. Le lendemain, à une heure, nous nous sommes embarqués sur ce même bateau qui est en train de nous ramener, et nous avons navigué jusqu'au dimanche soir à neuf heures, heure de notre arrivée à Saint-Louis. Nous avons consacré le lundi à visiter la ville, et le mardi je suis parti pour une expédition dans la prairie. Nous étions en tout quatorze. Je suis rentré à Saint-Louis dans l'après-midi du treize. J'ai assisté à une soirée et bal donnés en mon honneur, et hier, à quatre heures de relevée, nous avons fait notre première étape de retour. Cincinnati n'est âgé que de cinquante années, mais c'est, avec Boston, la ville la plus délicieuse de toute l'Amérique. Elle est sortie d'une forêt comme une cité des *Mille et une Nuits*, elle est élégamment bâtie, entourée de ravissantes villas, enfermée dans une corbeille de verdure, de fleurs et de jardins charmants.

Nous avons eu à subir un bal terrible chez le juge Walker ! On nous a présenté, les uns après les autres, au moins cent cinquante crampons de première classe. Chacun d'eux m'a invité à m'asseoir et à l'entretenir. Ma physionomie a acquis une expression fixe de tristesse, résultat du constant « cramponnage » dont je suis l'objet. — Plaignez-moi, Forster ! — Les dames de lettres d'Amérique m'ont enlevé toute ma gaieté. Il y a sur mon menton, à droite, précisément au-dessous de la lèvre inférieure, une ligne indélébile qui y a été imprimée par le Nouvel-Angleterrien dont je vous ai entretenu dernièrement. A côté de l'œil gauche, j'ai une patte d'oie que j'attribue aux personnages littéraires des petites villes, une fossette a disparu de ma joue, elle m'a été enlevée par un sage législateur. Par compensation, je dois quelques-uns de mes meilleurs éclats de rire à P... E..., critique littéraire de Philadelphie, seul et unique propriétaire du langage anglais dans sa pureté grammaticale et idiomatique, à P.... E..., l'homme aux cheveux brillants de porc-épic, l'homme au large col rabattu qui nous attrape tous, gens de lettres anglais que nous sommes, et nous inflige dans son journal, de sévères corrections... Cependant il m'a dit, à moi parlant (ô gloire !) que j'avais éveillé une nouvelle ère dans son esprit !!!...

Les 200 derniers milles de Cincinnati à Saint-Louis se font sur le Mississipi. Il est est heureux pour la société que ce célèbre père de tant de fleuves n'ait aucun enfant qui lui ressemble ; c'est le cours d'eau le plus atrocement impétueux de la terre[1] !

Figurez-vous le plaisir qu'on éprouve à se sentir emporté par ce fleuve, au milieu de la nuit, au train de quinze milles par heure, cognant et cogné à chaque instant par d'énormes radeaux surchargés d'arbres coupés. A la tête du paquebot, un homme se tient, écoutant et épiant avec intensité ;

---

1. Voir la belle description dans les *Notes américaines*.

écoutant, car dans les nuits obscures il ne peut reconnaître qu'au bruit de l'eau les obstacles qui sont devant lui. Cet homme tient à la main la corde d'une grosse cloche suspendue à côté de la logette du machiniste ; chaque fois qu'il sonne, on arrête la machine et on reste immobile jusqu'à ce que la cloche se fasse entendre une seconde fois. La nuit dernière, cette cloche a sonné une fois au moins toutes les cinq minutes, et chaque fois nous éprouvions un choc qui nous jetait presque hors de nos couchettes. Nous venons de quitter cette terrible rivière pour rentrer dans les ondes paisibles de l'Ohio.... la transition m'a paru délicieuse.

Je profite de cette tranquillité qui m'environne pour évoquer le souvenir de mon excursion dans la Prairie et pour noter ici l'impression que j'ai ressentie de ce spectacle nouveau pour moi... Une prairie vaut la peine qu'on la voie, plus pour pouvoir dire qu'on l'a vue que parce qu'elle possède en elle-même quelque chose de sublime. Les Américains, dans la description de ce paysage, exagèrent comme ils exagèrent toujours. Le célèbre Far-West ne peut se comparer à l'Écosse ou au pays de Galles. Dans la prairie, vous apercevez devant et autour de vous la ligne ininterrompue de l'horizon ; vous êtes au milieu d'une grande plaine qui ressemble à une mer sans eau. J'aime beaucoup les sites sauvages et solitaires et ils m'impressionnent autant qu'aucun autre homme vivant, mais, je l'avoue, j'ai eu là une sorte de déception. L'aspect de la plaine de Salisbury me cause plus d'émotion. L'excessive platitude du paysage lui donne un aspect qui est morne sans être sauvage. C'est vaste et cela manque de grandeur.... Cependant, j'ai assisté à un majestueux coucher de soleil.

Parlons un peu de Saint-Louis... Les gens du monde y sont assez grossiers et d'une fatuité déplorable. Tous les habitants sont jeunes; je n'ai pas aperçu dans la ville une seule chevelure grise. Il y a, dans le voisinage, une île appelée l'Ile Sanglante; c'est le rendez-vous des duellistes de Saint-Louis ; dans un duel au pistolet qui a eu lieu dernièrement, les deux adversaires ont été tués en même temps[1].

. . . .

1. Nous omettons, à regret, plusieurs lettres relatives au séjour de Dickens dans le Far-West, mais nous craindrions de donner en les citant, une trop grande étendue à cette partie de notre ouvrage. Nous terminerons donc ce livre par des extraits de la correspondance relatifs au voyage de Cincinnati à Montréal.

CHAPITRE V

De retour à Cincinnati, nous y sommes restés le mardi 19 à nous reposer. A huit heures du matin, le mercredi 20, nous avons pris la malle-poste pour Columbus. Anne, Kate et mon secrétaire, à l'intérieur, moi sur le siège. La distance à parcourir est d'environ 120 milles ; la route n'est pas mauvaise pour une route américaine, nous avons mis 23 heures à faire le voyage, nous avons roulé toute la nuit et nous sommes arrivés à Columbus à sept heures du matin. Nous avons déjeuné et nous nous sommes couchés jusqu'à l'heure du dîner. Le soir nous avons eu réception comme c'est l'habitude. Le lendemain, c'est-à-dire le vendredi 22, à sept heures précises, nous avons repris notre voyage. La diligence de Columbus à Sanducky ne fait le service que trois fois la semaine, j'ai donc loué, pour la somme de 40 dollars, une chaise de poste attelée de quatre chevaux, avec droit aux relais ordinaires, et nous nous y sommes embarqués, moi et les miens, en compagnie d'un grand panier plein de provisions de bouche et agrémenté de quelques bonnes bouteilles. Il est à peu près impossible de vous donner une idée exacte du genre de route que nous avons parcourue. C'est une sorte de sentier à peine marqué, qui passe à travers les forêts vierges, au milieu des marécages, par-dessus les rochers et les broussailles épaisses. Ici, cela s'appelle la « route côtelée » ; pour la faire, on s'est contenté de jeter d'immenses troncs d'arbres dans les marais ; c'est absolument comme si on allait en voiture à travers des champs labourés, dont chaque sillon

serait en pierre, ou comme si l'on gravissait un escalier rapide en omnibus. Tantôt nous étions renversés au fond de notre véhicule, tantôt nos fronts se heurtaient violemment contre la capote; tantôt une des roues plongeait dans un profond marécage et nous restions, pendant plusieurs minutes, suspendus dans les airs; tantôt la voiture avait son avant-train sur la queue des chevaux, tantôt l'arrière-train traînait au milieu de la boue, mais jamais, jamais, pendant tout ce voyage, nous n'avons occupé une position normale. Cela n'empêchait pas le temps d'être admirable et l'air délicieux; nous étions *seuls*, pas de crachements autour de nous, pas d'éternelles conversations sur les deux seuls sujets qui intéressent les Américains : la politique et les dollars ; aussi, malgré nos vicissitudes, nous étions gais et contents et nos carambolages extraordinaires nous faisaient rire de bon cœur. A deux heures, dans une belle clairière, nous fîmes halte, et, sortant du coffre le panier, nous dînâmes d'appétit, en buvant à la santé des bons amis lointains et de la chère patrie ; puis en route de nouveau à travers la forêt vaste et sauvage, en route jusqu'à dix heures du soir, éclairés fantastiquement par les éclairs d'un gros orage qui s'est abattu sur nous au moment où nous arrivions à la petite auberge de Lower Sanducky, où nous avons passé la nuit. Le lendemain, à sept heures et demie, nous repartions et nous sommes enfin arrivés ici hier à six heures de l'après-dîner. Sanducky est sur le lac Erié, et le vapeur met vingt-quatre heures pour se rendre d'ici à Buffalo; mais il n'y a pas de vapeur dans le port en ce moment, et nous attendons pour partir qu'un de ces transports veuille bien faire son apparition. . . . .
. . . .

J'étais en train d'écrire les lignes ci-dessus, lorsqu'un vapeur a paru à l'horizon. Il a fallu faire nos malles au galop, dîner en quelques minutes et courir en toute hâte jusqu'au quai d'embarquement. C'est un beau vapeur de 400 tonneaux qui s'appelle : *la Constitution*. Il y avait très peu de passagers à bord, et l'aménagement nous a paru très confortable. Je ne conseillerai pas aux personnes qui ont le mal de mer d'entreprendre un voyage sur le lac Erié; les lames sont courtes, continuelles, et on est beaucoup plus malade que sur l'Atlantique. Nous sommes arrivés à Buffalo à six heures du matin, nous avons couru à la poste et j'y ai trouvé (avec quelle joie!) des lettres d'Angleterre.

Dimanche dernier, nous avons passé la nuit dans le port d'une belle ville, Cleveland, qui se mire dans le lac Erié. Le lundi matin une véritable foule s'est précipitée sur le bateau pour me voir, et deux messieurs sont venus se planter devant notre petite cabine pour nous mieux examiner. Kate était dans son lit, et moi je prenais mon bain : Que dites-vous de la discrétion de ces personnages?

Ce matin, à six heures, nous sommes partis de Buffalo pour le Niagara. On y va par chemin de fer; le trajet est d'environ deux heures. Jamais je n'ai été dans un tel état d'impatience nerveuse que pendant ce voyage. Depuis le moment du départ j'ai eu le nez à la fenêtre, cherchant à l'horizon l'écume de la cataracte, m'attendant toujours à entendre son mugissement. Enfin, quand le train s'est arrêté, j'ai vu deux grands nuages blancs qui semblaient sortir des entrailles de la terre, et c'était tout... Lentement, doucement, majestueusement, ils s'élevaient vers le ciel. J'ai entraîné rapidement Kate vers un sentier abrupt et glissant qui conduit au bac; la sueur coulait de mon front; j'étais envahi par une sensation étrange, impossible à décrire, et qui grandissait avec le bruit de la chute d'eau encore invisible, tant le brouillard d'écume était épais! Deux officiers anglais nous accompagnaient; nous laissâmes Kate et Anne sur un rocher et nous nous mîmes à grimper jusqu'au pied de la petite cataracte, pendant que le passeur apprêtait son bateau, mais je ne pus rien voir; dans un instant je fus enveloppé, aveuglé par le tourbillon d'embrun, mouillé jusqu'aux os. J'aperçus vaguement l'eau qui se précipitait avec furie d'une hauteur immense.... Je n'eus qu'une sensation confuse, comme dans un rêve. C'est seulement lorsque nous fûmes dans le bac que je commençai à comprendre ce que j'avais devant moi. Aussitôt que j'eus changé de vêtements à l'auberge, je sortis, et, emmenant Kate avec moi, je me dirigeai vers la cataracte appelée « le Fer à cheval ». Je descendis seul dans le bassin même. Jamais l'homme n'a été plus près de Dieu!... Un immense arc-en-ciel étincelait à mes pieds, et, quand je levais les yeux au ciel, l'onde, masse énorme, descendait dans une nappe éblouissante d'émeraude : on dirait que la superbe et majestueuse cataracte meurt en tombant ainsi; on dirait qu'elle descend au tombeau, et que, des profondeurs insondables de cette tombe, se dresse un spectre terrifiant fait d'embrun et de brouillard, formidable fantôme qui hante ces parages depuis la création du monde [1].

Nous comptons rester ici une semaine. Dans une autre lettre j'essaierai de fixer sur le papier le résultat de mes impressions, aujourd'hui cela m'est impossible. Tout ce que je puis dire, c'est que ma première sensation en face de la cataracte, est une sensation de paix et de tranquillité; je pense à la mort, au repos éternel, à l'éternelle béatitude.... Hélas! que ne donnerais-je pas, pour avoir, en ce moment, à mes côtés, la douce enfant dont le corps repose dans le cimetière de Kensal-Green, mais dont l'esprit vient souvent, sans doute, flotter parmi cette écume blanche, depuis le jour où sa charmante figure a disparu à mes regards terrestres [2]!

. . . .

Je ne puis me séparer du secrétaire qui, depuis mon arri-

---

1. A côté de cette merveilleuse description il convient de citer, comme contraste, l'impression d'Anne, la femme de chambre de Mme Dickens:

« — Que pensez-vous de la cataracte, Anne? » lui demandait sa maîtresse.

« — Avec votre permission, M'ame, je trouve qu'il y a trop d'eau! » (*If you please, M'aam, I find there's too much water!*)

2. Ainsi rien ne peut effacer du souvenir de Dickens, l'image de cette jeune sœur; tout, au contraire, semble raviver son regret.

vée en Amérique jusqu'au jour de mon départ aura été notre fidèle compagnon, sans consigner dans une lettre, quelques traits de son caractère qui vous permettront d'évoquer son ombre.

M. G.... est d'un tour d'esprit sentimental, excessivement sentimental. A mesure que le mois de juin approche, il va répétant à Anne, qu'il espère que nous nous souviendrons de lui quand nous serons là-bas, dans notre patrie. Il porte un manteau comme celui d'Hamlet, il porte également un tuyau de poêle très haut, très vaste, très flasque, très poussiéreux, que, dans les longs voyages, il change pour une coiffure semblable à celle d'Arlequin. — Il chante, et son désir que je lui demande de chanter, les prétextes qu'il invente pour se faire prier, sont irrésistiblement absurdes. Un jour, dans un hôtel où nous étions (il y avait un piano dans notre salon), M. G... demande :

— Madame Dickens joue-t-elle ?

— Oui, monsieur G...

— Ah ! vraiment, monsieur, moi je chante...

— Vous, monsieur G... ?

— Oui ; de sorte que, si vous avez besoin d'un petit calmant !...

....Sans en entendre davantage, je me hâtai de gagner la porte, comme vous pouvez le penser.

Il peint... Le principal article de son bagage est une immense boîte de peintures, et, si vous voyiez la série des portraits qu'il a faits de votre inimitable serviteur, vous seriez dans la nécessité de vous évanouir sur-le-champ. Le dernier en date surtout est inénarrable. Quand il l'a commencé, Kate me soutenait que ça représentait la chute du Niagara !... Pas du tout, c'étaient mes cheveux !... En fait de talents de société, il imite au naturel les vaches, les cochons et autres animaux beuglant et grognant. Il se livre à ces petites distractions généralement en diligence, et un monsieur, voulant lui faire un éloge, lui a dit un jour qu'il était

le veau le plus parfait qu'il eut jamais rencontré... Au demeurant, c'est un garçon aimable, serviable, et qui m'a été d'un grand secours pendant tout le voyage. . . . . . .
. . . .

Enfin nous sommes à Montréal, dans quelques jours nous serons sur le paquebot, et dans quelques semaines, plaise à Dieu, nous serons dans les bras de nos amis ; nous embrasserons nos enfants, nous serons plus heureux, plus joyeux que nous n'avons jamais été dans notre existence....
Je jette mon papier dans la mer, je brise ma plume, car désormais, jusqu'au jour du retour, elle ne pourrait plus écrire qu'un seul mot : Patrie — Patrie — Patrie — ô Patrie !!!

LIVRE QUATRIÈME

CHAPITRE PREMIER

Ah! cette joyeuse rentrée dans la mère patrie, cette attendrissante prise de possession du foyer familial où éclatent les rires des enfants, ces serrements de main des vieux amis retrouvés, il faut en lire la description dans le livre du bon John Forster! lire comment il fut surpris à sa table de travail par la voix de l'Inimitable qui chantait dans l'escalier, comment ils tombèrent dans les bras l'un de l'autre, comment il fut tout étonné de trouver Dickens si bruni et portant sa barbe! Et les dîners qui suivirent! car, pour les enfants d'Angleterre, il n'y a point de joie complète si l'estomac n'en prend sa part. Dîner à la taverne à Londres entre Forster et Maclise, dîner à Greenwich avec Talfourd, Milnes, Procter, Stanfield, Marryat, Bacham, Hook et Cruikshank!... En racontant tout cela, Forster semble réchauffé par ses souvenirs de pantagruélisme et d'amitié, il devient presque éloquent.

Ce retour de Dickens en Angleterre marque une

époque dans son histoire intellectuelle. Avant ce long voyage, son observation n'avait pu s'exercer que sur ses compatriotes, et l'éducation de son esprit, l'air ambiant qui l'entourait, lui avaient nécessairement fait accepter comme des vérités indéniables beaucoup des préjugés de l'Angleterre, cette terre classique du préjugé. Il fallait, pour que son génie prît un plus large essor, pour que sa pensée devînt profonde, la contemplation de mœurs nouvelles et de cieux nouveaux. Il rapporta des États-Unis toute une longue série d'observations minutieuses, observations plutôt psychologiques, au moyen desquelles il put comparer en connaissance de cause l'âme américaine et l'âme anglaise; cette étude, en agrandissant, en virilisant pour ainsi dire son talent, lui enleva beaucoup des belles illusions de sa jeunesse; en soulevant le voile derrière lequel se cachait la vraie Amérique et la vraie Angleterre, il aperçut le monstre terrible qui dissimule sous des pattes de velours sa griffe empoisonnée, dont le regard doux et faux recèle de meurtriers éclairs, le monstre à la lèvre mielleuse, fertile en trahisons, le monstre dominateur de la vieille société anglo-saxonne et de la jeune civilisation américaine, il aperçut l'Hypocrisie.....

Voir la bête ennemie et vouloir l'attaquer fut la première impulsion de cet esprit généreux!...

Un critique français, tellement ébloui par le soleil de l'esthétique pure qu'il semble parfois complètement aveuglé, M. Taine, parlant de Dickens et de son œuvre, prétend que cet artiste a tort de se transformer en auxiliaire du gendarme, du maître d'école ou du prédicateur, a tort de vouloir être utile[1].

Nous disons, nous, avec tous ceux qui pensent que l'artiste a une mission sur cette terre, la mission d'élever les cœurs et les âmes, de consoler et de défendre les faibles, d'attaquer les vices, de dénoncer les abus, nous disons : Honneur à ce vaillant champion de la race humaine qui, après avoir dans sa jeunesse, à coup de plume, à coup d'éclats de rire, renversé des prisons, dénoncé et châtié des bourreaux d'enfants, rendu plus supportable la dure vie du pauvre, venait à cette heure, seul, armé de son talent, de sa conviction, de son indignation, combattre le formidable monstre au double visage. Il le blessa cruellement dans une première escarmouche qui s'appelle les *Notes américaines*, et, s'il ne le tua pas dans *Martin Chuzzlewit*, c'est que le monstre, hélas! est doué d'immortalité; mais, en tous cas, dans la colossale création de l'architecte Pecksniff, il a cloué au pilori de l'infamie, voué à la risée et à l'exécration des générations à venir, la personnification de l'hypocrisie anglaise. Car, notons-le en passant, au rebours de Tartuffe, qui est l'hypocrite universel, Pecksniff est essentiellement l'hypocrite d'Angleterre, et c'est ce que l'auteur a voulu. Mais, avant de nous occuper de *Martin Chuzzlewitt*, il nous faut parler des incidents qui marquèrent la fin de cette année 1842, et principalement de ces fameuses

---

1. *Histoire de la littérature anglaise*, par H. Taine, volume V, *les Contemporains*. Dickens, pages 17 et suivantes.

Notes américaines dont l'apparition eut un égal retentissement des deux côtés de l'Atlantique.

En revenant de son voyage, Dickens trouva sa maison de Devonshire encore habitée par les locataires qui l'avaient occupée pendant son absence, il s'installa donc avec toute sa famille à Broadstairs, cette petite ville de bains de mer qu'il chérissait particulièrement. C'est à Broadstairs qu'il se mit à rédiger son livre sur l'Amérique, au moyen des notes qu'il avait prises au cours de son expédition, et des lettres descriptives envoyées à l'ami Forster et que celui-ci avait précieusement conservées. Une lettre de lui à un de ses amis des États-Unis, écrite à cette époque, donne une peinture exacte et humoristique de sa façon de vivre au bord de la mer :

Dans une large baie d'un rez-de-chaussée, les passants peuvent apercevoir de neuf heures du matin à une heure de l'après-midi, assis devant une table, un gentleman aux longs cheveux en désordre, à la cravate dénouée, qui écrit avec une sorte de rage et rit aux éclats comme s'il se trouvait extraordinairement spirituel. A une heure il disparaît et émerge bientôt d'une cabine, vêtu d'un costume écarlate ; il se précipite dans les flots bleus au milieu desquels il se joue comme un gros phoque rouge. Une demi-heure plus tard, on l'aperçoit, dans une autre large baie de la même villa, dévorant un lunch gigantesque. — Puis il fait douze milles en courant le long des falaises, ou s'étend au soleil sur la plage, ne lisant pas un livre qu'il tient à la main...

Personne ne le cramponne; on ne lui parle que lorsqu'il semble disposé à parler ; enfin, on me dit qu'il est aussi heureux, aussi tranquille que possible. Il est bronzé comme une vieille casserole, et la rumeur publique prétend qu'il fait la fortune des cabaretiers, tant il consomme de bière et de punch glacé, mais ceci est de la pure médisance. Parfois, il va à Londres, ville située à 80 milles de Broadstairs, et il paraît qu'alors les paisibles échos de Lincoln's Inn Fields[1], retentissent d'éclats de rire, du bruit des couteaux et des fourchettes, et du choc des verres.

Les *Notes américaines* parurent en un gros volume à Londres, chez Chapman et Hall, le 18 octobre 1842, et presque simultanément à New-York. Ainsi que je l'ai déjà dit, la sensation créée par cet ouvrage fut immense. Dickens, tout en reconnaissant les hautes qualités de la jeune nation, attaquait de front tous les vices de cette république. Il montrait qu'en dépit de leurs nombreuses vantardises, les Américains n'étaient ni meilleurs, ni plus vertueux, ni plus philanthropes que les enfants de l'ancien continent. Il dévoila surtout l'hypocrisie des sectes religieuses et principalement du puritanisme. Tout ce livre est empreint de cette large bonne humeur qui n'abandonne jamais l'auteur de *M. Pickvick*; sa raillerie, sa satire ne sont jamais venimeuses, il n'a pas le coup de plume traître, et l'on sent que s'il critique, ou s'il se moque, ou s'il s'indigne c'est qu'il traduit sincèrement les émotions de son cœur et de son esprit.

Mais la presse américaine et les fanatiques quand même des États-Unis en Angleterre ne virent point cela. Ils ne virent que l'injure faite à l'idole inviolable. L'armée des journalistes du nouveau monde, à très

---

1. C'était là que demeurait de Forster.

peu d'exceptions près, se rua tout entière sur Charles Dickens; on l'appela lâche, menteur, saltimbanque, on l'accusa d'ingratitude : « C'est une œuvre légère, basse, pleine d'envie, d'injustice et de malignité envers une nation qui a reçu cet homme comme il ne méritait pas d'être reçu », écrit le directeur du *Southern litterary Messenger*...

« Ce livre, dit un autre, soulève le dégoût... On sourit de pitié à la vanité et à la folie de l'auteur... Par ses viles attaques, ses basses calomnies à l'adresse d'une République qu'il n'est pas capable de comprendre, Dickens a mérité le mépris indigné d'une nation dont la jalousie d'un Anglais ne saurait diminuer la grandeur. »

Ces colères, ces injures, Dickens s'y attendait, il les avait prévues; il avait même voulu y répondre à l'avance dans un chapitre préliminaire qu'il composa pendant que son œuvre était sous presse; mais Forster, qui pendant toute l'existence du grand écrivain joua pour lui le rôle de Minerve, une Minerve parfois trop prudente et trop timorée, Forster fut d'avis que ce chapitre ne devait pas voir le jour. Dickens ne se soumit qu'à contrecœur à la décision de son ami, et les admirateurs de l'humoriste pourraient quereller l'excellent biographe sur un tel excès de sagesse, s'il n'avait tardivement réparé sa faute en publiant *in extenso* dans la *Vie de Dickens* le chapitre supprimé.

Nous en détachons le principal passage :

On supposera difficilement que je sois ignorant du danger auquel je m'expose en osant toucher à l'Amérique. Je sais parfaitement bien qu'il existe, dans ce pays, une classe nombreuse de personnes bien intentionnées toute prête à s'indigner, si un écrivain se permet de décrire sa république telle qu'il l'a vue sans avoir recours à des flatteries excessives ou à des louanges extravagantes. Je sais parfaitement bien qu'il existe en Amérique, comme sur toute la surface du globe, une classe nombreuse de personnes de constitution si tendre et si délicate qu'elle ne peut souffrir la vérité sous aucune forme; aussi, sans être prophète, je puis prédire qu'il y aura des messieurs qui, en voyant paraître mon livre, s'écrieront que c'est une œuvre méchante, envieuse, basse, que son auteur a fait preuve d'une profonde ingratitude envers la nation dont la réception enthousiaste aurait dû lui laisser au cœur quelque reconnaissance..... Je pourrais même citer d'avance le nom des journalistes qui crieront le plus fort... Mais à quoi bon? Là-bas, en Amérique, j'ai vu dans les amis qui m'entouraient et me recevaient avec tant de chaleur, des lecteurs assidus de mes œuvres qui librement et spontanément me remerciaient, avec trop d'enthousiasme et trop de partialité sans doute, mais avec des cœurs sincères, du plaisir et des consolations que je leur avais procurés. Je refuserai toujours de croire que c'était seulement une foule vulgaire dont les flatteries et les cajoleries avaient pour but de fermer les yeux d'un écrivain étranger sur les vices et les plaies de la nation, et de l'amener par des flagorneries à chanter les louanges de la république, avec autant de sincérité que s'il était chanteur de rue. Du commencement jusqu'à la fin, j'ai vu entre les mains des Américains qui m'acclamaient des guirlandes de laurier et non une muselière de fer dissimulée sous quelques fleurs.

C'était là un langage franc et noble, digne en tous

points de l'âme généreuse de Dickens. Forster pensa que ce langage ne ferait que jeter de l'huile sur le feu et qu'il augmenterait la colère des vaniteux Yankees. Il avait raison sans doute, mais si la basse presse d'Amérique (tout aussi basse aujourd'hui qu'en 1842) fit à l'auteur des *Notes* le suprême honneur de l'injurier, il reçut de la critique indépendante des éloges mérités, autant par son courage que par son talent, et voici à ce propos comment l'honnête et sagace lord Jeffrey terminait une de ses lettres :

« Vous avez frappé à l'endroit sensible nos susceptibles bons amis d'outre-mer, et mon cœur tout entier est avec vous, dans chaque mot que vous avez écrit. Vous avez admirablement accompli votre œuvre telle que vous vouliez l'accomplir, et il n'existe pas dans le monde une narration aussi fidèle, aussi graphique, aussi amusante, aussi pleine de cœur et de courage que celle de votre voyage en Amérique. »

Sa longue expédition à travers le nouveau monde n'avait en rien diminué l'humeur voyageuse de Dickens. Il y avait dans sa nature quelque chose du bohémien et du vagabond. Il n'était jamais aussi heureux, aussi gai, aussi bien portant que lorsqu'il courait par monts et par vaux ; la vie d'auberge avec ses aventures et ses mésaventures avait pour lui un charme particulier. Marcheur infatigable, buveur intrépide, causeur exubérant, il laissait partout la trace de son joyeux passage ; les *bars*, les *tap-rooms*, les vallées et les montagnes résonnaient de ses éclats de rire. La plus grande partie de sa vie laborieuse n'est qu'un voyage perpétuel, et jusqu'à ce qu'il eût acheté la fameuse maison de Gadshill, celle-là même qu'il admirait tant lorsqu'il était tout petit, le pays où il vécut le moins fut l'Angleterre. Ce cosmopolitisme qui se fait à peine sentir dans son œuvre (tous les romans de Dickens se passent en Angleterre) rend sa correspondance intime extrêmement précieuse. Rien de plus varié, de plus graphique, de plus original que ces nombreuses lettres écrites à l'envolée des points les plus différents ; là, Dickens dévoile son esprit, son humour dans leur fleur et sans apprêt. C'est là qu'on trouve l'homme tel qu'il était, nerveux et tendre, joyeux avec un grand fond de mélancolie, nature faite de contrastes, enthousiaste et railleuse, calculatrice et primesautière. Nous croyons qu'un biographe du romancier anglais ne saurait trop emprunter à cette correspondance si caractéristique, et nous continuerons à nous effacer comme nous l'avons fait jusqu'ici, chaque fois que nous pourrons laisser la parole à Dickens.

Il était installé à Broadstairs depuis un mois à peine lorsqu'il fut repris d'un besoin de changement. Tout en rédigeant ses « notes américaines » en face des flots bleus de la Manche, des formes vagues passaient dans son imagination. Il apercevait, comme en un brouillard, les premiers contours des personnages de son prochain roman :

Je pense à mon début, en Cornouaille, sur la côte sauvage, sur quelque cap terriblement solitaire et battu d'une mer furieuse ; mais je ne connais pas la Cornouaille anglaise.

Une semaine après avoir écrit cette phrase, il jetait de côté plume, encre et papier, et partait brusquement entraînant dans sa course le bon Forster, un autre ami de cœur, Stanfield, et le peintre Maclise que nos lecteurs connaissent déjà. Il y avait alors bien peu de chemins de fer dans cette Basse-Bretagne des îles Britanniques ; nos voyageurs couraient les chemins en poste ou à pied. On visita Tintajel et ses montagnes, consacrées par les légendes de la Table Ronde. On grimpa tout au haut du mont Saint-Michel aux ruines majestueuses ; on vit le soleil se coucher magnifiquement à la pointe de Land's End. Mais écoutons Dickens :

Étoile bénie du matin ! Ah ! quelle excursion nous venons de faire à travers la Cornouaille !... Parfois nous voyagions toute la nuit, parfois tout le jour, parfois tout le jour et toute la nuit. Terres et cieux !... Si vous aviez vu les innombrables goulots des bouteilles qui sortaient de toutes les poches de notre voiture ! Si vous aviez été témoin du profond dévouement des postillons, du féroce attachement des palefreniers, de la folle gaieté des garçons ! Si vous aviez pu nous suivre dans les vieilles églises souterraines que nous avons visitées, dans les grottes étranges qui s'ouvrent sur des grèves mystérieuses, au fond des mines profondes et au sommet des montagnes vertigineuses d'où se précipitent avec un sourd mugissement des torrents d'émeraude ! Si vous aviez aperçu pour un instant les feux énormes autour desquels nous nous asseyions le soir dans les grandes salles de vieilles auberges et où nous restions à causer très avant dans la nuit !... Je n'ai jamais ri d'aussi bon cœur que pendant ce voyage. Vous auriez eu plaisir à m'entendre : j'en étouffais littéralement, et j'ai fait plus de dix fois sauter la boucle de mon pantalon.

Quant à Stanfield, il avait des attaques d'apoplexie telles que nous étions continuellement obligés de lui battre le dos à coup de portemanteaux pour le faire revenir à lui. Sérieusement, il n'y a jamais eu de voyage pareil. Et ces deux amis brossaient des esquisses admirables au milieu des sites les plus romantiques, de sorte que nous avions l'air d'avoir avec nous le Génie de la Beauté et le Génie de la Plaisanterie.

En rentrant de cette excursion Dickens se mit à sa table de travail avec frénésie. Après une longue incubation cérébrale, les péripéties de son nouveau livre se dessinaient nettement dans son esprit; il voyait se dresser dans son imagination enfiévrée la formidable image de Pecksniff, et la silhouette comique de l'immortelle Mistress Gamp, le faisait éclater de rire dans ses rêves. Il se hâta de terminer et de livrer au public les *Notes américaines*. Puis il s'enferma chez lui, demeura invisible pour tous, refusant les invitations, les parties de plaisir, écrivant et concevant sans cesse, se passionnant pour ses personnages à mesure qu'il les créait, mouillant son manuscrit de ses larmes ou faisant résonner la solitude de ses éclats de rire et ne sortant que pour courir jusqu'à Lincoln's Inn Fields, lire au brave Forster le chapitre qu'il venait d'achever; aussi il y a peu de lettres de lui pendant cette fin de 1842. Voici cependant un passage intéressant :

Oyez le titre final et définitif du nouveau roman, ne le perdez pas, car je n'en ai pas gardé la copie :
La vie et les aventures de Martin Chuzzlewig, sa famille, ses amis et ses ennemis; comprenant ses humeurs et ses habitudes, avec la narration historique de ce qu'il fit et de ce

qu'il ne fit pas. Le tout formant une clef complète à la famille de Chuzzlewig.

Chuzzlewig s'appela définitivement *Chuzzlewit*. Comme Balzac, Dickens avait une théorie sur la physionomie des noms et sur leur prédestination. Il en avait une liste qu'il augmentait sans cesse. Pour le héros seul de l'œuvre dont nous parlons présentement, il hésita longtemps entre : *Sweezleden, Sweezlebock, Sweezlewage* et *Chuzzletoe, Chuzzleboy, Chubblewig, Chuzzlewig ;* ce ne fut qu'à la dernière heure qu'il se décida pour *Chuzzlewit*.

Le premier numéro de *Martin Chuzzlewit* fit son apparition avec la nouvelle année, le 1ᵉʳ janvier 1843.

CHAPITRE II.

Vers la fin de sa carrière, Dickens passant en revue toutes ses œuvres, n'hésitait pas à donner la préférence à *Martin Chuzzlewit* : on peut ne pas être de cette opinion, mais il est incontestable que ce roman, peut-être moins brillant à la surface, est avec *Dombey* le plus profondément fouillé de tous ceux qui sont sortis de la plume du grand artiste anglais. Ici, pour la première fois, il se révèle dans toute sa force comme penseur et comme moraliste, son observation, impitoyablement lucide, descend dans les ténèbres les plus obscures de l'âme humaine; ce n'est plus aux institutions, aux lois, aux préjugés de son pays qu'il s'attaque, il s'en prend aux vices des individus, aux fraudes morales de la Société anglaise. *Martin Chuzzlewit*, comme construction et conduite de l'intrigue, peut paraître défectueux; il est certain que les descriptions et les peintures des caractères y ont plus d'importance que les événements eux-mêmes. Pour le lecteur superficiel, l'épisode américain ne se rattache que bien faiblement au reste de l'histoire; cependant, regardez-y plus attentivement, vous verrez que les amertumes et les déceptions dont le jeune héros est abreuvé dans le nouveau monde servent à changer son caractère et à l'annoblir. Les infortunes subies et le spectacle d'autres infortunes vaillamment supportées lui font rejeter avec horreur ces sentiments d'égoïsme qu'il avait apportés d'Angleterre. Il les plonge et les noie dans ce marécage empoisonné de la colonie d'Eden. Mais, si l'on écarte ce léger vice de forme, on ne trouvera nulle part, dans les précédents romans de Dickens, des personnages tracés avec autant de largeur, autant de fermeté, autant de facilité. Rien ne saurait égaler la vivacité passionnée de certaines descriptions : vous voyez, comme dans un gigantesque kaléidoscope, passer vivantes et palpitantes toutes les scènes que l'auteur vous dépeint ; la nuit d'automne aux vents déchaînés, chassant le tourbillon des feuilles mortes affolées et désespérées, le joyeux mugissement de la forge du village éblouissante au milieu des ténèbres, le jour de marché à Salisbury, l'admirable voyage à Londres sur l'impériale de la diligence, la traversée de l'Atlantique, cette course nocturne pleine d'une horreur sans nom avant le meurtre, le meurtre lui-même, l'effroyable retour du lâche meurtrier, chacune de ses scènes prises séparément est un chef-d'œuvre descriptif d'une originalité dans la conception, d'une imagination dans le détail, d'un fini dans l'exécution, d'une intensité, d'un réalisme, qui n'ont jamais été égalés par aucun romancier moderne.

Passons aux personnages. Tout d'abord nous sommes arrêtés, stupéfiés par la colossale apparition de Pecksniff, création digne du génie de Shakespeare. M. Taine qui, lorsqu'il parle de Dickens semble déraisonner, reproche à cette figure d'être trop anglaise, d'être impossible partout ailleurs qu'en Angleterre. Il ne se rend pas compte que c'est justement là ce qu'a voulu Dickens. En plaçant sur un piédestal d'infamie l'effigie monstrueuse de Pecksniff, il a voulu flageller le vice qui domine et écrase la société anglaise, l'hypocrisie ! L'hypocrisie règne partout, mais c'est en Angleterre seulement qu'elle prend cette forme particulière.

C'est pour cela qu'un critique américain répondant aux satires de l'écrivain anglais sur son pays a pu s'écrier très justement : « Hélas, oui ! cela est hors de doute ; nous possédons des colonies d'Eden, des marais empoisonnés, des prisons sinistres, beaucoup d'autres imperfections. Mais jamais nos miasmes les plus pestilentiels, jamais nos vices les plus hideux n'ont engendré un Pecksniff.

Qu'est-ce donc en somme que ce nouveau personnage créé par le romancier ?

C'est l'hypocrite, affligé de tous les vices et les couvrant du manteau de toutes les vertus ; dans les moindres actions comme dans les événements les plus importants de sa vie, c'est un criminel qui affirme toujours, par son langage, par ses manières, par son silence, sa moralité, sa bonté, son humanité, son désintéressement. Même lorsqu'il est seul, au sein de sa famille, il ne quitte pas le masque ; il répète, il s'exerce pour le public. Il a des paroles onctueuses, des homélies de pasteur protestant, à l'adresse de ses deux filles, auxquelles il a donné le nom de Compassion

(Mercy) et de Charité (Charity). Un des personnages du roman le démasque et l'appelle hypocrite : « Charity, mon enfant » dit doucement l'excellent homme, lorsque je prendrai mon bougeoir ce soir pour aller me coucher, rappelez-moi de prier tout particulièrement pour M. Antoine Chuzzlewit, qui a été injuste envers moi. » Il chasse de chez lui son vieil élève Tom Pinch, le doux, le bon Tom Pinch ; en lui montrant la porte, il a l'air de lui donner sa bénédiction. « Après avoir accompli ce devoir social, il se retira dans son petit jardin pour verser quelques larmes, tribut personnel d'une âme sensible. » Du commencement à la fin, il ne se dément jamais ; même ivre, il conserve son hypocrisie, elle est devenue partie inhérente de sa nature : « Soyons moraux ! Soyons indulgents ! Soyons contemplatifs ! ». Voilà les trois phrases qu'il a toujours sur les lèvres.

Dès le début, Dickens a placé avec un art consommé aux côtés de Pecksniff, comme contraste la figure de son élève Tom Pinch. Tom Pinch, âme de poète sous une enveloppe maladroite, cœur enthousiaste et naïf qui croit fermement à toutes les excellences de son maître et qui meurt presque de douleur lorsqu'il s'aperçoit qu'il s'est trompé et que cette grande consolation de sa vie triste et solitaire (sa tendre admiration pour les vertus du patron) est une illusion à laquelle il lui faut dire adieu.

Mais hâtons-nous de saluer de quelques mots cette célébrité dans le monde des gardes-malades, ce type immortel et grotesque, mistress Gamp ; aucune des créations de Dickens, pas même *Monsieur Pickwick*, n'a joui d'une telle popularité. Cette figure restera comme le plus superbe produit de l'humour, cette qualité particulière du génie anglais. Ce que, dans son enthousiasme, M. Mould, le joyeux entrepreneur des pompes funèbres, dit d'elle : « Qu'elle est une de ces femmes qu'on enterrerait volontiers gratis, pour l'honneur » n'arrivera jamais. Tant qu'on parlera la langue anglaise, mistress Gamp et son amie mistress Harris continueront à vivre dans tous les esprits, sans que le temps puisse les vieillir ou diminuer leur étonnante drôlerie.

Nous n'insisterons pas sur les autres personnages du roman, les deux vieux Chuzzlewit, le terrible Jonas, l'exécrable Tigg Montague et tous les autres ; notre but, dans cet ouvrage, n'est pas d'analyser l'œuvre du grand romancier anglais, cela seul demanderait un volume considérable ; nous nous contentons, à mesure que chacun de ses livres vient faire époque dans sa vie, de rechercher quelle est l'idée mère qui a présidé à la conception, à l'éclosion et au développement final de l'œuvre qui tombe sous notre investigation. Le lecteur qui nous a suivi jusqu'ici n'aura pas manqué de remarquer que, quelle que soit d'ailleurs cette idée originelle, elle jaillit toujours de la même source : l'amour du prochain, le désir de le rendre plus heureux en le rendant meilleur.

Cependant cette année de la publication en livraison de *Martin Chuzzlewit* (1843) fut pour Dickens une année pleine d'amertumes et de déceptions. En revenant d'Amérique, il écrivait à un de ses amis que jamais il n'avait eu une telle conscience de sa force : « Jamais je ne me suis senti autant de fraîcheur d'imagination, autant de clarté dans l'esprit. »

Il se persuadait donc qu'il allait retrouver en Angleterre ses premiers succès, mais il avait compté sans les caprices de cette reine mobile et fantasque : la Vogue. En dépit de ses qualités supérieures, l'apparition du nouveau roman donna un cruel démenti aux espérances de l'auteur et des éditeurs; pendant cette absence et ce silence d'un an, le public avait appris à oublier Dickens; on verra par la suite que cette dépréciation des œuvres de l'humoriste ne fut que très temporaire; mais, pour le présent, elle était un fait indéniable. Les quarante ou cinquante mille acheteurs de *Pickwick* et de *Nickleby*, les soixante ou soixante-dix mille lecteurs du *Magasin d'antiquités*, tombèrent au-dessous de vingt mille avec le premier numéro de *Chuzzlewit*. A la vérité, ce nombre augmenta lorsque, dans la quatrième livraison, le héros Martin annonça qu'il allait tenter la fortune en Amérique : mais le chiffre le plus haut qu'il atteignit jamais fut vingt-trois mille.

On comprendra sans peine combien cet échec dut être sensible à l'écrivain. Le manque de tact et l'esprit de rapacité d'un de ses éditeurs vinrent encore ajouter à l'amertume de son désappointement, et eurent des conséquences qu'il était difficile de prévoir. En mentionnant le traité passé entre MM. Chapman et Hall et Dickens, avant le départ de ce dernier pour l'Amérique, j'ai oublié de parler d'une clause, qui n'avait été insérée d'ailleurs que pour la forme et pour satisfaire aux exigences des avoués des parties contractantes. Cette clause disait en substance que si, après les cinq premiers numéros, il était constaté que les profits de la nouvelle publication ne dépassaient pas sensiblement les dépenses, les éditeurs pourraient s'approprier par mois 50 livres (1,250 fr.) sur les 200 livres (5,000 fr.) payées à l'auteur. Après la vente du dixième numéro de *Martin Chuzzlewit,* M. Hall, qui, parti de rien, était devenu millionnaire grâce à *Pickwick* et à *Nickleby,* eut le courage de venir trouver celui aux dépens duquel il s'était enrichi, pour lui dire « qu'il serait peut-être prudent et judicieux de mettre à exécution cette... petite clause... vous savez, m'sieu Dickens !... »

L'impudence de cette démarche exaspéra le romancier. Au lendemain de la malencontreuse visite de l'éditeur, il écrivait :

> Mon irritation est telle, qu'il me semble qu'on m'a frotté la partie tendre des paupières avec de l'eau salée; une sorte de flamme pernicieuse envahit mon cerveau, et je crois qu'il me sera impossible de travailler aujourd'hui .. Je suis décidé à m'entendre avec Bradbury et Evans. Je ne vois pas en quoi des imprimeurs sont inférieurs à des libraires, et je suis décidé surtout à payer ces deux industriels Chapman et Hall, après quoi je dirai à M. Hall ce que je pense de son procédé.

Bradbury et Evans étaient les imprimeurs des œuvres de Dickens ; sous le coup de son ressentiment, l'auteur voulait s'entendre directement avec eux pour la publication de ses œuvres futures. Ce projet, comme nous le verrons tout à l'heure, eut même un commencement d'exécution; mais les imprimeurs étaient gens timides, incapables de suivre le romancier dans ses conceptions gigantesques, et d'esprit trop étroit, trop terre à terre, pour deviner quels triomphes retentissants, quels succès l'avenir réservait encore aux productions du créateur de *Monsieur Pickwick*.

Le changement temporaire d'éditeurs ne fut que le moindre résultat des déceptions de Dickens à propos de *Martin Chuzzlewit*. Elles lui firent prendre une résolution bien plus importante, celle de quitter de nouveau l'Angleterre, et cette fois pour une période beaucoup plus longue. Cette détermination pourrait paraître excessive si, avant de la juger, on ne se rendait pas compte de la situation de l'écrivain à cette époque de sa vie. On sait qu'il était sorti brusquement de l'obscurité et de la pauvreté, et qu'il n'avait aucune fortune personnelle. Il s'était marié dès le début de sa carrière, et, depuis, chaque année avait vu sa famille s'accroître; au moment de son retour d'Amérique, il avait quatre enfants; son établissement comprenait en outre sa belle-sœur, miss Hogarth, et son frère aîné; enfin, il avait à subvenir à toutes les dépenses et à tous les besoins de son vieux père et de sa mère. Toutes ces charges étaient soutenues par Dickens seul; pour y faire face, il n'avait absolument que les produits de sa plume. Ajoutez à cela l'état de maison, le luxe indispensables à un homme célèbre, un goût passionné pour les belles choses, une hospitalité aussi large que chaleureuse, une charité qui ne comptait jamais, et vous comprendrez aisément que, malgré des gains importants, l'écrivain n'eût rien mis de côté. Dans l'esprit de l'artiste, il existe toujours une grande insouciance de l'avenir; il imagine volontiers que les fleurs triomphales du présent s'épanouiront pour lui jusqu'aux portes du tombeau, il ne prend pas de précautions contre l'insuccès.

La dépréciation de *Martin Chuzzlewit* amena donc une crise dans les affaires pécuniaires de Dickens; il ne pouvait prévoir quelle serait la durée de cette dépréciation; il devenait urgent de restreindre les dépenses de son établissement. Alors commença pour le grand artiste cette suite de tribulations domestiques, ignorées des êtres superficiels, ces coups d'épingle constants et inconscients, qui finiront par ouvrir une plaie vive dans ce cœur si aimant et si tendre. On l'a dit bien souvent : l'artiste n'est pas fait pour la vie de famille. La famille ne croit qu'au succès; plus que les indifférents, elle se laisse guider par l'opinion publique; elle est plus sévère qu'un ennemi, plus impitoyable qu'un critique. Mais nous n'insisterons pas sur les tracas domestiques dont Dickens fut la victime au moment de la baisse dans la vente de ses œuvres; qu'il nous suffise de dire que sa correspondance intime le montre assailli de réclamations et de récriminations injustes de la part de ceux qui le touchaient de plus près. Cette première blessure saigna longtemps dans le cœur de l'écrivain. Elle ouvre cette série de faits presque imperceptibles pris individuellement, dont l'ensemble, au bout d'une dizaine d'années, amènera la rupture de la vie commune entre le mari et la femme, et notre but, en appuyant dès à présent sur ces détails, est de préparer notre lecteur à une séparation qui, grâce au silence peu habile de Forster, a été interprétée au détriment de la bonne renommée de Dickens.

Quoi qu'il en soit, le résultat immédiat de tout ceci était qu'il fallait sans tarder prendre une résolution. Le romancier, nous l'avons dit déjà, était homme de décision prompte; son nouveau plan d'existence fut rapidement conçu, et la lettre suivante, adressée à Forster, va nous en faire connaître tous les détails :

Ne soyez pas surpris par l'importance et la nouveauté de mon projet. J'ai bien réfléchi, et je suis convaincu qu'il est sage et nécessaire. Je crains d'entreprendre une nouvelle publication en livraisons en ce moment; je crois que l'instant serait mal choisi et la chance contre nous; d'ailleurs, je ne veux pas avoir l'air d'un écrivain qui travaille nuit et jour pour gagner le pain quotidien. D'après ce que vous m'avez dit au sujet de MM. Bradbury et Evans, j'en conclus qu'ils ne me considèrent que comme un objet de spéculation et, tel étant le cas, je ne vois pas ce que je gagnerai en quittant Chapman et Hall. Si j'avais récolté de l'argent avec *Chuzzlewit*, j'aurais certainement disparu de la scène publique pendant une année au moins, et j'aurais élargi le cercle de mes connaissances et de mes observations en visitant les pays qui me sont inconnus. Ces expéditions sont absolument nécessaires à la poursuite de mon art, et si je ne voyage pas maintenant, ma famille augmentant et grandissant chaque année, je ne voyagerai jamais. Il y a longtemps que je nourris ces espérances et que j'ai cette intention de courir le monde, et peut-être, malgré mes dernières mésaventures pécuniaires, puis-je réaliser mon désir. Voici mon projet. A la conclusion de *Chuzzlewit*, j'ai l'intention de retirer de chez Chapman et Hall ma part de profit dans les abonnements, en argent ou en billets, cela importe peu. Je leur dirai qu'il n'est pas probable que je fasse quoi que ce soit pendant une année; que, dans l'intervalle, je ne prendrai d'arrangement avec personne, et que les affaires pendantes entre nous resteront dans le *statu quo*. Même discours à Bradbury et Evans. Je sous-louerai ma maison, si c'est possible. J'emmènerai toute ma famille et deux domestiques, trois tout au plus, et je les installerai tous dans quelque coin délicieux et bon marché de Normandie ou de Bretagne, que j'aurai choisi à l'avance, et où je louerai une maison pour six ou huit mois. Pendant ce temps, je visiterai seul la Suisse, les Alpes, la France et l'Italie; je mènerai peut-être Kate à Rome et à Venise, mais nulle part ailleurs. Je vous écrirai des descriptions et des observations au jour le jour, exactement comme j'ai fait pour l'Amérique, et vous jugerez s'il est possible de tirer de ces différentes lettres un attrayant volume de voyage. En même temps, j'aurai le loisir de tourner dans mon cerveau le nouveau roman que j'ai en tête. A propos de ce nouveau roman, je pense qu'il serait peut-être très avantageux de le faire paraître d'abord à Paris; mais nous reparlerons de cela. Bien entendu, je ne sais encore lequel je publierai le premier, du roman ou du livre de voyage. « Tout cela est très beau, direz-vous, mais l'argent?... » Ah! voilà... Mais si je réussis à trouver l'argent nécessaire sans me lier à quoi que ce soit, sous aucune forme, qu'objecterez-vous, sage Forster? Eh! bien, je trouve la somme voulue, sans intérêts, et en donnant comme unique garantie ma police d'assurance sur la vie, de 5,000 livres sterling (125,000 fr). Ainsi, plus de libraire, d'imprimeur, d'usurier, de banquier ou de patron d'aucune sorte; je fortifie ma position vis-à-vis des lecteurs au lieu de l'affaiblir goutte à goutte. N'est-ce pas vrai? N'est-ce pas là la véritable route que je dois suivre? Je vous ai fort mal expliqué mon plan, mais dans mon cerveau je le vois très clairement, j'en comprends l'importance en dépit de nombreuses objections, dont la principale est qu'il me faudra quitter tout ce que j'aime, l'Angleterre, mon foyer, mes amis... Mais l'instant me semble critique, et il faut savoir se décider!...

Minerve-Forster souleva de nombreuses objections; cette soif de mouvement, cette passion de l'inconnu, terrifiaient le sédentaire et paisible biographe; mais, après bien des discussions, il dut céder devant l'inébranlable volonté de son ami. Cependant ce premier plan reçut des modifications nombreuses. Il fut convenu que toute la famille suivrait son chef à Gênes, qu'on y installerait ses pénates pour un temps indéterminé, et que ce serait de quelque villa située sur les bords de la Méditerranée que l'humoriste donnerait l'essor à son humeur vagabonde.

Ce fut à la fin de cette année 1844 que Dickens inaugura la série de ces délicieuses compositions en l'honneur de la fête chère à l'Angleterre, du joyeux Christmas; il publia un petit chef-d'œuvre de grâce et de sensibilité intitulé : *Un Noël*.

Malgré l'espèce de froideur survenue entre ses éditeurs et lui, il avait confié à MM. Chapman et Hall la publication de ce petit livre, tout en faisant lui-même les frais de l'édition. Mais, dans cette dernière affaire, ces marchands se montrèrent si cruellement marchands, que le grand écrivain indigné rompit définiti-

vement toutes relations avec eux. Le dernier acte de
Dickens pendant cette année 1844 fut de préparer
un traité avec MM. Bradbury et Evans par lequel il
s'engageait, moyennant une somme de 2,800 livres
(70,000 fr.) à leur donner le droit de publier tout
ce qu'il écrirait et un quart dans les profits pendant
huit années. Les imprimeurs souscrivirent à cette proposition, et Dickens, n'ayant plus à se préoccuper de
la question pécuniaire, prépara sérieusement son départ.

Mais, avant de le suivre à travers la France, la
Suisse et l'Italie, il nous faut nous attarder encore
quelques instants à Londres et revenir sur nos pas,
pour montrer un Dickens très différent du laborieux
travailleur de Broadstairs, le Dickens brillant et mondain, le favori de toutes les maîtresses de maison,
l'ami et le compagnon du prince Louis Napoléon, de
l'élégant Bulwer et de tous ceux qui faisaient chatoyer
leur esprit, leurs bijoux et leur beauté dans les
salons de Gore-House, où trônait ce couple étrange
de lady Blessington et du comte Alfred d'Orsay.

CHAPITRE III.

De 1830 à 1848, Gore-House fut pour le monde des lettres et de la politique d'Angleterre un véritable hôtel Rambouillet. C'est une chose digne de remarque qu'un grand seigneur français et libertin, aidé seulement de son génie naturel, des sourires et de l'esprit d'une femme aussi jolie que peu cruelle, soit arrivé à triompher de la pruderie britannique au point d'imposer ses goûts et ses opinions à cette société exclusive et puritaine d'où l'illustre auteur de *Childe Harold* s'était vu bannir pour des fautes qui n'étaient que peccadilles comparées à la conduite d'Alfred d'Orsay. Il est vrai de dire que jamais deux êtres ne réunirent plus de séductions dans leurs deux personnes que le comte et sa compagne. Dessinateur très fin, sculpteur habile, littérateur brillant, versé dans toutes les sciences, érudit profond, politicien consommé, diplomate retors, aucune branche des connaissances humaines n'était étrangère à d'Orsay. Il avait une beauté singulière et troublante, héréditaire dans sa famille; son élégance lui était absolument personnelle, ses manières étaient celles d'un prince. Byron, qui le connut en Italie, songeait à lui en écrivant les dernières aventures de don Juan dans les salons et dans les boudoirs de Londres : il disait qu'il eût dignement figuré à la cour du roi Charles II, à côté de son ancêtre le comte de Grammont. D'Orsay possédait une de ces natures faites de contrastes, qui déconcertent les psychologues et mettent à néant leurs théories : sceptique, railleur, blasé, égoïste, il était capable d'enthousiasme, de dévouement dans l'amitié poussé jusqu'au sacrifice, d'actes de charité et de pitié qui sont les signes d'un cœur tendre. L'histoire rapidement esquissée de sa liaison avec lady Blessington, liaison que la mort seule put rompre, caractérisera bien cette figure singulière, attirante malgré tout ; on s'indigne de ce défi continuel jeté aux lois primordiales de la société, mais on admire la constance et la violence de cet amour qui franchit tous les obstacles.

Le comte Alfred d'Orsay, né en 1799, était le fils du général d'Orsay, un des plus beaux hommes de l'empire. Dès l'âge de vingt-deux ans, il avait visité l'Angleterre, et son apparition dans les salons de l'aristocratie britannique avait été un véritable triomphe. Très froid, très observateur malgré sa jeunesse, d'Orsay avait tenu un journal fidèle de ses aventures de dandy à travers les somptueuses demeures de Londres. Byron, qui l'avait lu, traite ce journal, dans sa correspondance, de production très extraordinaire, d'une vérité bien triste pour le grand monde anglais : « Ce qui me frappe surtout, ajoute-t-il, c'est qu'un jeune homme de vingt-deux ans ait pu si bien deviner non le *fait*, mais la cause de l'ennui anglais. Je n'aurais pu faire aussi bien ; il faut être Français pour cela [1]. »

A son retour d'Angleterre, le jeune d'Orsay prit du service dans l'armée. Le nom de son père, l'influence de sa famille (une de ses sœurs venait d'épouser le duc de Guiches, menin du dauphin, et l'autre était la duchesse de Grammont) lui assuraient une carrière très brillante, lorsque sa rencontre avec lady Blessington vint décider de son existence. Il la vit pour la première fois, à Valence, où il était en garnison, le 15 novembre 1822; elle descendait d'une voiture de poste, à la porte de l'hôtel où d'Orsay et ses camarades prenaient leur pension. Elle était accompagnée de son mari, beaucoup plus âgé qu'elle. Les yeux de la très jolie comtesse et ceux du jeune lieutenant se croisèrent, et ce simple éclair suffit à unir d'une façon indissoluble leurs deux destinées. Nous passons rapidement sur l'idylle qui suivit; le mari, c'est dans l'ordre des choses, raffola bientôt du séduisant officier et le supplia à mains jointes de les accompagner en Italie. D'Orsay hésita d'abord : l'honneur lui criait « Reste! » car on était à la veille de la campagne d'Espagne, commandée par le duc d'Angoulême... Partir en ce moment, c'était déserter devant l'ennemi; mais la voix de l'amour étouffa la voix du devoir. Le comte d'Orsay suivit lord et lady Blessington à Gênes. Disons cependant, par égard pour sa mémoire, que sa démission pouvait s'expliquer d'une façon honorable. Fils d'un général de l'empire, très bonapartiste lui-même, ainsi que le prouve sa vie entière, il est possible qu'il ne

1. Lettre à T. Moore, de Gênes 1823, avril.

voulût pas servir un gouvernement qui n'était pas celui de son choix ; quoi qu'il en soit, il remplit pendant trois années le rôle de Sigisbé auprès de la délicieuse grande dame anglaise, vivant dans une intimité complète entre elle et son vieil époux. Le comte Blessington avait pris en telle amitié le beau d'Orsay qu'il voulut se l'attacher par des liens plus forts que ceux d'une simple amitié. Il fit venir d'Angleterre une fille unique qu'il avait eue d'un premier mariage, jeune et charmante enfant de seize ans, et proposa à d'Orsay de la lui donner pour femme. C'était une fortune princière qu'on offrait là au jeune viveur déjà à moitié ruiné, mais ce ne fut pas cette raison qui lui fit accepter : sans réfléchir à l'immoralité profonde d'une promiscuité pareille, il vit seulement dans cette union un moyen de confondre plus étroitement encore sa vie avec la vie de la femme à laquelle il avait tout sacrifié ; il accepta. Quant à la pauvre jeune fille, en apercevant d'Orsay, elle se crut en présence d'un dieu. Douce victime ! Son supplice commença le soir même de son mariage. Il dura trois ans, au bout desquels son père mourut à Paris. Dès lors, lady Blessington et le comte d'Orsay jetèrent le masque ; une séparation à l'amiable intervint entre le mari et la femme qu'il n'avait jamais aimée ; les deux amoureux, libres de toute contrainte, prirent leur vol vers Londres, avec l'intention de faire une seconde fois la conquête de l'Angleterre. Ils la firent.

C'est en effet de l'époque de leur rentrée à Londres que date la réputation des salons de Gore-House, où ils s'installèrent en arrivant. L'histoire des soirées de cet hôtel, rival et voisin de Holland House jetèrent un jour nouveau sur la littérature et la politique anglaises pendant la première moitié du xixe siècle ; de 1828 à 1848, c'est-à-dire pendant vingt ans, tout ce que Londres compta de célébrités passa par ses salons et s'y arrêta, fasciné par la beauté et l'esprit de la maîtresse de maison, et par les séductions extraordinaires du comte d'Orsay. Gore-House fut le terrain neutre où les diplomates amenaient des rencontres et des réconciliations, où les membres de l'opposition soupaient à côté des amis du gouvernement, où les princes étrangers dépossédés préparaient leur rentrée triomphale, où les artistes de toutes les nuances et de toutes les écoles, écrivains, peintres, musiciens, sculpteurs, pouvaient sans crainte émettre et discuter les théories les plus osées et les plus extravagantes, où les dandys de Londres, de Paris et de Vienne, venaient se grouper autour de leur chef, le comte d'Orsay, cette personnification admirable et supérieure du dandysme universel. Mais, quelque intéressant que soit ce sujet, nous n'avons pas à le traiter ici.

En 1842, au moment où Dickens y fit son apparition, les salons de lady Blessington brillaient d'un dernier et fulgurant éclat. Nous ne pouvons citer les noms de cette foule qui se pressait aux soirées du jeudi et du samedi, aux dîners, aux soupers, aux représentations théâtrales ; mais quelques figures se détachaient avec un relief extraordinaire : celle de sir Edward Bulwer-Lytton, tête puissante au teint pâle, aux yeux brillants de fièvre, bouche amère d'où jaillissaient des discours tantôt ironiques, tantôt pleins d'une éloquence passionnée ; celle de Browning, poète à la face et à la crinière de lion ; celle du prince Louis-Napoléon, qui passait froid, morne, pensif et énigmatique, appuyé au bras du comte d'Orsay, marchant dans son rêve glorieux qui devint une réalité ; enfin et surtout celle de Dickens, claire, joyeuse, spirituelle, franche, illuminée par le génie. Dickens était le roi de toutes ces fêtes. Causeur, prestigieux, débordant d'humour, toujours gai, rempli de fantaisies imprévues, il organisait des représentations, drames, opéras, pantomimes ; il portait des toasts, faisait des discours, de la prestidigitation, même des tours de force. Sa bonne humeur était si intarissable, sa verve si communicative, qu'elles parvenaient à éclairer d'un sourire la figure mélancolique et impassible de son ami le prince Louis. Dans cet homme jeune, élégant presque autant que d'Orsay, exubérant de santé, de force et de génie, qui donc aurait pu reconnaître le pauvre petit ouvrier chétif et attristé de la maison Warren, le misérable enfant qui passa sa première jeunesse à recouvrir des pots de cirage, dans un sous-sol humide et obscur ?

Lorsqu'il était revenu d'Amérique, rapportant dans sa mémoire une foule d'anecdotes, de scènes comiques prises sur le vif, qu'il jouait en acteur consommé, il reçut à Gore-House un accueil enthousiaste ; lady Blessington ne pouvait plus se passer de lui ; d'Orsay ne le quittait pas ; il voulut être le parrain du nouveau bébé « qui s'annonçait comme devant être fort turbulent », disait en riant mistress Dickens. Aussi, lorsque le romancier annonça qu'il allait repartir, il y eut à Gore-House un moment de consternation générale, puis des protestations, des supplications contre lesquelles Dickens lutta vaillamment ; enfin, lorsqu'on s'aperçut que sa décision était irrévocable, on s'occupa de lui rendre son séjour en Italie aussi agréable que possible. On l'accabla de lettres de recommandation pour tous les personnages connus et inconnus de la péninsule. Le comte d'Orsay, auquel ce doux nom d'Italie rappelait tant de souvenirs, lui donna les conseils de son expérience. Dans une lettre qui a été conservée, il lui recommande d'aller à Pise :

« N'allez pas à Nice, écrit-il, cette vilaine Nice est une sorte de Père-Lachaise ambulant ; tous les médecins de l'Europe y envoient mourir leurs victimes qu'ils n'ont pu tuer à domicile. J'y ai vu des bises malhonnêtes qui vous arrêtent court au détour d'une rue pour vous demander non la bourse, mais la vie. Allez à Pise, mon ami, là vous vous promènerez sous la verdoyante forêt de la Cascina, au bord d'une mer toute bleue, toute orientale... »

Malgré cet éloge de Pise, Dickens préféra Gênes, et, s'étant décidé, il se livra avec ardeur à ses préparatifs de voyage. Les chemins de fer n'existaient pas à cette époque entre la France et l'Italie ; il fallait donc tout d'abord découvrir une voiture qui pût contenir le romancier et toute sa famille. Il la trouva dans un coin du Panthecthicon, le garde-meubles de Londres. C'était un vaste fantôme d'un siècle évanoui. Dickens s'assit à l'intérieur, pendant que le propriétaire lui racontait l'histoire de cette antique berline : « Elle est à peu près aussi grande que votre bibliothèque, écrit-il à Forster ; il y a des lampes de nuit, des lampes de jour, des poches, des impériales, des armoires en cuir et toute sorte de stratagèmes extraordinaires. Plaisanterie à part, c'est une stupéfiante machine. Quand vous la verrez, vous commencerez par rire aux éclats, et vous proclamerez ensuite que c'est une voiture des plus brillantes. »

Il eut ce monument pour la somme de 45 livres (1,125 fr.). Son second soin fut de se procurer un *courrier*. Il fut très heureux dans son choix, et nous ferons bientôt la connaissance de ce personnage important ; enfin, il eut la chance de louer sa maison de Devonshire-Terrace, un locataire inattendu s'étant présenté au dernier moment. Rien ne s'opposait plus à son départ ; mais, auparavant, ses amis voulurent célébrer la conclusion de *Chuzzlewit* dans un dernier dîner d'adieu. Il eut lieu à Greenwich au bord de la Tamise. Lord Normanby présidait ; Stanfield, l'aquarelliste, avait amené avec lui un invité étrange. C'était un homme très fort, aux yeux étranges et pleins de rêves ; malgré la chaleur d'une journée d'été, il était enveloppé d'un chaud pardessus, et sa gorge était entourée d'un gigantesque cache-nez écarlate, qu'il garda pendant tout le repas. Il s'assit sans parler, semblant poursuivre de son regard perdu quelque songe inaccessible ; parfois ses yeux étincelaient en regardant sur le fleuve les jeux capricieux de la lumière et de l'ombre. Après que Dickens eut répondu aux toasts portés en son honneur, l'invité silencieux se leva et parla d'une façon admirable de ce royaume de la lumière et de la couleur, éternellement regretté, que le romancier allait parcourir pour la première fois. C'était le rival de Claude Lorrain, le grand peintre anglais Turner.

CHAPITRE IV

Après un voyage en poste à travers le midi de la France et une traversée orageuse sur la mer Méditerranée, dont on peut lire les péripéties dans *les Peintures d'Italie*, Dickens s'installa avec sa famille dans une villa d'aspect assez laid, située à Albano, faubourg de Gênes, et qui avait été louée pour lui par son original compagnon de voyage écossais, Angus Flechter. C'est là que l'humoriste passa le reste de la belle saison, et la lettre suivante, adressée au peintre Maclise, suffira pour faire connaître au lecteur les premières impressions ressenties par Dickens à l'aspect du paysage italien :

Je vous écris, mon ami, avec le sentiment hautain d'un exilé, d'un citoyen banni de la communauté, d'une espèce d'Anglo-Polonais. Je ne sais pas exactement ce que j'ai fait pour la patrie en la quittant, mais je sens que c'est quelque chose de grand, quelque chose de vertueux et d'héroïque. De nobles émotions s'élèvent dans mon sein, lorsque je contemple le soleil qui se couche dans la bleue Méditerranée. Je suis le solitaire sur son roc; Turner est le nom de mon père, et mes bottes sont vertes[1]... A propos de bleu : dans un

---
1. Allusion à un célèbre tableau de Turner.

certain tableau intitulé : *la Sérénade*, vous avez, ô Mac, peint un ciel... Si jamais vous avez occasion de peindre la Méditerranée, donnez-lui exactement la couleur de ce ciel-là... Mais, au-dessus de ma tête cet azur impeccable n'existe pas. Dans le sud de la France, à Avignon, à Marseille, à Aix, j'ai vu des cieux profondément bleus ; j'en ai vu aussi en Amérique ; mais le ciel d'ici est familier à mes regards. Est-ce une hérésie de dire que j'ai contemplé maintes fois son frère jumeau des fenêtres de ma maison à Londres?... Alors c'est une hérésie qui, comme nombre d'hérésies, est une vérité... Mais la verdure, la verdure, la verdure qui frissonne le long des vignobles sous mes croisées, cela ne se rencontre qu'ici... Ici seulement flottent à l'horizon ces nuages de pourpre et de lilas... La mer surtout est sublime. O ce bleu silencieux, impénétrable, solennel !.... Il fait naître des idées d'oubli profond, et c'est sans doute lui qui a inspiré la légende du Léthé. On dirait qu'il suffirait d'en remplir le creux de sa main et de boire, pour qu'en soi tout s'éteigne et pour que le cerveau ne soit plus qu'un grand trou plein d'azur. Quand le soleil se couche dans un ciel clair, alors, par Jupiter la scène est majestueuse. La large expansion de la mer, les vignes frissonnantes, les montagnes, les villas, les maisons, les forts, sont enveloppés de rose ; un beau rose les baigne, noie tout dans son embrasement. Cela dure un instant, pas plus. Le soleil est impatient et impétueux (comme toute la nature dans ce pays); il ne descend pas, il se précipite. Le temps de prendre votre chapeau, la nuit est venue ; le temps de cligner les yeux au milieu de la nuit noire, et voici le jour. Ici tout est extrême, tout est intense. Les cigales sonnent du matin au soir, plus fort, plus fort, toujours plus fort, jusqu'à ce qu'elles éclatent...; le soleil brille plus ardent, plus ardent, toujours plus ardent, jusqu'à ce qu'il se jette dans la mer...; l'été devient plus brûlant, plus brûlant, toujours plus brûlant, jusqu'à explosion complète...; le fruit devient plus mûr, plus mûr, toujours plus mûr, jusqu'à ce qu'il tombe à terre et pourrisse... Mais ayez donc la bonté de me poser une ou deux questions au sujet des fresques?... Ah! les fresques! Dieu vous garde des fresques! Toutes les maisons ici sont peintes à fresque à l'extérieur, et toutes les couleurs se sont mélangées en une seule teinte verte et maladive. Parfois (mais pas souvent), je puis distinguer une Vierge avec une auréole moisie au-dessus de la tête, tenant rien du tout sur des genoux imperceptibles, entre ses bras invisibles. C'est triste, mélancolique comme une tombe en ruines.

Ce séjour à Albano fut, pour le romancier, une période de doux farniente, de repos tranquille après les excessifs labeurs de *Martin Chuzzlewit* et du *Conte de Noël*. Son temps se passait en promenades à travers les vignobles, au bord de la Méditerranée; en flâneries dans les rues pittoresques de Gênes; en visites aux vieux palais ruinés, aux cloîtres mystérieux, aux poétiques églises; en soirées passées, soit au théâtre, soit chez quelques voisins amis. Citons parmi ceux-ci le consul général de France, homme de lettres distingué, qui avait fait paraître dans une Revue parisienne, une critique élogieuse des œuvres du grand humoriste.

Vers le milieu du mois de septembre, il alla à la rencontre de son frère Frédéric à Marseille, et les deux Dickens revinrent par la route de la Corniche. Sa description de la première auberge où ils passèrent la nuit sur les Alpes mérite d'être conservée :

Nous avons couché la nuit dernière dans une maison qui devrait s'appeler : « le Rendez-Vous des puces et de la vermine en général », et qui s'appelle de fait : « le grand hôtel de la Poste ». Dans cette auberge fantastique, il n'y avait rien à manger ni rien à boire. On avait égaré la théière ; quand elle fut retrouvée, on ne savait ce qu'était devenu son couvercle; ce couvercle une fois découvert et dûment fixé sur la théière, impossible de le retirer. Des puces de dimensions éléphantines gambadaient sans frayeur sur d'horribles lits, et quant aux moustiques... Mais laissez-moi tirer le rideau, comme je l'eusse fait, cette nuit-là, s'il y en avait eu un. Je n'ai pas fermé l'œil, et, lorsque je me suis levé, mes mains et mes bras n'avaient plus forme humaine.

Dès le mois d'août, Dickens s'était occupé de ses quartiers d'hiver. Il avait loué à Gênes le palais Peschiere, le plus vaste des palais en location. Il quitta Albano pour cette nouvelle résidence, dans la dernière semaine de septembre, au milieu d'une violente tempête de vent et de pluie. Mais, en arrivant au palais Peschiere, l'orage s'était dissipé ; sur les majestueuses terrasses, ornées de statues antiques, les sept fontaines envoyaient vers le ciel bleu leurs gerbes étincelantes, et le soleil se jouait parmi les oliviers, les orangers et les camélias des jardins pleins de fleurs. C'était vraiment une demeure princière, avec sa grande « salle » centrale, haute de cinquante pieds, « plus large que la salle à manger de l'Académie royale », aux murs et au plafond recouverts de fresques vieilles de trois siècles « aussi fraîches que si elles avaient été peintes la veille ». Sur ce *hall* gigantesque s'ouvraient un salon et une salle à manger, également peints à fresque et de proportions harmonieuses. A droite et à gauche de la grande salle étaient les deux plus belles chambres, « aussi vastes que celles du château de

Windsor, mais beaucoup plus hautes d'étage. « Les deux chambres ont trois fenêtres chacune donnant sur d'immenses balcons de granit. Le parquet est en mosaïque de marbre noir et blanc; les murs sont recouverts de nymphes poursuivies par des satyres aussi grands et aussi libertins que nature. » Le romancier prit une de ces chambres comme chambre à coucher pour lui et sa femme, et transforma l'autre en cabinet de travail. S'abritant derrière un énorme paravent, il plaça sa table en face d'une des fenêtres d'où son regard embrassait toute la cité de Gênes jusqu'au phare qui termine la baie. Situé à une distance d'une demi-lieue à vol d'oiseau, jetant ses éclairs cinq fois dans l'espace de quatre minutes, et dans les nuits noires illuminant magiquement le palais Peschiere de chacun de ses éclairs, ce phare était, et est encore sans aucun doute, une des merveilles de Gênes.

Un matin, à l'aurore, Dickens était accoudé à sa table, devant sa fenêtre grande ouverte. La plume brillante et neuve, la feuille de papier dans toute sa virginale blancheur étalaient à son regard leurs séductions; une idée, longtemps portée dans son cerveau, voulait se faire jour; les uns après les autres, les détails, comme autant de fleurs spontanées, s'épanouissaient dans son esprit; mais le cadre qui ferme et limite le tableau, le ruban léger qui, réunissant les fleurs en un ensemble harmonieux, forme le bouquet, il ne les trouvait pas. Il se leva et s'avança sur le balcon : pas une vapeur, pas un nuage n'interrompaient l'immobile azur du ciel et de la mer. A ses pieds, dans l'air clair et pur du matin, Gênes la belle s'épandait radieuse et silencieuse, élevant vers le ciel ses tours, ses dômes sculptés et les étincelantes flèches de ses innombrables églises. A droite et à gauche, sur le bleu transparent et matinal, les collines hautaines se détachaient en découpures veloutées ; comme une nappe d'argent éblouissante et palpitante, la baie s'étendait jusqu'à l'horizon que fermaient la route de la Corniche et la ligne majestueuse des Alpes, aux cimes neigeuses. Tout à coup, cette grande paix, ce solennel silence qui précèdent le réveil de l'activité et de la douleur humaines, furent interrompus; et ce fut une petite cloche argentine, habitante du clocher d'un couvent mystique, qui commença ce concert. Le vieux bourdon voisin lui répondit de sa voix grave et fêlée, et voici que dans les cent clochers de Gênes, trois ou quatre cents cloches s'éveillant prirent leur envolée, mêlant et harmoniant dans un ensemble étrange leurs voix de petits carillons joyeux, de mélancoliques clochettes, de cloches graves et de bourdons solennels, et faisant monter aux oreilles du rêveur, appuyé à son balcon, à travers les clartés de cette aurore italienne, un concert vague empreint d'un charme mystérieux. Alors soudainement les visions qui, depuis tant de mois, habitaient son cerveau, se mêlèrent au son des cloches, et peu à peu, pendant que continuait ce doux et céleste carillon, il sembla à Dickens que ces vagues personnages de son imagination se développaient, s'unissaient, vivaient enfin, comme s'ils avaient trouvé leur âme dans toutes ces cloches retentissantes.

Fébrilement il courut à sa table de travail, et, sur la page immaculée, il traça le titre d'une de ses plus admirables fantaisies :

The Chimes (Les Cloches).

John Forster nous a conservé les pages écrites ce matin-là, par le grand humoriste ; c'est la première conception, venue d'un seul jet, la vision complète du roman futur, telle qu'elle se dressa aux yeux de Dickens, paraissant surgir des sereines profondeurs de la mer Méditerranée. Ce plan est curieux à étudier ; il nous initie au processus cérébral de l'auteur, il nous montre son idée première dans sa tendre fleur. Quels personnages brillants et fortunés vont sortir de son imagination, au milieu de cette nature opulente et voluptueuse faite pour les heureux de la terre ? Quelles créations son génie va-t-il évoquer dans cette demeure princière, dans cet encadrement de marbres rares et de peintures somptueuses ? Sans doute des couples amoureux vêtus de pourpre chatoyante, de joyeux convives buvant aux joies de l'existence dans des coupes étincelantes de pierres précieuses ? — Non ! mais les formes émaciées et déguenillées de ses amis et de ses protégés, les misérables du Londres immense et sombre ; c'est vers eux que son cœur va s'envoler sur l'aile des cloches légères ; c'est à eux que, par la voix de ces mêmes cloches il va prodiguer les consolations, les conseils et les caresses ; c'est pour eux qu'il va faire sonner haut ces cloches dans les oreilles des riches et des puissants du monde, pour les rappeler à la pitié et à la charité qu'ils oublient, pour leur crier que le plus vil, le plus dégradé parmi la foule des pauvres est leur frère et leur égal devant la justice de Celui qui fut l'ami de Lazare !

Voici cette page précieuse :

LES CLOCHES (*THE CHIMES*[1]).

L'idée générale est celle-ci : le pauvre sonneur de cloches Trotty est découragé de la vie par tous les malheurs qui lui arrivent ; commissionnaire de son état, il porte une lettre chez un ponctuel et grand homme d'affaires ; il le trouve établissant la balance de ses livres, apurant ses comptes de fin d'année ; car, s'écrie-t-il, il faut tout régler pour pouvoir recommencer sur nouveaux frais avec l'an nouveau. Trotty a le cœur gros, car il ne peut agir ainsi, lui, et il en vient à cette conclusion que les gens de sa classe et de son ordre n'ont rien à faire avec la nouvelle année, et que les pauvres sont des intrus dans ce monde. Pendant une heure ou deux, il reprend courage pour le baptême de l'enfant d'une voisine ; mais, rentré chez lui, les dires du grand négociant lui reviennent à l'esprit, et il s'écrie dans la solitude : « Cet enfant que nous avons baptisé n'avait pas le droit de naître ; il y a longtemps que le nombre de nos enfants a dépassé la moyenne. » Et machinalement il prend un vieux journal qui est rempli par le récit des crimes et offenses diverses commis par les pauvres ; et il lit un long discours de M. l'alderman Cute, qui demande des répressions sévères contre les mendiants, les vagabonds et toute cette vermine. Et le pauvre Trotty se plonge plus avant dans ses tristes cogitations, jusqu'à ce qu'il lui semble que les cloches de Noël l'appellent

---

1. *Chimes* signifie littéralement : la musique de cloches.

par son nom : « Ah ! seigneur Dieu ! dit-il, j'y vais puisqu'elles m'appellent. Je sens mon cœur brisé et que je vais mourir de désespoir ; je mourrai donc au milieu des cloches. Elles ont toujours été mes amies ! » Alors il cherche sa route dans l'obscurité, monte dans le vieux clocher, et, entouré par les cloches, il tombe en une sorte de mystérieux évanouissement.

Avec la seconde partie s'ouvrira la portion fantastique du livre. Les cloches sonnent à toute volée, et chaque vibration fait naître une multitude infinie d'esprits ailés qui entrent et sortent du clocher porteurs de missions, de commissions, de regrets, de reproches, de doux souvenirs pour tous les habitants de la vaste cité. Ces esprits tiennent à la main des verges, des fleurs, des oiseaux, des instruments ; les uns ont des figures délicieuses, d'autres des faces horribles ; ce sont les esprits des cloches qui, dans cette dernière nuit de l'année, hantent chacun, joyeusement ou terriblement, selon son mérite. Au milieu de cet essaim lumineux, les cloches elles-mêmes revêtent des formes d'êtres vivants, et le gros bourdon s'écrie : « Quel est donc ce pauvre qui doute du droit qu'ont les pauvres à l'héritage que le temps leur réserve ?... Quel est ce misérable qui se fait l'écho de l'injuste cri de réprobation contre ses frères ? » — « C'est moi, gros bourdon, » répond Trotty très effrayé ; et il raconte ses raisons. — Alors les cloches ordonnent à la troupe des esprits de s'emparer de lui et de le faire assister à certaines scènes qui toutes lui montreront comment le pauvre et le misérable, même au milieu de ces crimes contre lesquels tonnent les gros aldermen, conservent au fond du cœur une sorte de tendresse difforme et de bonté bossue. Les cloches le feront assister à l'avenir de sa fille Megg ; ils lui montreront la pauvre fille, dont il a voulu rompre le mariage, abandonnée, tous ses amis morts, toute seule avec son bébé ; ils la lui montreront réduite à une telle pauvreté, si misérable, qu'un soir elle sort dans la rue, résolue à se noyer avec son enfant.

Mais avant de se diriger vers le sombre fleuve, Trotty, son père, verra avec quelle tendresse elle couvre son enfant d'une vieille robe à elle, comment elle se penche sur lui et caresse ses petits membres frissonnants, comment elle le chérit enfin d'un amour,... l'amour le plus céleste et le plus pur que Dieu ait jamais mis dans le cœur d'une créature humaine !... Et lorsque Trotty la verra courir vers la sinistre Tamise, il s'écriera : « O cloches, épargnez-la ! chères cloches ayez pitié d'elle ! Sauve-la, Bourdon !... » Mais le Bourdon répondra : « La sauver ? Pourquoi ? Quel droit a-t-elle à la vie ? n'est-elle pas une misérable ?... Meurent les pauvres !... » Trotty se jettera à genoux, priera et suppliera, et les cloches se laisseront attendrir, et leurs voix arrêteront la mère désespérée au moment où elle se précipite, et, dans cette nuit mémorable, Trotty verra beaucoup d'autres choses, et tout ce qu'il verra lui enseignera la même morale : c'est que, comme tous les autres hommes, il a sa part dans la nouvelle année, que le pauvre, battu et rebattu par les vagues du destin, conserve malgré tout l'empreinte divine de son Créateur, et que dans les pires criminels, en dépit de tous les aldermen de Londres, il existe une parcelle du bon Dieu ; puis, finalement, une grande mer surgira à l'horizon et emportera dans ses flots impétueux, M. l'alderman Cute, et tous ces vermisseaux de la terre, les broyant et les annihilant dans sa furie. Trotty grimpera sur une falaise d'où il verra l'immense étendue de la mer ; la troupe des esprits disparaîtra, mais du sein des flots montera jusqu'à lui, le chant mystérieux des cloches, et, comme en les écoutant, il jettera les yeux autour de lui, il se réveillera et se trouvera assis à sa table, le vieux journal tombé à ses pieds. En face de lui, Megg arrange des rubans pour son mariage du lendemain ; elle a laissé la fenêtre entr'ouverte, pour qu'au son des carillons la vieille année puisse sortir et la nouvelle puisse entrer. Après une dernière envolée plus joyeuse que les autres, les cloches se taisent... Le fiancé de Megg entre, et embrasse sa fiancée, à la barbe de Trotty qui sourit, et le jour paraît, et les voisins entrent en foule, et les embrassades retentissent, et une clarinette ambulante se met à jouer, et toute cette joie transporte si bien le vieux bonhomme qu'il se met à diriger une ronde, et qu'il exécute un pas entièrement nouveau dont le secret s'est perdu depuis,... et puis,... et puis le rideau tombera sur cette farandole.

Cette nouvelle conception passionna Dickens et l'occupa jusqu'à la fin de cette année. Il envoyait à Forster le manuscrit à mesure qu'il le composait, et les lettres qui accompagnaient ces envois prouvent avec quelle intensité l'art s'emparait de lui pendant qu'il écrivait :

Voici la troisième partie. — Ah ! je puis dire que ce livre m'a fait la face toute blanche. Mes joues qui se remplissaient sont redevenues creuses, mes yeux se sont agrandis d'une façon démesurée, mes cheveux sont plats et longs, et la tête qu'ils recouvrent brûlante et engourdie. Lisez deux fois la dernière scène de la troisième partie. Je ne voudrais pas l'écrire *deux* fois, moi ! J'espère que vous aimerez ce petit bouquin. J'ai souffert, pleuré, tremblé, avec mes personnages comme s'ils étaient réels. Quand j'ai eu fini hier, j'ai été obligé de me renfermer chez moi, tant ma figure rougie et mes yeux gonflés avaient un aspect ridicule.

Enfin le dernier paquet, contenant la conclusion, est expédié, et Forster écrit à son ami que son manuscrit est à l'imprimerie. Une agitation fébrile s'empare alors de Dickens ; les scènes qu'il a décrites avec tant d'émotion renaissent dans son esprit; les fautes, les omissions lui apparaissent terribles, impitoyables. Puis il pense aux illustrations qui doivent accompagner son œuvre. Le dessinateur comprendra-t-il bien le point capital de tel épisode, s'identifiera-t-il complètement à tel personnage? Et plus le romancier songe à tout cela, plus son anxiété paternelle augmente, plus il a peur de mettre au jour un enfant qui ne soit pas digne en tous points de ses aînés. Enfin il n'y tient plus, et brusquement il se décide à un voyage rapide, échevelé, à Londres. Il en profitera pour visiter Turin, Milan, Venise, et pour traverser les Alpes malgré les glaces et les neiges de l'hiver. Il étonne, terrifie, stupéfie le bon Forster qui n'a plus la force de faire des observations, et voici sa dernière lettre, celle qui précéda son départ :

...Le brave courrier[1] a passé la journée à mesurer des cartes avec une fourchette à découper, et à prendre la hauteur des montagnes avec des cuillers à thé. Lui et moi, nous partons mercredi pour Parme, Modène, Bologne, Venise, Vérone, Brescia et Milan... J'y serai le 18... Vous connaissez ma ponctualité : les gelées, la glace, les inondations, la vapeur, les chevaux, les passeports, les douanes, rien, rien ne m'arrêtera. Dimanche soir, 1er décembre, à l'heure du dîner, je ferai mon entrée solennelle dans le *Coffee Room* de l'Hôtel Curtis... J'espère vous y trouver installé à notre table accoutumée, la dernière, celle à côté du feu... Deux mots de la fameuse lecture des *Cloches*, qui doit avoir lieu chez vous le lendemain soir... N'ayez personne à dîner. Rendez-vous à six heures et demie. Carlyle indispensable, et je voudrais bien que sa femme l'accompagnât. Vous inviterez Mac[2], et pourquoi pas sa sœur?... Stanny[3], et Jerrold, bien entendu...

1. Voir sa description *très véridique* dans les *Peintures d'Italie*.
2. Le peintre Maclise.
3. Le peintre Stanfield.

Edwin Landseer, peut-être Harness,... et que diriez-vous de Fonblanque et de Dyce?... Je vous laisse juge... Vous savez quel est mon but : constater les effets produits par certaines scènes. — Adieu. Je vous écrirai encore sans doute au cours de mon voyage, probablement de Venise.

On peut lire dans *les Peintures d'Italie* le récit de ce voyage rapide à travers l'Italie et les Alpes couvertes de neige. Ici nous nous contenterons de donner les extraits d'une lettre enthousiaste écrite de Venise :

Tout ce qu'on a pu vous dire, tout ce que vous avez lu au sujet de Venise n'est rien en comparaison de la magnifique et sublime réalité; les visions les plus folles des *Mille et une Nuits* n'ont rien créé comme la place de Saint Marc, comme l'intérieur de l'église. La splendeur inouïe de Venise dépasse tout ce que l'imagination d'un rêveur peut concevoir; l'opium ne saurait bâtir une cité aussi merveilleuse, aucun enchanteur ne pourrait évoquer, dans un cercle magique, une apparition aussi féerique. Telle est la beauté formidable de Venise, qu'en la contemplant pour la première fois, les larmes jaillissent des yeux. Hier soir, je suis arrivé en gondole; de loin, épandue sur les eaux silencieuses, la ville avait l'air d'un grand vaisseau lumineux; je croyais voguer dans un rêve en traversant ces rues désertes, bordées de palais, dont le bruit de nos rames éveillait seul les échos. Ce matin, au milieu de l'air vif et pur, la gloire de cette grande place étincelante donnait une sensation d'éblouissement presque douloureuse. Quel contraste de plonger ensuite dans la Venise scélérate et ténébreuse, de traverser ses terrifiantes prisons au-dessus desquelles l'eau sanglote lugubrement, de passer par ses chambres du jugement, ses portes secrètes, ses corridors mystérieux où les torches que portent vos guides palpitent comme si elles ne pouvaient supporter cet air encore imprégné du sang, de la sueur et des larmes des suppliciés; et soudain l'on ressort et l'on se retrouve dans la magie radieuse et idéale de la Ville. Comment parler des ruines, des vastes églises, des vieux tombeaux... Un nouvel esprit, une nouvelle sensation, une mémoire nouvelle du passé, naissent en moi, à ce spectacle... Je vous écris dans l'absolue solitude d'une auberge fameuse... La grande horloge de Saint-Marc sonne minuit; dans ma chambre, qui a la hauteur de deux étages ordinaires, trois énormes fenêtres ogivales s'ouvrent sur le grand canal, derrière lequel s'étend la lagune où j'ai vu ce soir le soleil descendre environné d'une pompe fulgurante... Je me résume : Venise est la Merveille, la nouvelle sensation de l'Univers. Cette ville défie le pinceau, la plume, la parole; elle déconcerte la pensée la plus audacieuse. Venise est, désormais, un morceau de mon cerveau !...

CHAPITRE V

« La fameuse lecture des Cloches » eut lieu dans le cabinet de travail de John Forster à Lincoln's Inn fields, le 2 décembre 1844. Cette occasion est mémorable dans l'existence de Dickens, car elle contient le germe de ces nombreuses lectures publiques auxquelles il consacra une grande partie de la seconde moitié de sa vie. Son ami, le grand peintre Maclise, avait apporté son album et ses crayons, et il nous a laissé une description très vivante et très graphique de la réunion [1]. Dickens occupe le centre de ce dessin. Il lit assis devant une table, éclairé par un double candélabre; sa tête est entourée d'une auréole; à sa droite Fox jouit solennellement, à sa gauche Carlyle, le front dans la main, pensif, puis autour de la table, dans des fauteuils ou sur un canapé, Blanchard, au regard génial, Jerrold, les yeux au ciel, Frédéric Dickens dont on ne voit que le dos, les deux peintres Maclise et Stanfield écoutant avec ardeur, Dyce et Harness, leur mouchoir aux yeux, versant des larmes abondantes,

---

1. L'original de ce dessin se trouve dans la belle collection de pièces originales léguées par MM. Forstér et Dyce au South Kenigton Museum à Londres.

enfin, au premier plan, dans un coin, courbé en deux dans son fauteuil, les bras ballants, la tête tournée vers le lecteur, les yeux fixés sur Dickens, dans une sorte d'adoration muette, John Forster : tout dans son attitude, dans son expression, dénote une fidélité sans bornes, un excessif attachement, une admiration infinie.

Ai-je besoin d'ajouter que cette lecture fut un triomphe de plus pour l'écrivain. Quant au livre lui-même, qui parut lorsque son auteur était déjà reparti pour l'Italie, je me contenterai de citer l'opinion de lord Jeffrey, que j'extrais d'une lettre adressée au grand romancier :

« Ami, ce nouveau livre va vous procurer la haine de tous les égoïstes, de tous les lâches, de tous les hypocrites; ils vous injurieront, ils diront que vous exagérez sciemment le mal, que vous êtes un agitateur de mauvaises passions; ils vous accuseront même (Dieu leur pardonne!) d'être un sujet déloyal. N'importe, ami, continuez l'œuvre, vous avez pour vous toutes les âmes courageuses, nobles et bonnes; vous avez pour vous celle qui triomphe toujours finalement : *la Vérité*. »

Huit jours après cette soirée chez Forster, Dickens, suivi de son courrier, repartait pour Gênes. Il s'arrêta à Paris pour voir son ami Macready qui y jouait Othello. Les extraits suivants sont intéressants; c'est la première lettre importante écrite par Dickens sur Paris et sur les Parisiens. Les admirateurs de Mme de Saint-Georges, s'il en existe encore de vivants, s'étonneront sans doute de la description qu'en fait l'écrivain anglais.

Je suis allé avec Macready, à l'Odéon, voir jouer *Christine*, par Mme Saint-Georges, qui fut la maîtresse de Napoléon Ier. C'est maintenant une créature hydropique, d'une corpulence énorme. Cette masse est supportée par des jambes minuscules et maigres qui vacillent à chaque mouvement; elle doit avoir quatre-vingts ou quatre-vingt-dix ans. Jamais de ma vie je n'ai vu chose pareille! Toutes les ficelles théâtrales qu'elle a acquises (elle les a toutes) semblent être affectées d'hydropisie comme l'actrice elle-même. Quant aux autres acteurs, jamais ils ne se parlent entre eux, ils adressent tous leurs discours au public, la face tournée vers le parterre. Mais j'ai eu une compensation hier soir : j'ai entendu, aux Italiens, Grisi dans *Il Pirato*. La passion et le feu d'une scène entre elle, Mario et Fornasari, sont absolument admirables. Ils se précipitaient l'un sur l'autre, ces deux hommes, non comme des acteurs ordinaires mais comme Macready lui-même : Grisi se jetait entre eux, étreignait dans ses bras tantôt celui-ci, tantôt celui-là, saisissait dans ses mains délicates leurs épées nues, et tombant à terre désespérée, s'arrachant les cheveux, faisait frissonner toute la salle par les admirables accents de sa voix vibrante, douloureuse, pathétique... Elle est une créature prodigieuse...

Le 22 décembre, Dickens était de retour dans son palais de Gênes, mais à peine revenu il se préparait à repartir. Il lui fallait, en effet, pour compléter ses notes italiennes, visiter le sud de la Péninsule. Cette fois il se décida à emmener sa vaillante compagne du voyage en Amérique, Mme Dickens, dont il avait regretté l'admiration naïve pendant son séjour à Venise. Les deux voyageurs partirent donc en poste, suivis de leur fidèle courrier français, le brave Roche, se dirigeant vers Rome à petites journées et passant d'abord par Pise et Carrare, où la colonie anglaise avait préparé une ovation au grand romancier. Entre Carrare et Rome le voyage fut assez accidenté. A Radicofani on parlait à voix basse, à mots couverts, d'une bande de brigands qui désolaient les environs : « Je commence vraiment à croire, écrit Dickens de cette dernière localité », que nous pouvons rencontrer une aventure. J'ai emporté de Gênes un sac plein de ducats d'or, et je n'ai pas emporté de pistolets... Kate est brave comme un lion ! »

Ils en furent quittes pour leur appréhension, et les seuls personnages qui les arrêtèrent furent les mendiants qui pullulent à dix lieues autour de la Ville Sainte. Ils arrivèrent le 30 janvier au soir, et la première impression de Dickens fut une déception. Il s'attendait bien au ciel sombre, à la pluie fine et pressée, mais nullement à la banalité de ces rues longues, aux magasins proprets, semblables aux rues de n'importe quelle capitale. Ce premier sentiment s'effaça vite d'ailleurs, ainsi que le prouvent ses enthousiastes descriptions du Colysée, des ruines et des églises de Rome. Dans l'intervalle qui devait s'écouler avant les fêtes de la Semaine sainte, il alla visiter Naples; sa correspondance intime aussi bien que son livre imprimé témoignent de son dégoût pour la saleté de cette ville, et de sa pitié pour la misère sordide des basses classes; parmi ses lettres nous en trouvons une qui donne des détails singulièrement révoltants sur le cimetière des pauvres :

A Naples, le cimetière des pauvres est une grande cour pavée dans laquelle s'ouvrent trois cent soixante-cinq puits; chacun de ces puits est recouvert d'une grosse pierre carrée et scellée. Toutes les nuits on ouvre un de ces puits; les corps des pauvres morts pendant la journée sont récoltés à travers la ville par une charrette où on les jette pêle-mêle, amenés au cimetière, précipités dans le puits ouvert; puis on répand de la chaux vive dans le trou, puis on replace le couvercle de pierre et on ne l'ouvre que l'année suivante, lorsque son tour revient. La charrette funèbre a une lampe rouge sur le devant, et, vers dix heures du soir, on la voit passer à travers les rues de Naples, s'arrêtant aux portes des prisons, des hôpitaux, des masures, pour recevoir son sinistre fardeau... C'est horrible !...

Nous n'emprunterons aucune description à la correspondance de Dickens, relativement aux fêtes de la Semaine sainte dont il fut le spectateur émerveillé; outre que ce sujet est absolument rebattu (tous les gens de lettres qui ont été à Rome à cette époque ayant considéré comme un devoir de faire part au public de leurs impressions personnelles), il y a, dans ces peintures écrites après coup par le romancier anglais, une sorte de parti pris de protestantisme étroit qui nous choque et nous étonne dans un aussi grand esprit. Il met partout la sourdine à son admiration quand il parle des pompes de l'Église romaine, et il se répand en satires et en plaisanteries d'un goût douteux sur les croyances les plus vénérables; ceci est apparent dans son livre surtout. Il est probable que Dickens voulait se faire pardonner le roman de *Barnaby Rudge*, dans lequel le héros est un catholique et où il montre tous les crimes et toutes les atrocités commises par des protestants fanatiques, au cri de : « A bas les Papistes ».

Dickens et sa femme revinrent à Gênes par Florence. « Gênes, Venise, Florence, voilà les trois grandes cités, les trois diamants de l'Italie » !

De retour au palais Peschiere, l'écrivain se mit vaillamment à la besogne ; il ne devait plus rester que deux mois en Italie et il voulait rapporter en Angleterre les éléments complets de son livre de voyage ; il s'imposa donc la tâche d'écrire chaque semaine une lettre à l'ami John Forster, dans lesquelles il lui décrivait minutieusement, et en vue du public, ses différentes expéditions à travers le pays où fleurit l'oranger. C'est la réunion de ces lettres, avec très peu de changements, qui forment le volume intitulé *Peintures d'Italie*. Ce volume est, selon nous, le plus faible qui soit sorti de la plume de l'humoriste. Certes on y rencontre de nombreux éclairs qui prouvent son génie, mais on est péniblement surpris de la masse de lieux communs que ce merveilleux pays de lumière et de couleur inspire à l'auteur ; autant les *Notes américaines* sont personnelles, originales, marquées au coin spécial de Dickens, autant les *Peintures italiennes* sont ternes et banales ; si l'on en excepte une quarantaine de pages admirables, tout le reste aurait pu être écrit par un de ces touristes anglais qui traversent le monde entier sans y rien voir qu'eux-mêmes.

Toutes différentes sont les dernières lettres intimes, écrites d'Italie, et pendant le voyage de retour. Là, Dickens reste bien lui-même, l'humour et l'esprit débordent à chaque instant, et aussi l'enthousiasme que lui inspirent les splendeurs de la Suisse printanière. C'est d'abord la description d'une famille anglaise qui, au mois de mai, a loué le rez-de-chaussée du palais Peschiere :

> Ces braves gens ont avec eux un pâle et timide domestique qui a immédiatement fait ses confidences dans ma cuisine; il paraît que le maître de ce malheureux le contraint à faire tout son ouvrage, même la cuisine, en culotte de velours rouge, ce qui, dans un climat chaud, prétend-il, le conduira fatalement à la tombe... C'est un pauvre diable, à moitié idiot... Son maître l'enferme à clef la nuit dans une espèce de sous-sol qui a une fenêtre grillée comme une prison; à l'heure de minuit, mes domestiques lui font passer du vin et des provisions, à travers les barreaux. Le monsieur et sa dame sont des êtres bien extraordinaires. Leur unique occupation est d'acheter de vieilles boîtes chez des revendeurs, et de les garnir de velours de couleurs différentes.

Mais le départ approche, et les préparatifs affolent si bien Dickens, qu'il laisse sa femme et le brave courrier se débattre avec le propriétaire, et s'en va à quelques cent mètres plus loin pour avoir la paix pendant ces derniers jours :

> Tout est sans dessus dessous au palais, comme bien vous pensez. Kate est toute rouge pendant toute la journée; le brave courrier est dans un état de surexcitation formidable;

il fait l'inventaire avec le propriétaire, et le propriétaire m'a informé hier que le courrier était *le Diable lui-même*...... « Signor Noli, lui disais-je, vous êtes un vieil imposteur ! » — Illustrissimo, m'a répondu signor Noli, votre domestique est le Diable en personne, envoyé sur terre, pour me torturer. » Enfin, on faisait tant de bruit, que je me suis réfugié ici. De mes fenêtres j'aperçois celles de mon palais, et je m'attends à chaque instant à voir le corps de Noli ou de Roche lancé dans l'espace !

Ils revinrent par le Saint-Gothard, et l'extrait suivant terminera bien le récit de ce voyage à travers l'Italie. Il est tiré d'une lettre datée de Lucerne, 14 juin :

Nous sommes venus par le Saint-Gothard, qui n'est ouvert que depuis huit jours. La route est coupée dans la neige et la voiture suit une piste étroite et sinueuse entre deux grands murs étincelants de plus de vingt pieds de haut ; de vastes plaines de neige s'étendent au-dessus de nous, bordant les montagnes ; nous sommes à sept mille pieds au-dessus du niveau de la mer ; de formidables torrents se précipitent, se frayant violemment un passage à travers les glaces, et s'en vont bouillonnant au fond des précipices. Cette eau, toute bleue contre la blancheur immaculée de la neige, a une sorte de beauté mystérieuse presque sublime. Le pont du Diable est terrifiant. Toute la descente entre Andermatt (où nous avons couché vendredi) et Altdorff, la ville de Guillaume Tell, que nous avons traversée hier, est certainement ce qu'il y a de plus admirable dans toute la Suisse.... La voiture est aux trois quarts brisée. En ce moment on la répare sous mes fenêtres, au bord du lac ; une jeune femme en jupes courtes, avec deux immenses tresses de cheveux noirs tombant jusqu'à ses talons, regarde... On dirait une figurante d'opéra comique; en réalité, c'est la servante de notre auberge... Si les villages suisses m'ont paru charmants pendant l'hiver, leur aspect pendant l'été m'a absolument fasciné; c'est purement délicieux!... Enfermés dans de hautes montagnes couronnées de neiges éternelles, ombragés d'arbres majestueux, épandus sur des tapis d'un gazon épais et moelleux, chacun de ces villages semble un port de refuge contre les tempêtes, les misères, les agitations des grandes villes... Pour ceux qui reviennent d'Italie, la propreté de ces petites auberges qui ont l'air de joujoux a quelque chose de prodigieux; mais les seigneuriales manières italiennes, le doux parler de miel, la langueur des regards veloutés des femmes, la vivacité et la gaieté du peuple, voilà ce qu'on abandonne en passant les Alpes; et, me rappelant toutes ces choses, je regrette presque la saleté des rues, les briques du plancher, les murs peints à la chaux, les plafonds crevassés et les fenêtres aux carreaux cassés.

A Bruxelles, une joyeuse surprise attendait le romancier : l'ami de cœur, Forster, était là au débotté, ayant amené avec lui Maclise et Jerrold. On passa une semaine pleine d'entrain dans les Flandres, et, à la fin de juin, Dickens rentra en Angleterre, après une absence d'une année.

CHAPITRE VI

Le lecteur qui nous a suivi jusqu'ici sait maintenant que la maîtresse passion de Dickens est l'amour de l'humanité ; passion active et batailleuse qui le fait attaquer tous les préjugés, tous les abus, toutes les injustices, sans se préoccuper s'il blesse les institutions sacrées de l'Aristocratie, de la Législature et du Clergé. Aux sombres époques du moyen âge, il eût été sans doute un de ces héroïques réformateurs qui donnaient leur vie pour le triomphe d'une idée humanitaire, et qui, bravant le despotisme de l'Église et du Trône, proclamaient le droit du pauvre à la vie et à la terre. Dans la société moderne, le grand levier, l'arme terrible à double tranchant, c'est le journalisme, force redoutable dont on peut dire autant de mal que de bien, qui a détruit autant qu'elle a créé, perverti autant qu'amélioré, mais qui, en somme, a, dans moins d'un siècle, changé la face du monde. Il ne paraît pas étonnant qu'un homme aussi convaincu de la justesse de ses idées humanitaires que Dickens ait désiré avoir entre les mains ce puissant porte-voix pour les répandre et les propager. Le dessein de fonder à Londres un journal quotidien roulait vaguement dans son esprit depuis quelques années ; il se précisa pendant son séjour en Italie ; enfin, lorsqu'il revint en Angleterre, sa résolution était prise, et, comme toujours, il se hâta de la mettre à exécution. Mais, sur ce sujet, mieux vaut laisser parler le biographe anglais de Dickens, John Forster, qui non seulement aida activement, dès le début, au succès de l'entreprise, mais continua à la diriger longtemps après que son ami l'eut abandonnée. Cette citation n'est pas inutile à la connaissance parfaite de l'individualité du grand écrivain qui nous occupe :

A cette époque, pour plus d'une puissante raison, j'entretenais de grandes appréhensions au sujet de la part qu'il devait prendre dans l'aventure. On n'a su que plus tard la difficulté des conditions physiques et mentales grâce auxquelles Dickens conservait sa puissance imaginative, mais j'en savais assez pour avoir des doutes sur la sagesse de l'entreprise qu'il méditait. Dans tout labeur intellectuel sa volonté prévalait si fortement lorsqu'il la fixait sur un objet de son désir, qu'il ne réfléchissait jamais aux difficultés qui devaient surgir entre le projet et l'accomplissement ; il en résultait pour lui des tensions d'esprit très préjudiciables, et d'irréparables pertes de travail intellectuel. A la société égayée par son œuvre, sa production pouvait sembler toujours aussi facile, mais il est douteux qu'aucun écrivain ait eu besoin d'un effort mental aussi persistant que Dickens. Ses habitudes étaient d'un homme robuste, mais non sa santé ; ce secret m'avait été dévoilé avant son départ pour l'Amérique, et, jusqu'au dernier moment, il refusa d'admettre de quel énorme prix il avait payé ses triomphes ou ses succès.... Un jour après sa dernière lettre (31 octobre), j'en recevais une autre dans laquelle il écrivait :

« J'ai été si souffrant ce matin d'étourdissements, de

migraine et d'ennui, que je ne me suis levé que cet après-midi, et, fuyant Fleet-Street (où se trouvaient les bureaux du journal projeté), je vais courir à travers champs. Tâchez de venir me voir, j'ai à discuter beaucoup de points avec vous. sans doute c'est le manque d'exercice, mais je suis étourdi comme si j'étais ivre et j'y vois à peine. »

Je n'accordais pas à cette époque une importance suffisante à la fréquence de plaintes de cette nature ni à la réoccurrence régulière, à partir de 1845, de ces spasmes dans le côté auxquels il avait été sujet pendant son enfance et dont il eut une nouvelle attaque à Gênes; cependant cette considération influa sur ma détermination d'essayer de le détourner d'un dessein que je considérais comme environné de périls. Sa santé, cependant, n'avait pas de proéminence réelle dans la lettre que je lui écrivis, et il est étrange aujourd'hui d'observer que, dans sa réponse, c'est lui qui y fait surtout allusion. Je m'étais contenté de mettre sous ses yeux, dans la forme la plus persuasive, toutes les considérations tirées de son génie et de sa célébrité, qui devaient le détourner de la fatigue et de la responsabilité d'un journal quotidien et aussi de l'esprit de parti et des luttes de la politique. Voici le principal passage de sa réponse :

« Bien merci pour votre affectueuse lettre toute pleine de généreuse vérité. Ces considérations pèsent sur moi *lourdement*, mais j'aperçois, dans le temps présent, de puissants stimulants à mon effort, de grandes chances de succès pour mon projet, et la possibilité de demeurer sur la brèche ou de me retirer sans être seulement égratigné par l'arme d'un adversaire digne de moi. Et, et *surtout*, j'ai en moi le pressentiment que ma santé m'abandonnera, que ma popularité se flétrira et qu'il me faut saisir l'occasion quand elle se présente. Et puis, à quoi servirait tout ce que j'ai écrit, si je n'avais pas pour moi le peuple pour lequel je vais combattre. »

Et ainsi l'affaire fut décidée; mais il n'entre pas dans

mon plan de décrire autre chose que ses débuts; ils eurent un heureux résultat, celui d'établir un journal qui a toujours réclamé des progrès dans la condition de toutes les classes riches ou pauvres et qui a pu donner une étendue plus large à son influence par son esprit d'entreprise et de libéralisme. Le grand écrivain qui donna au *Daily News* enfant les séductions de son nom ne put contribuer que faiblement à ces résultats, mais c'est certainement de lui que le journal reçut la première impulsion vers les opinions qu'il a depuis constamment maintenues. Son prospectus, écrit de sa main, est devant mes yeux; ce n'est pas seulement son écriture qui est là, mais aussi son âme : « Ce journal ne veut obéir, dit-il, ni à une influence personnelle, ni à une influence de parti; il veut être l'avocat honnête et logique grâce auquel les torts seront redressés, les droits justes maintenus; il veut rendre le peuple meilleur, en le rendant plus heureux. »

On choisit, pour l'apparition du nouveau journal, le lendemain du discours de Pitt en faveur du rejet des lois sur le blé, mais, toutes brèves que sont mes allusions à ce sujet, la remarque doit être faite que, même avant ce jour mémorable, il y eut des interruptions dans le travail préparatoire qui vexèrent beaucoup Dickens et détruisirent sa foi et son plaisir dans l'entreprise; il n'est pas nécessaire d'offrir une opinion quelconque sur le sujet de savoir qui fut à blâmer, mais, grâce à cette circonstance, il prit sa position de directeur avec une ardeur si diminuée, qu'il était évident qu'il ne la continuerait que peu de temps. Un petit mot écrit *avant de rentrer*, à six heures du matin, le mercredi 21 janvier 1846, pour me dire *qu'ils avaient été sous presse depuis trois quarts d'heure et qu'ils avaient paru avant le* Times, marque les débuts; un autre billet griffonné dans la nuit du lundi 9 février, « mortellement fatigué et rendu » m'informant qu'il venait de signer sa démission, marque la fin. J'avais été préparé; une semaine avant, le 30 janvier, il m'avait écrit : « J'ai à causer longuement avec vous. Voulez-vous venir dîner avec nous demain à six heures précises? J'ai roulé dans ma tête ce matin un plan pour quitter le journal et pour aller de nouveau à l'étranger écrire un nouveau roman qui paraîtrait par séries à un shilling. Allons, si vous voulez, à Rochester demain en huit (mon jour de naissance), si toutefois le temps devient meilleur ». — A Rochester nous allâmes donc, lui et M{{me}} Dickens et sa sœur, avec Maclise et Jerrold et moi-même[1] ; visitant le vieux château, la Charité de Walks et les fortifications de Chatham le samedi, passant le dimanche dans l'église et dans le parc de Cobham, ayant établi notre quartier pour ces deux jours au « Taureau » rendu célèbre par *Pickwick*, et ainsi, par indulgence pour le désir qui était toujours étrangement urgent en lui, associant les nouvelles résolutions de sa vie avec les premières scènes de son enfance. Sur un point notre sentiment fut en complet accord. Puisqu'il ne voulait pas continuer à diriger le journal, mieux valait se retirer le plus tôt possible, mais comme la série des *Lettres sur l'Italie* paraissait dans le *Daily News* depuis le premier numéro, son nom ne pouvait disparaître immédiatement, et il consentit à publier encore pendant quelque temps des lettres occasionnelles sur d'importantes questions sociales. Les exécutions publiques et les écoles pour les pauvres furent les sujets qu'il choisit, et il les traita avec son habileté accoutumée. Je le remplaçai dans la direction.

Nous terminerons ce chapitre et ce livre sur une note plus gaie, en revenant un peu en arrière pour raconter une entreprise d'un genre tout différent, et qui seyait mieux au génie de Dickens que la fondation d'une feuille politique quotidienne. L'auteur de *Pick-*

---

1. Ce style pourra étonner : il est de Forster et, dans ma traduction, je m'efforce de le rendre aussi exactement que possible, car, dans l'ami de Dickens plus que dans tout autre écrivain : *Le style c'est l'homme.*

wick avait la passion du théâtre; il ne semblait jamais si bien dans son élément qu'au milieu du monde des coulisses; jouer la comédie était pour lui une affaire aussi importante que de fabriquer un roman; il y mettait toute son énergie, toute sa prodigieuse activité. C'était, du reste, un acteur de premier ordre, et il s'en est fallu de bien peu qu'il ne fît de l'art théâtral son métier et son gagne-pain; avant *Pickwick*, pendant qu'il cherchait encore sa voie, un secret désir le poussait vers les planches; il obtint même une audition des directeurs de Covent-Garden, MM. Mathews et Charles Kemble; entre temps le foudroyant succès de son premier livre éclata, et ses projets de théâtre devinrent un rêve du passé. Remercions la destinée qui l'a voulu ainsi, car le roman de *David Copperfield* à lui seul a produit et produira sur l'humanité une émotion plus saine, plus durable et plus réelle que le jeu et les gestes des plus admirables comédiens passés, présents ou futurs. Cependant Dickens conserva toujours un grand faible pour ces aspirations de sa jeunesse; il ne perdait jamais une occasion d'organiser des représentations théâtrales et il voulut célébrer son retour d'Italie par une fête de ce genre. Trois semaines après son arrivée à Londres la pièce était choisie, les acteurs découverts, le théâtre loué; c'était une jolie petite salle située dans Dean-Street qui avait été donnée par le duc de Devonshire à l'admirable actrice Fanny Kelley, la grande amie de Charles Lamb. La pièce était ce chef-d'œuvre d'humour et d'esprit de Ben-Jonson : *Every man in his humour (chacun selon son caractère).* Les acteurs furent, outre Dickens et Forster, les collaborateurs ordinaires du *Punch*, Jerrold, Lemon, Leech, A'Beckett et Leigh. Le principal rôle était nécessairement tenu par Dickens, c'était celui du capitaine Boabdil, qui est le Matamore du théâtre anglais. Bien avant la représentation, Dickens s'incarna complètement dans le terrible capitaine; ses lettres étaient toutes écrites en style Boabdil, — ses discours étaient émaillés de gestes Boabdil, — de jurements Boabdil : « Par le pied de Pharaon ! Par le corps de César ! Tête et entrailles ! etc., etc. ». Pendant toute la période préparatoire, il fut l'âme et la vie de l'entreprise. Il était à la fois directeur de la scène, machiniste, décorateur, utilité, souffleur et chef d'orchestre; il ajustait les portants, aidait les menuisiers, inventait les costumes, rédigeait les programmes, écrivait les invitations, faisait répéter les rôles. Quand il prit possession de la petite salle de Dean-Street, c'était un chaos de poussière, de confusion, de bruit, mais, avant la répétition générale, elle était devenue sous sa main habile un modèle de propreté, d'ordre et de silence.

Enfin la première représentation eut lieu le 21 septembre; les invitations étaient toutes personnelles; chaque acteur en avait trente-cinq à sa disposition. Jamais assemblée plus brillante n'assista à une comédie d'amateurs; tout ce que Londres comptait d'illustrations dans l'aristocratie, la politique, les lettres et les arts, avait sollicité une carte d'entrée. Le triomphe fut immense, et cette soirée devint l'événement du jour. Les journaux répétèrent, en les augmentant, les applaudissements des spectateurs, et, devant l'insistance générale, le directeur Dickens dut donner une seconde représentation; elle eut lieu sur un plus vaste théâtre, et l'écrivain voulut cette fois que ses amis les pauvres fussent de la partie; la soirée fut payante et la très grosse recette distribuée aux malheureux de Londres.

Puisque nous sommes en train de parler théâtre, terminons par une lettre inédite et pleine de saveur écrite à cette époque, par Charles Dickens à son vieil ami le grand acteur Macready; elle a pour but de lui emprunter un gilet :

Devonshire-Terrace, vendredi soir, 17 octobre 1845.

Mon cher Macready,

Une fois, une seule fois, vous avez imposé aux regards de la multitude un gilet. Vous le portiez, monsieur, je crois, dans l'*Argent*[1]. C'était un remarquable et précieux gilet, sur lequel certaines larges rayures bleues et pourpres se détachaient dans une combinaison de circonstances extraordinaires, trop heureuse pour qu'elle puisse se reproduire. J'ai vu ce gilet sur votre poitrine virile, dans l'intimité de la vie privée. Je l'ai vu, monsieur, je crois, l'autre jour sous la froide lumière du matin ; je l'ai contemplé avec des sentiments plus faciles à imaginer qu'à décrire... Monsieur Macready, Monsieur, êtes-vous un père? Si vous l'êtes, prêtez-moi ce gilet pendant cinq minutes. Je suis convié à un mariage (où les pères sont créés) et mon artiste ne peut (comment pourrait-il ?)

---

1. *Money*, drame de Bulwer-Lytton.

imaginer un gilet pareil. Laissez-moi le lui montrer comme le modèle de ce que je rêve, de ce que je désire. Alors, pardieu! ha! ha! ha! j'éclipserai le fiancé!... Je vous enverrai un messager de confiance à neuf heures et demie précises du matin, il a promis le secret sous serment. Il y va de sa vie s'il osait nous trahir, car, pour avoir ce gilet, tous les *Swells* de la capitale répandraient joyeusement leur sang.

A toi,

L'Homme sans gilet.

LIVRE CINQUIÈME

1846-1854

CHAPITRE PREMIER

Dès le mois de juin 1846, Dickens avait de nouveau abandonné l'Angleterre, et, au début de ce livre, nous le trouvons installé avec toute sa famille dans une jolie habitation de Lausanne, la villa Rosemont :

Elle est située sur une colline baignée par le lac; mon cabinet de travail est en haut; mes deux fenêtres s'ouvrent sur un balcon en face du lac et des montagnes; il y a, dans le jardin, assez de roses pour étouffer tout l'établissement du *Daily News*. Le paysage environnant est délicieux, aussi feuillu, aussi vert, aussi ombreux que la campagne anglaise; il y a des fleurs à foison, et des masses d'oiseaux chanteurs. Sur la rive opposée se dressent de prodigieuses montagnes; le Simplon, le Saint-Gothard, le mont Blanc et toutes les merveilles des Alpes s'entassent là en une sorte de terrifiante grandeur. La propreté générale est aussi remarquable qu'en Angleterre. Pas de moines ou de prêtres dans les rues, mais une population active, industrieuse, parlant un français clair et intelligible. Je n'ai jamais vu autant de libraires qu'à Lausanne.

Dans une autre lettre, Dickens revient sur la vue qu'il a de ses fenêtres :

En écrivant, je vois de ma fenêtre, la belle nappe bleue du lac, qui, par degrés, va se perdant dans une gorge solennelle conduisant au Simplon ; sous mon balcon, il y a une colonnade en pierre sur laquelle s'ouvrent les six croisées du salon.

C'est là, dans ce coin de terre tranquille, du milieu de ces eaux transparentes, des profondeurs insondées de ces gorges aux aspects fantastiques, que vont surgir les nouvelles visions que son génie et sa plume transformeront en réalités. Dès les premiers jours de son installation, des formes vagues flottent déjà à travers ses pensées :

Une conception étrange, vague, indéfinie, hante mon imagination... Je voudrais associer mon nouveau conte de Noël à quelque vaste champ de bataille : Des visions nuageuses du repos et de la paix qui l'envahissent après le combat, du blé et de l'herbe qui poussent au-dessus des morts, du laboureur qui chante en conduisant sa charrue à travers, flottent continuellement devant moi ; je ne puis m'empêcher de croire que quelque chose de bien sortira de cette conception[1]... Je veux, pendant mon séjour ici, écrire quatre séries mensuelles du nouveau roman, et le conte de Noël, en entier. Si tout va bien et que je puisse terminer pour la fin de novembre, j'irai seul passer quelques jours en Angleterre, et j'enverrai ma caravane m'attendre à Paris sous l'escorte du brave courrier Roche[2]. A cette époque

---

[1]. Il en sortit une de ses plus admirables publications de Noël : *La Bataille de la Vie*.

[2]. Celui-là même qui avait accompagné la famille en Italie. — Dans l'intervalle, le comte d'Orsay l'avait pris à son service.

je serai arrivé juste à ce moment de mon roman où j'aurai besoin de la vie, de la foule, de l'excitation des rues de cet admirable Paris.

Enfin le 28 juin, dans une lettre à Forster, il lui annonce l'événement capital de son séjour en grosses lettres majuscules :

Aujourd'hui, J'AI COMMENCÉ DOMBEY! Je n'ai écrit que la première page, mais la voilà, et je plonge jusqu'aux oreilles dans l'histoire...

A partir de ce jour, le démon du travail s'empare de Dickens, mais pas assez complètement cependant pour qu'il reste étranger à tout ce qui l'entoure ; son observation humoristique se saisit, au contraire, du fait le plus trivial pour lui donner une saveur pleine de charmes ; la sœur du fermier voisin se marie, et voici ce qu'écrit le romancier :

L'amour du Suisse pour la poudre, dans ces occasions intéressantes, est une des plus drôles de choses qu'on puisse imaginer... Pendant trois jours avant le mariage, mon voisin le fermier, s'interrompait au milieu de ses travaux, au moins une fois par heure, pour tirer des coups de fusil ; je croyais qu'il se livrait à la chasse des rats qui rongent les vignes ; nullement : il se soulageait l'esprit ; toute la nuit, lui et un cercle d'amis ont entretenu une fusillade perpétuelle sous les fenêtres des nouveaux époux... Les fiancées, ici, sont toujours vêtues en soie noire ; celle-ci a préféré le mérinos : « Car, a-t-elle dit à sa vieille mère, âgée de quatre-vingt-deux ans, j'aurai bientôt à porter votre deuil, et j'utiliserai cette robe... »

Cependant, jour après jour, les feuilles succédaient aux feuilles dans le manuscrit du premier numéro de *Dombey;* le grand calme qui l'enveloppait pesait parfois à Dickens pendant ces heures d'enfantement cérébral :

Le manque de la vie, du bruit et des agitations de la rue, me donne une nervosité, qu'il m'est impossible de décrire. J'écris lentement au début (lettre à Forster, du 5 juillet), mais j'espère avoir fini le premier numéro dans une quinzaine au plus tard. J'ai terminé le premier chapitre et commencé le second ; je ne veux rien vous dire encore des mérites de l'œuvre ni de son idée dominante, parce que je veux que votre sensation soit absolument neuve lorsque vous la lirez... J'ai certainement en réserve une grande surprise, pour les lecteurs à la fin du quatrième numéro[1]... J'éveille, dans ce livre, une sorte d'intérêt nouveau et particulier, qui demande à être traité avec beaucoup de délicatesse... Quand j'aurai fini ce premier numéro, je m'enfuirai peut-être pour quelques jours à Chamounix... Nécessairement ma pensée a été détournée du *Conte de Noël,* mais, après le premier numéro de *Dombey,* je m'y remettrai... Ce sera un soulagement... J'ai toujours l'idée du champ de bataille, les glaciers de Chamounix m'inspireront peut-être....

Huit jours plus tard :

Je crois que *Dombey* est très puissant... l'idée mère est susceptible de développements profonds... Il y aura des parties pleines de facétieuses exubérances, et d'autres, débordantes de tendresse. Je travaille avec acharnement... Je

---

1. Cette surprise ne vint que dans le cinquième numéro ; c'est la mort si pathétique du petit Paul Dombey.

vous enverrai le manuscrit mercredi ou jeudi... Faites imprimer en placards et lisez, mais suppliez Bradbury et Evans de garder un secret absolu... Il ne faut pas même ébruiter le nom du roman... La question des illustrations m'inquiète beaucoup, car il faut qu'elles soient extrêmement soignées... Le vrai Dombey est Sir A. E. of D's. Dites à Browne de tâcher de le voir et d'en prendre un croquis... Miss Tox sera très difficile à rendre. La famille Toodle ne doit pas être trop caricaturisée, à cause de la jolie Polly. Je prie Browne de méditer Suzanne Nipper, qui ne paraîtra pas dans le premier numéro. Dans le second, tous les personnages seront de neuf ou dix ans plus âgés ; cela ne changera pas grand'chose à leurs traits, excepté pour les enfants et pour miss Nipper.... Mais quelle idée de vous parler familièrement de tous ces êtres, qui, pour vous, sont encore des inconnus?.... Ça m'amuse. A propos, j'espère que vous aimerez la façon dont j'introduis Salomon Gills... J'estime qu'il vit dans une maison qui lui convient... Un mot encore : Que pensez-vous de ce titre pour le conte de Noël : *La Bataille de la Vie?*... Je ne l'ai pas cherché, il m'est venu tout d'un coup... Cette idée de bataille me tourmente ; la lumière ne se fait pas, mais je sens les labeurs de l'enfantement dans mon cerveau. Je crois que ce sera ma prochaine production. D'ailleurs, je serais content d'être débarrassé du conte de Noël, pour n'avoir plus à m'occuper que de *Dombey*.

Entre temps, Dickens fit avec Mme Dickens et sa belle-sœur miss Hogarth, une excursion à Chamounix ; une autre de ses lettres au comte d'Orsay, datée du 2 août, va nous la raconter :

Nous sommes passés par une route que les dames ne fréquentent pas habituellement ; nous avons traversé le col de Balme à dos de mulet : Figurez-vous Kate et Georgey,

montés sur ces animaux pendant dix heures de suite....
Nous sommes revenus par la Tête-Noire, qui est d'un aspect
différent, mais également magnifique. Le mont Blanc, la
vallée de Chamounix, la mer de Glace et toutes les merveilles
de ce stupéfiant pays dépassent tout ce qu'on peut prévoir;
je ne puis imaginer dans la nature quelque chose de plus
formidable et de plus sublime... Si j'écrivais à ce sujet maintenant, je divaguerais tout à fait, tant sont prodigieuses les
impressions ressenties... Le voyage à dos de mules est des
plus primitifs; chaque voyageur a son sac de nuit en croupe.
Un guide, un montagnard pur sang, toujours à pied, conduit
par la bride le coursier de Miladi (Miladi, c'est Kate); les
autres s'arrangent comme ils peuvent. La cavalcade s'arrête
à une cabane solitaire, pendant une heure et demie, vers le
milieu du jour, et déjeune brillamment sur ce qu'elle peut
trouver. En allant par le col de Balme, vous montez plus
haut, plus haut, toujours plus haut, pendant cinq heures;
votre regard plonge, du sentier étroit et à pic, sur des vallées
tellement profondes, que vous vous figurez être au sommet
de la terre et n'avoir plus que le ciel au-dessus de vous. Au
moment où vous arrivez à cette conclusion, un air différent,
pur et vigoureux, vous souffle au visage, et brusquement,
formidable dans le ciel lointain, se dresse le mont Blanc,
entouré de sa ceinture de montagnes qui paraissent toutes
petites à côté du Roi colossal; puis, tout autour, des déserts
de glace et de neige. des forêts de pins sur les croupes des
monts, des villages étincelants au fond de trous noirs, des
cascades, des avalanches, des pyramides et des tours de
glace, des ponts sur d'impétueux torrents... les montagnes
s'empilent les unes sur les autres, escaladant le ciel qu'elles
trouent... Ah! quelle concentration de toutes les beautés
dans ce coin du monde!... Nous avons eu des levers de soleil
et des clairs de lune, une atmosphère parfaitement transpa-
rente, sans un nuage, et le grand plateau, sur le dernier
sommet du mont Blanc, paraissait si clair jour et nuit qu'il

était difficile de croire qu'il y avait entre lui et nous une armée de crevasses et de précipices. On avait une envie presque irrésistible de se mettre en route et de grimper au haut de ce dôme étincelant.

En revenant, les voyageurs s'arrêtèrent pour visiter le château de Chillon :

La monotonie et la solitude insupportables des murs blancs et des tours, le fossé boueux, recouvert de son pont-levis, les sombres remparts, lui donnent un aspect morne, effrayant. Mais, à l'intérieur, il y a une cour entourée de prisons, d'oubliettes et de vieilles chambres de torture si terriblement tristes, que la mort elle-même n'impressionne pas aussi douloureusement.... Et.... oh! cette chambre à coucher criminelle du vieux grand-duc, là-haut dans la tour, avec son escalier secret qui conduit dans la chapelle où les chauves-souris se cognent contre les murailles crevassées!... Et le donjon de Bonivard!... Et l'horrible trappe par laquelle les prisonniers étaient précipités dans le lac!... et ce poteau à moitié brûlé qui se dresse dans la chambre de la torture, antichambre de la salle de justice! (de justice, Seigneur!) tout cela est affreux, et on se demande comment et pourquoi le Créateur a toléré l'existence du Monde au bon vieux temps, on se demande pourquoi il ne l'a pas broyé et réduit en poudre!...

Mais hâtons-nous de revenir avec Dickens à sa table de travail où l'attendent les personnages de *Dombey* et ceux du nouveau *Conte de Noël*. Sa correspondance avec Forster, pendant cette période, nous initie aux tracas, aux difficultés qui sont le lot de tous les grands artistes pendant la durée de la composition d'une œuvre; elle nous fait connaître certaines particularités spéciales à Dickens écrivain, telles par exemple, que ce besoin du mouvement d'une grande ville autour de lui pendant qu'il conçoit ; il a la nostalgie des rues, du gaz, de la foule, des promenades nocturnes dans les quartiers populaires et vicieux. Ses lettres sont remarquables à un autre point de vue ; elles nous montrent que le grand romancier attachait à ses œuvres une importance excessive. Quand il projetait un roman ou une simple nouvelle, c'était avec la conscience de sa puissance sur la foule, et il avait souci de n'exercer jamais cette force que pour le bien de l'humanité. De là cette façon de parler de lui, de l'œuvre en train, de ses personnages, avec une chaleur que des critiques superficiels ont prise pour de l'orgueil et de la présomption. Dickens n'était ni vaniteux ni présomptueux, mais il avait une individualité intense qui lui faisait accorder une grande valeur à tout ce qu'il essayait d'accomplir. C'est à cette qualité qu'est due, en partie, la perfection avec laquelle chaque parcelle de son œuvre, même la plus secondaire, est traitée. L'auteur de *Pickwick* avait foi dans l'avenir, et certes il ne se trompait pas sur le jugement de la postérité. En 1845, la *Revue britannique* qui, par la plume d'Amédée Pichot, fut la première à faire connaître Boz aux lecteurs français, prophétisait que l'avenir ne ratifierait pas l'engouement du public pour le créateur de *Monsieur Pickwick* ; le bon Pichot, dans cette circonstance, ne fut pas meilleur prophète que lorsqu'il prédit la chute définitive et complète d'Honoré de Balzac, et, si Pichot vit encore dans l'avenir, ce sera surtout grâce à son agréable traduction des *Contes de Noël* de l'immortel Dickens.

Voici quelques extraits bien caractéristiques de cette partie de la correspondance de l'humoriste à laquelle nous venons de faire allusion :

> Vous pouvez difficilement vous figurer le mal infini que je me donne et la difficulté que j'éprouve à faire *vite*. L'invention, Dieu soit loué ! ne me fait aucunement défaut, et, après ce long repos, j'ai le sens du ridicule si abondamment développé que je suis continuellement obligé de mettre un frein à mon exubérante gaieté... mais, je le répète, j'éprouve une difficulté extrême à prendre une allure rapide.... cela m'est devenu presque impossible... Je suppose que cela tient en partie à mes deux années d'oisiveté, mais surtout à l'absence des rues et des passants autour de moi... Je ne puis vous dire combien les rues et la foule me manquent. Il semblerait qu'elles fournissent à mon cerveau une nourriture dont je ne puis supporter la perte. Pendant une semaine, une quinzaine même, je puis écrire prodigieusement dans un endroit retiré (comme à Broadstaire), puis un jour à Londres me remet ; mais le labeur et la fatigue d'écrire, jour après jour, sans cette lanterne magique sont immenses. Je ne dis pas ceci avec un sentiment de découragement, car nous sommes parfaitement «*confortables*» ici et j'aime beaucoup ce pays ; je mentionne ce fait comme curieux et parce que c'est la première fois que j'ai l'occasion de l'observer. Mes personnages ont des dispositions à s'immobiliser lorsque la foule ne vit pas autour d'eux. J'ai écrit très peu à Gênes (rien que les *Cloches*), et j'avais cependant de longues rues, éclairées la nuit, et un grand théâtre où je pouvais me rendre tous les soirs.....

Second extrait une semaine plus tard :

L'absence des rues continue à me tourmenter d'une façon très singulière, maintenant que j'ai une si lourde tâche à accomplir. C'est un phénomène mental : si j'avais des rues autour de moi, je ne m'y promènerais pas le jour, mais, c'est la nuit qu'elles me manquent. Je ne puis me débarrasser de mes spectres que si je les égare au milieu de la foule.... Quand j'aurai fini le *Conte de Noël*, je m'enfuirai à Genève, pour un jour ou deux, avant de reprendre *Dombey*. J'aime de plus en plus ce pays-ci ; je n'ai jamais connu de gens plus agréables, que ceux qui composent notre petit cercle, cercle si petit qu'il n'y a pas place pour un seul « crampon ». L'intérêt que tout le monde porte à l'*Inimitable*, va croissant de jour en jour. Hier soir, je leur ai lu le premier numéro de *Dombey* avec un succès qui ne se peut décrire. Une vieille dame, très fine, a deviné tout de suite que le petit Paul devait mourir, mais je ne lui ai pas dit qu'elle avait deviné juste. Mes auditeurs étaient tous si attentifs, que c'était un vrai plaisir de leur lire ; leur enthousiasme n'a plus connu de bornes quand je leur ai promis la lecture du *Conte de Noël*.

Ce succès fit naître en lui une idée qui, pour son malheur, devint une réalité. Ces lectures publiques de certaines parties de son œuvre, dans lesquelles il déploya ses incroyables qualités de mime et d'acteur, et dont nous aurons bientôt à nous occuper, furent, sans aucun doute, parmi les causes principales de sa fin prématurée. La fatigue qu'elles lui occasionnèrent, la surexcitation nerveuse qui était la conséquence de chacune de ces séances, durent être fatales à la santé de Dickens, comme elles le furent à l'égalité de son caractère. Mais n'anticipons pas. Dans sa correspondance de Lausanne nous trouvons les traces premières de ce projet de lectures publiques ; le ton moitié plaisant ne cache qu'à demi la sincérité du désir :

Je pensais, l'autre jour, qu'en ces temps de lectures et de conférences, beaucoup d'argent pourrait être gagné par un auteur qui lirait ses propres ouvrages. En tout cas, ce serait original, et je suis sûr que l'entreprise aurait un grand succès... Qu'en dites-vous ?... Allez donc jusqu'à Dean-street, et voyez si la salle de miss Kelley est occupée pour longtemps... ou peut-être ferais-je aussi bien de prendre la salle Saint-James.

Bientôt les difficultés qui devaient résulter de la composition simultanée de deux œuvres d'imagination, se dressèrent cruellement dans l'esprit de Dickens ; le 26 septembre il écrit à son ami Forster :

Je vais vous donner une nouvelle inattendue. J'ai peur que cette année, il n'y ait pas de *Conte de Noël;* je voudrais être à Londres pour vous expliquer cela de vive voix, et ma première impulsion a été de m'y rendre... J'ai écrit environ un tiers du *Conte.* Il promet d'être joli ; l'idée est neuve, je crois, mais la traiter sans une intervention surnaturelle, impossible à introduire maintenant, et faire marcher naturellement les événements dans un si court espace, me semble si terriblement difficile (surtout étant donné la conception continuelle requise par *Dombey*), que j'ai peur de me surmener et d'échouer dans l'œuvre principale. Si je n'avais que le *Conte de Noël*, en tête, je le ferais, mais je suis terrifié à l'idée que je serai épuisé lorsque, le *Conte* étant fini, je voudrai reprendre *Dombey*... C'est décidément un mauvais système de commencer deux romans à la fois ; c'est la première fois que cela m'arrive et je n'y serai pas repris.

Mais le génie créateur d'un homme comme Dickens ne s'épuise pas pour quelques efforts violents. Il lui suffit d'aller passer quelques jours à Genève pour revenir aussi dispos, aussi en train que si rien n'était arrivé. A son retour, il reprit le manuscrit du *Conte de Noël* et le termina en trois semaines (du 3 au 20 octobre).

Du 20 octobre au 5 novembre, Dickens et sa smala demeurèrent à Genève, où ils assistèrent à la pacifique révolution de 1846. Ils revinrent à Rosemont pour faire leurs adieux, et, le 10 novembre, ils quittèrent ce beau paysage de Lausanne pour se rendre à Paris en poste. L'auteur de *Pickwick* allait faire son premier séjour un peu étendu dans la capitale de la France, et c'est lui-même qui, dans les deux chapitres suivants, fera part au lecteur de ses aventures et de ses impressions. Sans l'interrompre, sans altérer en rien l'expression de ses sentiments au sujet de notre patrie, nous le laisserons raconter d'abord son voyage, puis ses expériences quotidiennes de la vie et de la société de Paris; c'est, en un mot, son journal qu'on va lire, journal que nous avons reconstitué au moyen des nombreuses lettres écrites de Suisse ou de Paris à Forster, à lady Blessington, au comte d'Orsay, à beaucoup d'autres; car, différent en cela de la plupart des écrivains, l'humoriste était un excellent correspondant; si nous avons donné à ces importants chapitres la forme du journal, c'est qu'il nous a semblé que l'on goûterait mieux la saveur des remarques faites par Dickens sur nous et sur nos habitudes en les lisant d'un seul trait et telles qu'elles furent écrites, à l'envolée, sans arrière-pensée et au jour le jour. Qu'on nous permette cependant, avant de laisser la parole à l'auteur, d'évoquer dans l'imagination du lecteur, par quelques traits rapides, sa physionomie à cette époque. On l'entendra mieux si on le voit.

En 1846-47, Dickens était, physiquement et intellectuellement, dans tout l'éclat de sa force ; de taille moyenne (cinq pieds deux pouces anglais), vigoureux et serré dans sa stature, bien découplé, il possédait une activité physique et un besoin de mouvement extraordinaires. Il avait le front massif, le nez fin, d'une grande mobilité, la bouche spirituelle et bonne, le teint mat, pas un atôme de barbe ou de moustaches[1], de longs cheveux bruns et bouclés ; quant aux yeux, ils étaient tellement larges, tellement lumineux, ils changeaient si vivement de nuance et d'expression, qu'il eût été difficile d'en déterminer la couleur ; il était, dans sa mise, d'une élégance recherchée, et nous savons déjà, par une lettre à Macready, qu'il avait la passion des beaux gilets bien voyants. Enfin, il y avait dans le regard, dans le sourire, dans le maintien de cet homme célèbre, une puissance de bonté si attirante que, du premier coup, les plus indifférents demeuraient sous le charme. Une lettre d'une très aimable correspondante qui fut sa voisine à Paris, alors qu'elle n'était qu'une toute jeune fille, nous fournira le coup de crayon final :

---

1. Il laissait cependant pousser ses moustaches pendant ses voyages.

« Il me suffisait, écrit-elle, de le rencontrer par hasard le matin sur le palier, de le voir me saluer et me sourire, pour me sentir meilleure et plus heureuse pendant le reste de la journée. »

CHAPITRE II[1]

Villa Rosemont. — Lausanne.
Novembre 1846.

Je serai très ému en disant adieu à Lausanne ; nulle part, je n'ai aussi bien travaillé, il me faudra une forte dose de courage pour m'arracher à toutes ces bonnes amitiés qui m'enveloppent d'une atmosphère d'affection ; c'est ici, je m'en souviendrai toujours, en face de ce lac tranquille, sous la garde de ces pics neigeux, que l'inspiration me venait si facile, fraîche et vivifiante comme la brise qui me frappait le visage ; c'est ici que mon cerveau a donné naissance au petit Paul Dombey, et c'est en me promenant le soir à travers les vallées mystérieuses que j'ai vu surgir les uns après les autres tous les personnages de la *Bataille de la Vie*. Et pourtant, il faut que je parte. Ma nature physique est la proie d'un besoin singulier, mais impérieux ; lorsque je suis à l'œuvre, possédé d'une idée littéraire, il me faut de temps à autre de brusques changements d'endroit et de milieu, sans cela je m'endormirais, je m'abêtirais.... D'ailleurs, si jamais je reviens habiter la Suisse, ce que j'espère, je m'établirai sur les hauteurs. L'air des vallées est trop lourd pour moi, et parfois je sens mon intelligence comme envahie par l'influence du goîtreux et du crétin[2].

1. Pour ne pas interrompre le récit nous citons en notes les lettres d'où sont extraits les différents morceaux qui composent ce journal.
2. Extrait de deux lettres à John Forster. Lausanne, octobre et novembre 1845.

Ainsi donc, c'est décidé... Dans quelques jours nous nous mettrons en route pour ce Paris, que mon imagination doue à l'avance de toutes les splendeurs des *Mille et une Nuits*.... Y arriverons-nous seulement ? c'est affaire à la Providence, car les routes sont mauvaises, les voitures sont rares et les voituriers difficiles. Je compte me procurer à Genève ces deux derniers articles. En attendant, la villa Rosemont est sans dessus dessous. Au rez-de-chaussée, madame la cuisinière, Roche mon courrier, et mes autres domestiques emballent l'argenterie et la vaisselle, avec un fracas horrible. En haut, ma pauvre Kate, aidée de la nourrice, entourée de Georgey, Mamey, Katy, Charley, Walley, Chicken-Stalker et du baby[1], qui veut toujours boire, empile désespérément d'énormes quantités de linge, dans un nombre prodigieux de boîtes immenses[2].

Pour moi, je ne travaille plus du tout, et je passe des heures entières à ma fenêtre, observant mes voisines. Mes voisines sont deux vieilles demoiselles anglaises, qui jadis étaient quatre, quatre sœurs. Deux sont mortes et dorment paisiblement dans le petit cimetière de Lausanne, à côté de John Kemble ; les deux qui vivent sont très petites, très ratatinées, très branlantes ; elles portent chacune une perruque, dont les frisons de devant tombent si bas, que le front disparaît entièrement. Au-dessus des sourcils, il y a une grande ride, unique, horizontale et profonde, et immédiatement

---

1. Noms de la femme, de la belle-sœur et des enfants de Dickens. Chicken-Stalker est un surnom. L'humoriste avait l'habitude de donner à ses enfants les surnoms les plus extraordinaires ; de plus, il les changeait continuellement, ainsi l'infortuné Chicken-Stalker, s'est successivement appelé Sampson Brass et *Skitles*. — Chicken-Stalker veut dire : « Qui marche comme un poulet » ; Sampson Brass, est le nom d'un personnage du *Magasin d'antiquités*, et *Skitles* peut se rendre par : « Abatteur de quilles ». Au courant de ce récit, Dickens nous dira lui-même pourquoi il avait ainsi baptisé un de ses enfants.

2. Extrait d'une lettre à lady Blessington (Lausanne, novembre 1846), publiée dans la correspondance.

ensuite les petits tire-bouchons de la perruque très régulièrement alignés. Elles vivent d'un modeste viager, qui leur suffit amplement, et voilà treize ans que ces deux excellentes vieilles brûlent du désir d'aller finir leurs jours en Italie, là-bas, de l'autre côté des montagnes. La plus âgée dit que la Suisse ne lui convient pas, que l'humidité la fera certainement mourir, et cependant toutes deux restent là, fidèles, résignées... Elles restent là à cause des « Livres ». — Vous comprenez, monsieur, il serait impossible de déménager les « Livres » ! de faire passer les « Livres » par-dessus les cimes couvertes de neige.... Cette immense bibliothèque appartenait autrefois au père des quatre vieilles demoiselles et se compose, en tout, d'une cinquantaine de volumes. Je n'ai jamais pu les examiner de près, car une des deux sœurs est toujours assise devant, comme pour les défendre, mais extérieurement et de loin, ils ont l'air d'anciennes boîtes à tric-trac. Les deux défuntes sont mortes dans la ferme conviction que, pour transporter par delà les monts un trésor aussi précieux, il faudrait un effort gigantesque dont elles se sentaient incapables. Les deux autres vivent et mourront sans doute, dans la même croyance... Hier, j'ai rencontré la plus âgée, toussotant et se traînant, plus pâle et plus courbée que d'habitude, et je lui ai conseillé d'aller à Gênes ; elle n'a rien dit d'abord, mais a jeté sur les hauts sommets, couverts de neige, un regard attentif et soupçonneux, puis, de sa voix toute faible, qui semble déjà appartenir à l'autre monde : « Merci, monsieur Dickens... je ne dis pas non..... oui, oui certes, quand le printemps sera bien établi, qu'il n'y aura plus d'avalanches, que les sentiers seront bien libres, oui certes, nous essaierons d'aller là-bas, si toutefois nous trouvons d'ici là un moyen d'emporter les « Livres[1]. »

. . . .

---

1. Lettre à John Forster, Lausanne, septembre 1846.

> Genève, novembre 1846,
> Hôtel de l'Écu.

Nous voici arrivés à la première étape de notre long voyage. Je cours à travers la ville, à la recherche de véhicules capables de me transporter, moi, ma femme, mes sept enfants et mes cinq domestiques jusqu'à Paris, par-dessus le Jura, à travers la neige, à travers la glace, à travers l'hiver, sans nous casser bras et jambes. Roche, mon courrier, que j'ai justement surnommé « le Brave », cherche de son côté, et nous avons presque arrêté quelque chose de passable. Rien de comparable, par exemple, à l'extraordinaire voiture de lord Vernon, qu'il m'a été donné d'examiner en détail. Une fois dans cette voiture, vous touchez un bouton : v'lan ! un fauteuil paraît... un autre bouton : v'lan ! un lit se déroule... un troisième bouton : v'lan ! un garde-manger s'ouvre... Dans cette maison roulante il y a tout... Depuis le flacon de pickles jusqu'à la bouteille de champagne[1] !

Et maintenant il faut que je relate dans des termes aussi décents que possible, certaine scène de haute société cosmopolite, scène à faire dresser les cheveux sur la tête de tout gentleman anglais ayant quelque idée du progrès....

Il y a en ce moment-ci, à l'hôtel de l'Écu, une certaine lady A. et une certaine lady B., la mère et la fille. Ces dames nous ont vus, paraît-il, en Italie, et se sont prises d'une certaine admiration pour votre très humble serviteur « l'Inimitable Boz »... Donc, ayant rencontré ledit Boz sur le palier, elles n'ont fait grâce aux boutons de sa redingote, contre lesquels elles s'acharnaient d'une façon très alarmante, qu'à l'expresse condition qu'il viendrait, accompagné de sa meilleure moitié, dîner le lendemain soir en leur compagnie. C'est pourquoi hier vendredi, sur les sept heures de relevée,

---

1. Lettres à John Forster, Genève, novembre 1846 ; à Savage Landor, Lausanne, août 1845.

Kate et moi sonnions à la porte de ces nobles dames. J'ai oublié de dire qu'elles sont, toutes les deux, charmantes ; la plus jeune très jolie, et toutes deux d'une excentricité qui côtoie la folie. Connaissant ce dernier détail, je fus médiocrement surpris de certains grands écarts de conversation auxquels lady B. se livra pendant le dîner. Mais ma pauvre Kate devenait cramoisie, et faisait ses yeux ronds...

Cependant le repas se termina et nous passâmes au salon[1] : — Vous fumez, n'est-ce pas? me dit lady B. que j'avais reconduite. — Oh! quelquefois après dîner et quand je suis seul, un cigare! -- Parfait... je vais vous en donner un fameux tout à l'heure...

Et elle me quitta en sautillant, pour aller au-devant d'une dame américaine qui faisait son entrée... Cette dame américaine avait une figure duvetée et peinte, des seins en offrande, un œil au grog, une robe très décolletée en satin bleu, des souliers pareils, et une fille pareille... pardon... je veux dire une fille également décolletée, également en satin bleu, l'œil pas encore au grog, mais sur le point de le devenir... Bref, on nous présente... Lady B. s'éloigne et revient avec une boîte à cigares qu'elle nous offre en disant : « Des têtes de nègre, cher auteur,... capables d'abattre un éléphant en six bouffées!... » Bien! J'allume mon cigare, lady B. en prend un, me demande du feu à la française, s'allume, va vers le foyer, tourne le dos au feu, écarte les jambes, croise les bras, avance la poitrine, et, dans une ravissante grimace, fait sortir de sa jolie bouche des spirales de fumée à rendre jalouse la plus haute cheminée d'usine de Manchester. Très bien!! Aussitôt la dame américaine et la demoiselle américaine prennent chacun leur cigare et s'allument .. De mieux en mieux!!! Aussitôt entrent deux messieurs français qui se dirigent rapidement vers la boîte, prennent chacun leur cigare et s'allument... Complet!!!! Et nous voilà tous les sept,

1. Lettre à John Forster (Genève, août 1846).

quatre femmes, trois hommes, gravement occupés à remplir le salon de nuages impénétrables. Ma pauvre Kate tousse, mais on n'y prend pas garde, rougit, mais on ne peut la voir, gagne la porte, mais personne ne s'aperçoit de sa disparition[1].

Notez que ceci se passait dans un grand hôtel, au milieu d'un va-et-vient continuel de domestiques, et jugez à la fois de ma stupeur et de ma force de caractère, car je n'ai pas bronché et pourtant c'était la première fois que je voyais un cigare entre les lèvres d'une femme[2] . . . .

. . . .

Nos moyens de transport sont enfin découverts. Ils se composent de trois véhicules :

1° Une sorte de charrette pour les bagages, avec un devant en forme de cabriolet ;

2° Une horrible escarpolette sur quatre roues, mais qui a l'avantage d'être couverte et d'être assez grande pour contenir tous les marmots, la nourrice et les bonnes.

3° Enfin pour Kate, Georgey et moi, une berline de voyage qu'un citoyen de la nouvelle république[3] m'a louée, à la dure condition que je m'engagerais d'honneur à la vendre en arrivant à Paris... Les chevaux sont commandés, les relais préparés... Lundi nous dirons un long adieu à la Suisse[4]. . .

. . . .

Paris, 22 novembre 1846.
Hôtel Brighton.

Nous sommes ici depuis hier au soir. La procession de nos trois voitures à travers la capitale de la France a créé

---

1. Lettre à John Forster. Août 1846, Genève.
2. Lettre à John Forster. Août 1846, Genève.
3. Genève venait de faire sa pacifique révolution.
4. Lettre à M. Cerjat, publiée dans la correspondance, volume IV. — Tauchnitz.

une certaine sensation, et nous avons été reçus dans la cour intérieure de l'hôtel par le personnel en tenue de gala et au grand complet... C'est le cœur rempli de tristesse que nous avons vu Genève disparaître dans les brouillards de l'horizon, et j'avoue, pour ma part, que lorsque Cerjat, après nous avoir fait la conduite, m'a serré une dernière fois la main, j'ai été tenté de prendre une des bouteilles de punch qui se trouvaient dans le coffre, et de la vider jusqu'à la dernière goutte pour me donner du courage... Notre voyage s'est, d'ailleurs, passé de façon assez gaie et sans beaucoup d'ennuis... Les routes étaient mauvaises, pas trop pour la France... les auberges tolérables et les repas satisfaisants. Les enfants ont été gentils comme d'habitude et Skittles (l'abatteur de quilles), lui-même, n'a pas trop pleurniché... Abatteur de quilles est le nouveau nom de Sampson Brass; je trouve que cette expression va bien à sa physionomie de pilier d'auberge[1].

Le premier soir, nous nous sommes arrêtés dans un gros bourg dont le nom m'échappe, le second soir à Auxonne où il y a une grande coquine d'auberge, pleine d'interminables corridors, rendez-vous de tous les vents des quatre points cardinaux... puis à Montbars, puis à Sens, puis ici, soit un total de cinq jours... En passant le Jura il faisait un froid terrible, mais après Pontarlier la température s'est beaucoup adoucie. Quand nous sommes arrivés à la frontière, le jour commençait à poindre et la brume était intense; tout à coup, surgissant des profondeurs du brouillard, des hommes aux costumes étranges ont envahi nos voitures. Réveillé en sursaut, j'ai mis la main sur mes pistolets croyant avoir affaire à des brigands : Ah! c'était bien pire! c'étaient des douaniers... Ces gentlemen nous ont fait descendre, malgré le froid, la pluie et la brume, en dépit des protestations de

---

[1]. Il avait *huit mois*. Lettre à M. Cerjat. — Correspondance, vol. IV, Tauchnitz.

Kate, des jurons énergiques du courrier, de mon air à la fois
digne et courroucé : ils ont déchargé nos innombrables colis,
ils ont ouvert toutes nos malles, ils ont compté et pesé pièce
par pièce tout le service d'argenterie, ils ont feuilleté l'un
après l'autre tous mes livres, ils ont questionné, fourragé,
bousculé, grommelé, pendant que le capitaine de la bande
nous dévisageait, l'air important, le front plissé, l'œil soupçonneux... Enfin, après trois mortelles heures, ils ont con-
senti à nous laisser repartir [1].

Ici, au débotté, j'ai été accroché par Bruffum [2] plus original, plus négligé que jamais. Il y a toujours, comme par le
passé, 'solution de continuité entre son gilet et son pantalon... Trois ou quatre boutons manquaient à son paletot, et
les plis dudit paletot étaient remplis d'une couche de poussière tellement épaisse qu'on aurait pu y faire pousser du
cresson. Du reste, il ne soupçonne même pas l'excentricité
de sa mise, et se promène par les rues avec un dandinement vainqueur [3].

Quand je voyage seul j'aime assez la vie d'hôtel, mais
avec le nombre d'enfants, de domestiques et de bagages qui
m'entourent, elle devient impossible; c'est pourquoi dès
demain je me mets à la recherche d'un appartement. . . .

Paris, décembre 1846.

Je suis en pleine chasse aux appartements... du soir au
matin je chasse... Oh! ces Parisiens, ils sont furieusement
polis et terriblement voleurs ; ils vous caressent d'une main
et fouillent votre poche de l'autre. Ici, aucune bassesse ne
coûte au propriétaire qui veut louer son immeuble ; il y en a

---

1. Lettre à M. Cerjat. Correspondance, vol. IV. Tauchnitz. — Lettres
à J. Forster.
2. Surnom donné à lord Brougham par ses amis.
3. Lettre à lady Blessington. Paris, décembre 1846.

un qui m'a juré qu'il aimait le duc de Wellington comme un père[1].

Aujourd'hui, en rentrant, j'ai vu le roi Louis-Philippe traverser les Champs-Elysées. Il y avait deux voitures; celle du roi était entourée de gardes du corps à cheval; elle allait très vite et le roi se dissimulait autant que possible dans une encoignure. De la part des passants très nombreux, aucune manifestation, pas de saluts, pas de hourrahs, une curiosité indifférente, un silence morne. C'est toujours un spectacle étrange pour un Anglais que la vue du préfet de police, à cheval à cent mètres en avant de la voiture du roi, tournant continuellement la tête, tantôt à droite, tantôt à gauche, pareil aux automates des horloges de Hollande, scrutant du regard tous les passants et paraissant soupçonner un conspirateur derrière chacun des arbres de la longue avenue. Pauvre peuple! le plus intelligent, le plus spirituel, le plus généreux des peuples, le plus incapable de se conduire ou d'être conduit!... Le gouvernement actuel tombe sous le mépris général; la fortune sourirait-elle à mon ami le prince Taciturne[2]?

Paris, 1846.
48, rue de Courcelles.

Nous habitons, depuis huit jours, 48, rue de Courcelles, faubourg Saint-Honoré, la maison la plus ridicule, la plus extraordinaire, la plus absurdement construite du monde entier... Par le Ciel! il est impossible à l'imagination la plus délirante de se figurer quelque chose de pareil à cette maison. C'est tout à la fois une maison à poupée, une cave, un château fort, un théâtre et une église. Une des chambres est une tente, une autre chambre une tourelle, une autre un

---

1. Lettre à Savage Landor. Paris, 1846.
2. Deux lettres: l'une à Savage Landor, Paris, décembre 1846, publiée dans la correspondance; l'autre à J. Forster, Paris, 1846. — Le prince Taciturne est le surnom que le comte d'Orsay avait donné à son ami le prince Louis Bonaparte.

décor d'opéra, une autre une sacristie. Les pièces d'en haut ressemblent à ces jours de souffrance qu'on pratique au-dessus des portes cochères ; quant à l'appartement des enfants, impossible de le décrire. Cette habitation a cinquante pieds de long et dix-huit pieds de haut. Les chambres à coucher sont exactement de la dimension d'une loge de théâtre. Il y a une petite cour devant, un petit jardin derrière, il y a une petite niche de concierge, un petit cordon, une petite porte, etc., etc... Enfin, c'est ce que les Parisiens appellent un petit hôtel... Le tout appartient à un certain marquis de Castellane. J'ai pu cependant installer une table de travail dans le salon, la seule pièce possible de cette étrange demeure, et je me suis remis à *Dombey*, en attendant la visite de Forster, qui s'annonce... Grands dieux ! J'allais oublier la perle de l'édifice... la salle à manger !... Elle est d'invention anglaise ; elle doit le jour à mon prédécesseur, un nommé Henri Bulwer ; ledit Bulwer, après avoir fait exécuter ce chef-d'œuvre de son imagination, en a été tellement épouvanté qu'il s'est enfui sur l'heure, et que depuis on ne l'a jamais revu. Le temps est épouvantable ; il neige à verse, notez qu'il n'y a pas dans toute la maison, et je crois qu'il n'y a pas dans tout Paris, une porte ou une fenêtre qui ferme d'une façon convenable [1].

Paris, décembre 1846.
48, rue de Courcelles.

J'ai dîné l'autre soir à l'ambassade d'Angleterre, chez lord Normanby ; il est toujours aussi charmant, aussi accueillant, aussi peu formel, mais je lui ai trouvé l'air soucieux, et il ne m'a pas caché que les relations entre l'Angleterre et la France étaient extrêmement tendues et qu'il commençait à s'effrayer de la responsabilité qui lui incombe [2]. Ce pays est

---

1. Extrait d'une lettre à M. Cerjat, Paris, 1846, et d'une lettre à M. Forster. Paris, 1846.
2. Lettre à John Forster. Paris, 1846.

rongé par une lèpre secrète ; il y a, dans l'air du peuple, ce je ne sais quoi, impossible à rendre, qui annonce une révolution... La misère est horrible, et le froid excessif l'augmente encore. Pour ma part, je suis littéralement assiégé par la bande des mendiants et des solliciteurs. On m'attend à ma porte, on me suit par les rues, on m'écrit des lettres navrantes adressées dans un but de flatterie :

A Monsieur Dickens, le romancier célèbre.

Beaucoup de ces pétitions sont signées par des gens qui se qualifient : « Chevalier de la garde impériale de Sa Majesté Napoléon le Grand. » Il y a de ces lettres revêtues de cachets énormes, et d'armoiries aussi larges qu'une pièce de cinq shillings [1]. . . . .
. . . .
J'ai pour voisin un brave homme avec lequel je suis en correspondance. Son nom est BARTHÉLÉMY. Il s'enveloppe d'une cape espagnole prodigieuse, et se couvre la tête d'un chapeau mou, aux gigantesques bords. Sa barbe est immense et ses longues boucles noires flottent sur ses épaules. Il est poète. Il s'est présenté chez moi et y a laissé une carte dont voici le fac-similé :

Mon domestique lui ayant répondu que je n'étais pas visible, j'ai reçu de mon voisin une lettre m'informant que lui aussi était littérateur : « En me présentant chez vous, ajoutait-il, j'ai voulu rendre hommage à votre réputation

---

1. Lettre à John Forster. Décembre 1846.

distinguée; je n'ai pas été reçu et je ne suis pas habitué à cette sorte de procédés. Je prie donc M. Dickens d'oublier mon nom, ma mémoire, ma carte et ma visite, et de considérer qu'elle n'a pas été rendue[1]. » — J'ai répondu à cet irascible poète, le plus poliment du monde, protestant de mon estime pour lui, et m'excusant de ce qu'il y avait toujours deux semaines au commencement de chaque mois, où M. Dickens ne pouvait rendre visite à personne. Réplique immédiate et apologétique du voisin barbu... Il se déclarait plus que satisfait de mon excuse, son cas était identique au mien ; « seulement moi, ajoutait-il, c'est à la fin du mois que je ne puis voir personne. A cette époque, je tombe généralement aussi dans des humeurs noires, qui approchent de l'antropophagie[2]. »

Paris, janvier 1847.

J'ai eu l'idée singulière de terminer l'année par une visite à la Morgue... J'y suis entré le soir; il n'y avait personne; dans sa loge, le gardien, un homme en uniforme, à la figure paternelle, fumait sa pipe et donnait à manger à des linottes qui chantaient dans leur cage. Sur les dalles, il n'y avait qu'un mort, un vieillard qu'on avait trouvé étranglé la veille, et cela m'a paru étrange que quelqu'un se soit donné la peine d'arrêter les faibles battements d'un cœur aussi vieux, aussi fatigué... La nuit tombait, la grande salle de la mort était vide, et, ainsi étendu, tout seul, avec ses longs cheveux gris tombant sur ses maigres épaules, ce vieux m'est apparu comme le cadavre de cette triste et froide année 1846.

Mais je sens que je deviens inimitable et je m'arrête[3].

---

1. Cette phrase est en français dans l'original.
2. Lettre à J. Forster, 1846.
3. Lettre à Savage Landon, Paris, 1846.

CHAPITRE III

RECOMMANDATIONS A FORSTER.

Vous n'ignorez pas qu'en débarquant, vous serez assailli par les horribles hurlements de tous les gamins de Boulogne. Vous passerez à travers leur double rangée, raide, imperturbable, digne, semblable à la princesse qui gravissait la montagne à la recherche de l'oiseau parlant. Mais n'oubliez pas de faire un léger signe au commissionnaire de l'Hôtel des Bains, que je vous envoie moi-même. Voici alors ce qui aura lieu. Laissez-moi me servir de la forme dramatique :

On introduit les voyageurs dans un petit bureau où il y a des soldats, et un monsieur à barbe noire, qui écrit[1] :

Barbe noire. Monsieur, votre passe-port... — *Monsieur.* Monsieur, le voici. — *Barbe noire.* Où allez-vous, Monsieur? — *Monsieur.* Monsieur, je vais à Paris. — *Barbe noire.* Quand allez-vous partir? — *Monsieur.* Monsieur, je vais partir aujourd'hui avec la malle-poste. — *Barbe noire.* C'est bien *(au gendarme)* : Laissez sortir Monsieur! — *Le Gendarme.* Par ici, Monsieur, s'il vous plaît... Le gendarme ouvre une très petite porte, Monsieur se trouve subitement entouré de tous les gamins, agents, commissionnaires et polissons en général, de Boulogne, qui s'élancent sur lui en poussant des cris épouvantables. Monsieur est, pour le moment, tout à fait effrayé et bouleversé. Mais Monsieur reprend ses forces et dit à haute voix: « Le commissionnaire de l'Hôtel des Bains?» *Un petit homme* (s'avançant rapidement et souriant douce-

---

1. A partir de cet endroit, tout le passage est en français, dans l'original.

ment) : « Me voici, Monsieur.... monsieur Fors-Tair, n'est-ce
pas ? » Alors... alors Monsieur se promène à l'Hôtel des Bains,
où Monsieur trouvera qu'un petit salon particulier, en haut,
est déjà préparé pour sa réception, et que son dîner est déjà
commandé aux soins du brave courrier à midi et demi. —
Monsieur mangera son dîner près du feu, avec beaucoup de
plaisir, et il boira du vin rouge à la santé de monsieur Boze
et sa famille intéressante et aimable. La malle-poste arrivera au bureau de la poste aux lettres, à deux heures, ou
peut-être un peu plus tard, mais Monsieur chargera le commissionnaire de l'y accompagner de bonne heure, car c'est
beaucoup mieux de l'attendre que de la perdre. La malle-
poste arrive, Monsieur s'assiéra aussi confortablement qu'il
le peut, et il y restera jusqu'à son arrivée au bureau de la
poste aux lettres à Paris, parce que le convoi (train) n'est pas
l'affaire de Monsieur, qui continuera s'asseoir dans la malle-
poste, sur le chemin de fer et après le chemin de fer, jusqu'à
ce qu'il se trouve à la basse-cour du bureau de la poste aux
lettres à Paris, où il trouvera une voiture qui a été dépêchée
de la rue de Courcelles quarante-huit. Mais Monsieur aura la
bonté d'observer : Si le courrier arrivait à Amiens après le
départ du convoi à minuit, il faudra y rester jusqu'à l'arrivée
d'un autre convoi, à trois heures moins un quart. En attendant, Monsieur peut rester au buffet (*refreshment room*), où
l'on peut toujours trouver un bon feu et du café chaud et des
très bonnes choses à boire et à manger pendant toute la
nuit. — Est-ce que Monsieur comprend parfaitement toutes
ces règles pour sa guidance ? — Vive le roi des Français ! roi
de la nation la plus grande, et la plus noble, et la plus
extraordinairement merveilleuse du monde ! A bas les
Anglais !

CHARLES DICKENS,
Français naturalisé et citoyen de Paris[1].

. . . .

1. Lettre à J. Forster. Paris, janvier 1847.

Paris, janvier 1847.

Depuis que Forster est ici, nous entassons visites sur visites, excursions sur excursions, promenades sur promenades. Nous sommes un jour à Versailles, un autre jour dans les prisons, un soir à l'Opéra, un autre soir au Conservatoire, tantôt dans les hôpitaux, tantôt à l'Académie, tantôt à la Morgue... souvent, très souvent, le plus souvent possible au théâtre.

Ma passion pour les planches augmente dans ce pays, où l'art théâtral est véritablement arrivé à la perfection. Nous sommes guidés sur la scène et à travers les méandres des coulisses par notre excellent ami Régnier; il nous a donné grandes et petites entrées à la Comédie-Française, et c'est ainsi que nous avons pu assister à la reprise très fructueuse du *Don Juan* de Molière. L'interprétation en est admirable, et il est curieux d'observer combien le Don Juan français et son valet diffèrent de l'idée que nous nous formons, nous autres Anglais, des relations qui doivent exister entre le maître et le serviteur. Nous sommes également allés voir *Gentil-Bernard* aux Variétés. Là encore, les acteurs sont tout bonnement parfaits. Du commencement à la fin, vous diriez d'un joli petit tableau de Watteau, dont les personnages s'animeraient sous la baguette d'un magicien. Quant à la revue annuelle du Palais-Royal, elle me semble assez médiocre; il y a cependant une scène vraiment comique; c'est celle qui représente Alexandre Dumas assis dans son cabinet de travail, ayant à ses côtés une pile d'in-quarto haute de cinq pieds : « Ceci, dit-il, en la touchant du doigt, contient le premier tableau de la première pièce qui sera jouée à la première soirée de mon nouveau théâtre! » A propos d'Alexandre Dumas, j'ai soupé dans sa compagnie l'autre soir. Quel débordement de force physique et intellectuelle! Quelle puissance, quelle verve intarissable dans cet excellent colosse ! Corporellement et spirituellement, Eugène Süe et Alphonse

Karr, qui soupaient avec nous, m'ont semblé des nains par comparaison [1]. Au Cirque, on donne en ce moment une pièce à grand spectacle qui a pour titre *la Révolution française*. Un des tableaux représente avec une réalité saisissante un épisode de la Convention nationale, un autre un grand combat. Il y a en scène cinq cents figurants, si bien manœuvrés que vous jureriez qu'ils sont cinq mille. Mais jusqu'à présent, de tout ce que j'ai vu au théâtre, ce qui m'a frappé le plus, ce qui m'a surtout émotionné, c'est la façon de jouer de ce joli bouton de rose qui s'appelle Rose Chéri... Je l'ai vue l'autre soir dans *Clarisse Harlowe*, et je déclare ne rien connaître sur aucune scène de comparable à son jeu... C'est charmant, intelligent, pathétique, original et rempli de fraîcheur; il n'y a qu'un acteur au monde qui sache mourir comme elle : c'est Macready dans *le Roi Lear* [2]. . . . . . .
. . . .

Paris, février 1847.

Hier, nous avons clos nos pérégrinations de la journée par une visite à Victor Hugo. Il nous a reçus avec une grâce et une courtoisie extrêmes. L'admirable écrivain occupe le premier étage d'une maison qui forme un des angles de la place Royale; cette maison a été habitée jadis par Ninon de Lenclos; les magnifiques tapisseries, les fresques des plafonds et des murs, les vieux meubles solennels dorés et sculptés, tout, jusqu'à un trône échappé à quelque palais du moyen âge, nous rappelait la splendeur des siècles évanouis; mais, ce que j'ai le plus admiré chez Victor Hugo, c'est Victor Hugo lui-même... Quelle tranquillité! Quelle gravité simple! Que de forces latentes sous ce maintien paisible! Louis-Philippe vient de l'anoblir, mais sa noblesse éclate sur son front.

---

1. Lettre à lady Blessington, janvier 1847. — Lettre au comte d'Orsay, janvier 1847. — Voir aussi la *Vie* par Forster, vol. III, Tauchnitz.
2. Lettre à lady Blessington, janvier 1847.

D'une taille au-dessus de la moyenne, carré compact et vigoureux, il porte des cheveux longs et noirs qui encadrent une figure massive et rasée de près. Je n'ai jamais vu de physionomie si profondément intellectuelle, aussi douce, aussi aristocratique. Je n'ai jamais entendu parler le français d'une façon aussi pure et aussi pittoresque. Il nous a dit les souvenirs de son enfance en Espagne, il nous a entretenus de son père, qui fut gouverneur du Tage pendant les guerres de Napoléon ; il s'est exprimé avec chaleur sur le compte des Anglais et de leur littérature ; il a déclaré qu'il préférait la mélodie et la simplicité à la musique savante qu'on veut mettre à la mode au Conservatoire, il a eu quelques mots élogieux pour Ponsard, en se moquant des acteurs qui viennent de massacrer sa tragédie à l'Odéon, et ne nous a pas caché toute sa sympathie pour la nouvelle entreprise dramatique de Dumas, à moi personnellement il a adressé des flatteries si charmantes, si délicates, que je les ai presque prises pour des vérités [1].

Hugo est un vrai génie et toute sa personne le proclame ; il respire le génie des pieds à la tête ; sa femme, à laquelle il nous a présentés, est très jolie ; elle a de beaux yeux noirs pleins de tendresse et d'éclat. Il a aussi une fille charmante, âgée de quinze à seize ans, et qui a hérité du doux regard maternel. Cette famille, paisiblement assise au milieu de ces vieilles armures, de ces vieux coffres, de ces vieux sièges aux formes fantastiques, de ces vieux lions dorés tenant sous leurs pattes avancées de vieilles boules d'or, comme s'ils se préparaient à jouer aux quilles, avait quelque chose de profondément romantique. Le décor et les personnages semblaient être sortis tout entiers d'un des livres du Maître merveilleux [2].

---

1. Lettre à lady Blessington. Paris, février 1847. — Également : *Vie*, vol. III.

2. Lettre à lady Blessington. Paris, 1847.

Paris, mars 1847.

Paris est corrompu jusque dans sa moelle. Depuis quelques jours toutes les questions politiques, artistiques, commerciales sont délaissées par les journaux; tout s'efface devant un événement d'une bien plus haute importance, la mort romanesque d'une des gloires du demi-monde, la belle, la célèbre Marie Duplessis. Je suis allé hier à sa vente... Tout ce que la capitale de la France compte d'illustrations était là. Les femmes du plus grand monde s'y trouvaient en foule, et cette élite de la société attendait, curieuse, émue, pleine de sympathie et de jolis attendrissements pour le sort d'une fille... Cette Marie Duplessis qui a mené l'existence la plus brillante, la plus perverse et la plus folle, laisse derrière elle un mobilier exquis, tout un attirail de somptueux bijoux et de parures voluptueuses. On raconte qu'elle est morte d'un cœur brisé, on fait circuler sur son compte des légendes où le romanesque le dispute à l'absurde. Pour ma part, en brave Anglais, doué d'un peu de sens commun, j'incline à penser qu'elle est morte d'ennui et de satiété. La satiété peut tuer aussi bien que la faim. Le premier des praticiens de Paris, appelé à son chevet, n'a pu découvrir le nom du mal mystérieux auquel elle a succombé : « Que désirez-vous ? » lui a-t-il demandé quand il a vu qu'elle était perdue. Elle a répondu : « Voir ma mère », et sa mère est accourue, une simple paysanne de Bretagne, portant le costume pittoresque de son pays; elle s'est agenouillée au pied du lit de sa fille, s'est prise à prier, et n'a plus bougé que Marie ne fût morte.

J'étais donc à cette vente. A voir l'admiration et la tristesse générales, on eût pu croire qu'il s'agissait d'un héros ou d'une Jeanne d'Arc, mais l'enthousiasme n'a plus connu de bornes, lorsque Eugène Süe a acheté le livre de prières de la courtisane [1].

---

1. Lettre au comte d'Orsay. Paris, mars 1847.

La lettre d'où ce fragment est tiré, est la dernière écrite par Dickens de la rue de Courcelles ; le projet qu'il avait formé d'un long séjour à Paris se trouva mis à néant par un événement très imprévu : son fils aîné, qui venait d'entrer à King's College, fut brusquement atteint de la fièvre scarlatine. Dickens et sa femme accoururent aussitôt à Londres ; le régiment des marmots, sous le commandement de tante Georgey, suivit quelques jours après ; mais le célèbre humoriste était entré assez avant dans notre vie parisienne pour y prendre goût. Nous l'y retrouverons bientôt, en compagnie de son ami Wilkie Collins, habitant cette fois un appartement dans les Champs-Elysées, se plongeant entièrement dans notre mouvement artistique et littéraire, courant les théâtres et les coulisses, vivant dans l'intimité de Girardin et de sa charmante femme, dînant chez Scribe avec Georges Sand, et chez Amédée Pichot avec Lamartine, posant pour Ary Schœffer, amoureux platonique de Mme Viardot, et enthousiaste du vieux lion Frédéric Lemaître. Pour le moment, nous l'accompagnerons en Angleterre, où la publication du sixième numéro de *Dombey et fils* vient de communiquer un mouvement fébrile aux milliers de plumes batailleuses de la critique anglaise.

CHAPITRE IV.

Dombey et fils est peut-être l'œuvre de Dickens qui contient à la fois le plus de puissance et le plus de défauts. Ces défauts mêmes sont ceux d'un homme de génie ; ils sont surtout les résultats d'une faculté créatrice prodigieuse ; à mesure qu'il avance dans son œuvre, l'auteur la peuple de nouveaux personnages épisodiques, tous vivants, originaux, pathétiques, touchants ou grotesques, qui s'emparent de l'attention et de l'intérêt du lecteur et lui font oublier les caractères principaux.... Peut-être aussi faut-il chercher ailleurs la raison de cette marche embarrassée de l'intrigue dans *Dombey and son*... L'auteur avait eu beau attaquer l'hypocrisie de la société anglaise, il lui fallait compter avec elle... Pour la première fois, depuis que la vieille école libertine du xviii° siècle avait disparu, un romancier mettait à nu certaines plaies secrètes de la famille, que la « *respectabilité* » avait soigneusement voilées jusque-là ; pour faire accepter ces peintures et la leçon morale qu'elles contenaient, il fallait que Dickens usât de ménagements dont il n'avait pas senti d'abord toute l'importance ; mais, à mesure que les numéros succédaient aux numéros, les cris de paon des Pecksniffs de la littérature lui ouvrirent les yeux et le mirent sur ses gardes. Un français croirait difficilement qu'après le sixième numéro, dans lequel Dickens dépeint avec un attendrissement profond le désespoir de la pauvre petite orpheline Florence quand elle a perdu son seul ami sur la terre, son gentil frère Paul, — la critique l'accusa d'exprimer dans cette peinture des sentiments irréligieux; les expressions de l'aristarque du *North British Review* (mai 1847) méritent d'être conservées; elles sont dignes d'avoir été écrites par le grand Pecksniff lui-même :

Les nuages qui enveloppent cette scène (celle du désespoir de Florence à la mort de Paul) ne sont pas seulement les nuages de l'affliction, ce sont les ténèbres d'un misérable panthéisme, repoussant volontairement les rayons de la Vérité : « *Pauvre Florence, oh! combien seule désormais! — Et elle priait qu'au moins un ange au ciel continuât à l'aimer et à se souvenir d'elle!* » — Qu'est ceci, sinon la peinture habile de *sentiments païens*, de ce que la douleur humaine *eût pu être*, si l'Évangile n'avait pas été envoyé au monde? Ce ne peut être là une omission accidentelle. Même au point de vue de la beauté de l'œuvre, — de plus grands que lui, entre autres Walter Scott, pouvaient le lui apprendre, — l'auteur eût bien fait de donner à cette scène une couleur religieuse. Nous craignons que M. Dickens soit aveugle aux Beautés de l'Évangile, ou plutôt nous pensons qu'il est tellement l'ennemi de ses saintes doctrines, qu'il aime mieux endommager son œuvre, que de devoir un embellissement à la Religion Chrétienne. Quoi qu'il en soit, le goût et la morale publics sont en danger, et il est de notre devoir de rappeler aux admirateurs de Dickens, que la Poésie et le Sentiment ne sont pas la Religion...

Nous trouvons une réponse à ces indignes insinuations dans ces belles lignes de Dickens écrites après avoir visité l'admirable établissement des aveugles à Boston :

Vous qui avez des yeux et ne voyez pas, qui avez des oreilles et n'entendez pas ; vous tous, hypocrites aux tristes contenances, qui défigurez vos visages pour avoir l'air vertueux, venez chez les sourds et muets, chez les aveugles, prendre des leçons de franchise et de résignation. Vous qui vous proclamez saints, hommes austères, cette enfant aveugle, sourde et muette, peut vous donner des leçons que vous ferez bien de suivre. Laissez sa petite main s'appuyer sur votre cœur ; elle éveillera peut-être en vous la connaissance véritable du grand Maître dont vous travestissez les préceptes et l'exemple : La Charité du Christ, sa sympathie et son amour pour l'humanité, son indulgente bonté, sont mieux appréciées par les vils pécheurs que par vous, qui n'avez à la bouche que des mots de Menace, de Châtiment et de Damnation.

Ce sont des coups droits de cette nature, continuellement renouvelés, que l'immense et puissante race des hypocrites ne pardonnait jamais à Dickens.

Une autre objection, tout aussi injuste mais beaucoup plus répandue, a été faite au roman qui nous occupe. Au moment de son apparition, on prétendit que l'auteur, en commençant sa série, n'avait aucune idée arrêtée sur la façon dont il la continuerait ; on imprima gravement que, s'il avait fait mourir le petit Paul dans le cinquième numéro, c'était purement pour augmenter l'anxiété du lecteur au sujet des numéros suivants, et que le triomphe final de l'amour de Florence n'avait été décidé qu'en dernier ressort. Il était permis d'espérer que des critiques aussi futiles auraient une durée éphémère, mais l'esprit panurgien est de toute humanité... Il suffisait de parcourir ce beau roman pour être convaincu de l'existence d'un plan profondément médité, fouillé dans ses moindres détails; les successeurs des fabricants de comptes rendus du temps de Dickens, ont préféré suivre la voie tracée par leurs devanciers : tous ceux qui, de nos jours, ont parlé de *Dombey et fils*, ont répété à l'envi les mêmes objections : manque de plan, événements pathétiques et conclusion attendrissante non préconçus, mais créés sous l'impulsion du moment et dans le but évident d'augmenter le nombre des acheteurs au numéro! M. Taine lui-même, qui se pique d'être un écrivain sérieux, prétend que l'attendrissement final de Dombey, vaincu par l'admirable dévouement de sa fille, a été composé pour satisfaire les exigences de l'opinion publique, et il ajoute que cette conclusion « gâte un beau roman ». Malheureusement pour les profonds et consciencieux critiques comme M. Taine, Dickens, avant d'écrire une ligne de *Dombey*, s'était donné la peine d'expliquer, dans une longue lettre adressée à son ami Forster, non seulement son idée, mais les grandes lignes sur lesquelles il voulait bâtir son roman. Cette lettre est la réfutation absolue de ces légèretés calomnieuses qui se peuvent excuser, chez un journaliste, par la hâte d'une composition au jour le jour, mais qui paraissent étranges tombant de la plume d'un professeur qui entreprend d'écrire l'histoire de la littérature anglaise. Nous donnons ici les principaux passages de cette lettre, non pas pour l'unique plaisir de mettre dans leur tort M. Taine et ses semblables, mais surtout parce qu'elle nous semble très intéressante pour l'histoire intellectuelle de Dickens. Elle nous initie à sa façon de concevoir et d'étudier son ensemble, au travail préalable de son esprit, avant qu'il ne prenne la plume.

La lettre est datée de Lausanne, commencement de juillet 1846 :

« .....Je vais continuer maintenant en vous donnant une esquisse de mes intentions immédiates au sujet de *Dombey*. J'ai dessein de montrer M. D..., possédé par cette idée fixe du *Fils*, qui prend sur lui chaque jour un empire plus grand, enflant et boursouflant sa vanité d'une façon prodigieuse ; je le peindrai à mesure que le petit garçon grandit, impatient de le voir progresser, et intimant à ses professeurs l'ordre de lui donner une tâche au-dessus de son âge et de ses forces. Mais les affections naturelles de l'enfant se tourneront vers sa sœur abandonnée. J'ai l'intention de montrer cette petite fille apprenant elle-même à son frère toutes sortes de choses, l'assistant dans ses leçons et l'aidant en toutes circonstances.... Quand l'enfant aura environ dix ans (vers le quatrième numéro), *il tombera malade et mourra*, et, pendant qu'il sera malade, agonisant, j'ai l'intention de le faire chercher, toujours près de sa sœur, un refuge et une consolation. Ainsi, M. Dombey, en dépit de toute son importance et de toute son affection pour le *Fils*, se trouvera tenu à distance par le *Fils* même ; à ce suprême instant, il s'apercevra que l'amour et la confiance du *Fils* appartiennent seulement à sa sœur, à cette petite Florence, dont M. Dombey s'était servi comme d'un amusement pour le *Fils*. La mort du petit garçon sera, bien entendu, un coup mortel donné à tous les desseins, aux espérances les mieux caressées du père, et l'un des personnages du roman, miss Tox, pourra s'écrier, à la fin de la première partie : « De sorte, qu'après tout, Dombey et Fils est une fille ! » — A partir de ce moment, j'ai l'intention de changer le sentiment d'indifférence et de gêne de Dombey envers sa fille, en un sentiment de haine positive. Car il se souviendra toujours comment son garçon avait le bras passé autour de son cou, en mourant, et qu'il lui murmurait à l'oreille, et qu'il ne voulait rien prendre que de sa main, ne se préoccupant jamais de son père... Pareillement, je changerai les sentiments de Florence vis-à-vis de monsieur Dombey; elle sera prise d'un violent désir de lui plaire et d'être aimée de lui, désir engendré par sa compassion pour la perte qu'il a faite et par amour pour son petit frère mort, qu'il aimait tant aussi, lui, à sa manière. Ainsi l'histoire ira son chemin à travers toutes sortes d'embranchements, de divergents sentiers, à travers mille méandres, et, lorsque la hautaine maison périclitera et tombera, lorsque tous les malheurs s'abattront sur la tête de Dombey et que la banqueroute frappera à sa porte orgueilleuse, son seul appui, son trésor, son bon génie inconnu et constant, sera la fille qu'il a rejetée et reniée. Elle sera pour lui plus qu'aucun *Fils*, en sorte que ce grand amour filial, quand il l'aura compris et découvert, sera pour lui une source de remords. Car la lutte intérieure qui fait rage dans des natures aussi obtinées que la sienne, cessera enfin à ce moment, et le sentiment de son injustice, qui au fond ne l'a jamais quitté, aura alors une mission plus douce que celle de le rendre plus affermi dans sa dureté, il se retournera vers Florence et lui rendra amour pour amour.

Tous ceux qui ont lu *Dombey et fils*, reconnaîtront avec nous que l'auteur a suivi absolument les grandes lignes tracées dans cette lettre, qui nous semble une preuve indéniable et admirable de la conception générale et complète de cette œuvre. Nous avons déjà dit que les trois premières livraisons furent écrites à Lausanne. La quatrième, la cinquième et la sixième sont datées de la rue de Courcelles à Paris, et notre ville peut s'enorgueillir à juste titre d'avoir inspiré à Dickens les plus belles pages qu'il ait jamais écrites, celles qui, dans le cinquième numéro, décrivent la mort du petit Paul Dombey. L'auteur a voulu associer le souvenir de son séjour en France à cette partie si touchante de son œuvre; il l'a fait dans cette phrase de sa préface :

Le pays où je compose s'associe si bien, dans mon esprit, avec ma composition elle-même, qu'encore aujourd'hui je ne puis songer à la mort de Paul Dombey, à ce que lui disaient les vagues, sans me souvenir d'une sombre nuit d'hiver passée à errer à travers les rues de Paris, marchant au hasard, le cœur lourd et les yeux humides, car je venais d'écrire le chapitre dans lequel je me séparai pour toujours de mon petit ami.

Ce cinquième numéro causa une émotion profonde en Angleterre, l'effet était irrésistible; nous en retrouvons l'écho dans ce passage ému d'une lettre de lord Jeffrey, le doyen des critiques d'Ecosse, le caractère le plus pur de son temps :

Mon cher, cher Dickens, plus cher chaque jour, quel numéro cinq vous venez de nous donner!... J'ai tant pleuré et sangloté en le lisant hier soir et ce matin, que j'ai senti mon cœur purifié par ces larmes, et je vous ai aimé et béni de me les avoir fait répandre, et je ne pourrai jamais vous aimer et vous bénir assez ! Depuis que la céleste Nelly fut trouvée morte sur son humble couche, sous la neige et le lierre grimpant, on n'a rien créé de comparable à la mort de ce gentil Paul, dans cette vaste chambre qu'éclaire la lumière d'été... Et cette longue perspective, qui nous conduit si doucement et si mélancoliquement, avec tant de grâce triste, vers la consommation finale !.... Chaque trait si réel et si touchant, éclairé cependant par l'innocence sans peur qui *va en se jouant* jusqu'aux portes du tombeau !... Et cette pure affection qui emporte l'âme sans tache de l'enfant dans une grande flamme douce et caressante, jusqu'à l'Éternité, sa source première !...

La publication de *Dombey* continua pendant toute l'année. A mesure que son œuvre avançait, les deux personnages sur lesquels se concentrait l'intérêt, Florence et la seconde femme de Dombey, Edith, s'emparèrent plus complètement de l'esprit de Dickens qu'aucune de ses autres créations, excepté peut-être Nelly du *Magasin d'antiquités*. Edith Dombey est le type le plus hardi du roman contemporain en Angleterre. Lorsqu'elle abandonne son mari pour fuir avec celui qui l'a ruiné et déshonoré, tous les lecteurs au numéro imaginèrent que Dickens allait tracer une peinture vivante et violente de la femme adultère ; l'hypocrisie se voila la face, et les critiques aiguisèrent leurs plumes. Ils en furent pour leurs frais. La catastrophe arriva avec le numéro suivant : Edith déteste plus encore celui par lequel elle s'est fait enlever qu'elle ne méprise son mari, et la scène débordante de passion, dans l'appartement de l'hôtel, où la superbe et fière patricienne écrase de son éloquence le tortueux et misérable Carker, est une des plus originales, des plus inattendues, des mieux traitées de toute l'œuvre du romancier.

Nous ne nous étendrons pas plus longtemps sur ce livre; cependant nous ne pouvons le quitter sans dire adieu à la glorieuse figure d'écumoire du capitaine Cuttle, à l'excellent Toots, au pompeux docteur Blimber, à la fine Suzanne Nipper, à la radieuse Polly, à la terrible mistress Pipchin, au vieux Salomon Gills, à miss Tox et à son amoureux major, bref à tous ces personnages si exubérants d'humour, si pleins de fraîcheur, de richesse, de variété, si vivants surtout, qu'une fois qu'ils sont entrés dans votre cerveau vous ne pouvez les oublier, et que vous vous surprenez à sourire en les voyant, longtemps après, se dresser dans votre souvenir.

CHAPITRE V.

Peu de temps après son retour en Angleterre, Mme Dickens mit au monde un cinquième fils, auquel on donna les noms de Sydney-Smith Haddimond. Né le 18 avril 1847, il ne survécut que peu de temps à son père; il mourut à la mer, lieutenant de vaisseau, au mois de mai 1872. On sait que le grand romancier avait l'habitude constante de donner des surnoms étranges à ses enfants; lorsque celui-ci était encore tout petit, son père l'avait surnommé « Le Spectre de l'Océan ». Cette coïncidence n'est-elle pas mélancolique?.... Quelques semaines avant la naissance de son fils, Dickens avait assisté à l'enterrement du vieux William Hall, chef de la maison Chapman et Hall. — La présence de l'écrivain à cette cérémonie fut l'occasion d'une réconciliation entre lui et ses éditeurs, que l'immense vente de *Dombey and son* avait rendus très repentants de leur dernière incartade. Ce fut pendant l'été de cette année 1847 que se forma cette troupe légendaire de comédiens ambulants qui avait à sa tête Charles Dickens et l'admirable écrivain sir Edward Bulwer Lytton, et dont les acteurs et les auteurs étaient Forster, Frankstone, Augustus Egg,

John Leech, Georges Cruikshank, Douglas Jerrold, Mark Lemon, Dudley Costello, Georges-Henri Lewes et presque toute la rédaction du *Punch*. Bien entendu Dickens était le régisseur général et l'âme de l'entreprise. Les deux premières représentations furent données à Manchester et à Liverpool, au profit d'un grand artiste, Leigh Hunt, tombé dans l'indigence. On joua le chef-d'œuvre de Ben Johnson, que Dickens avait déjà joué lors de son retour d'Italie : *Chacun selon son caractère.* — Bulwer Lytton avait écrit un brillant prologue en vers, que John Forster eut l'honneur de réciter devant un public enthousiaste. Le succès fut immense, la recette, pour les deux soirées, excéda vingt-cinq mille francs.

Pendant le reste de la belle saison, Dickens demeura à Broadstairs, travaillant avec acharnement à *Dombey*, et commençant le nouveau conte de Noël *L'homme hanté*. Une lettre de lui à cette époque mentionne que les comptes de la première moitié du *Dombey* dépassent tellement ce qu'il avait espéré, qu'à partir de cette date tout embarras d'argent était désormais terminé pour lui :

> Les profits sont très brillants, écrit-il. Déduction faite des 100 livres (2,500 fr.) que j'ai touchées mensuellement depuis six mois, il m'est encore dû 2,200 livres (55,000 fr).

Il rentra à Londres vers le milieu d'octobre, mais le quitta bientôt pour aller présider une assemblée des sociétés ouvrières à Manchester le 1er décembre, et l'ouverture de l'Athénéum à Glascow le 28 du même mois. Du discours qu'il prononça au début de cette dernière cérémonie, nous détacherons le passage suivant :

Les livres sont des amis dont on ne se fatigue jamais, mais ici ils posséderont un charme de plus : celui du souvenir de celles qui les ont offerts[1]. Une jolie veuve des environs de Glascow sera prise pour celle qu'à une époque beaucoup plus ancienne sir Roger de Coverley ne pouvait pas oublier ; le manchon de Sophie sera vu et aimé par un autre que Tom Jones, lorsqu'il descendra la grande rue un jour d'hiver, et les habitués reconnaissants d'une bibliothèque remplie par des mains aussi blanches, verront passer entre le livre qu'ils étudieront et leur regard, vos douces visions, ô charmantes donatrices !

L'année 1848 fut pour Dickens une année d'un repos à peu près complet; il ne fut interrompu que par la publication du conte de Noël : *L'homme hanté*. Mais 1849 fut une époque laborieuse et glorieuse pour le romancier. C'est, en effet, en janvier 1849, que parut le premier numéro de son livre demeuré le plus célèbre *David Copperfield*, et c'est dans le mois de mars de cette même année que fut fondé par lui l'admirable magazine *The household Words* qui, sous son second nom : *All the year Round*, continue à être l'un des périodiques les plus importants de l'Angleterre. Ce projet de fonder une revue flottait depuis longtemps dans l'esprit de Dickens ; sa première idée à ce sujet, très différente de celle qui fut réalisée par la publica-

---

[1]. La bibliothèque avait été formée par une association de femmes, sous le patronage de la reine d'Angleterre.

tion de *Household Words*, a été exposée par lui-même dans l'extrait suivant de sa correspondance. Cette idée nous semble originale et digne d'arrêter l'attention des esprits hardis qui rêveraient à une revue de l'avenir.

Pour réunir en un ensemble harmonieux tous ces différents éléments, il faut créer un personnage impersonnel dans lequel nos différents collaborateurs puissent s'incarner sans difficulté. Ce sera une *Ombre*, qui aura le pouvoir d'entrer partout, pendant le jour, au clair de lune, sous la lumière des étoiles, la flamme de la lampe ou du foyer; elle visitera toutes les demeures, tous les coins, toutes les cachettes, et connaîtra toute chose. Elle s'introduira partout sans peine, dans les théâtres, les palais, la Chambre des Communes, les prisons, les unions, les églises, les chemins de fer, à l'étranger, en Angleterre, sur la terre et sur la mer, une sorte de créature intangible, omnisciente, omniprésente. On pourrait appeler la revue *l'Ombre*. Dans le premier numéro, *l'Ombre* raconterait son histoire, celle de sa famille. Toute la correspondance serait adressée à *l'Ombre*. De temps à autre *l'Ombre* publierait son intention d'attaquer tel ou tel abus, d'exposer telle ou telle injustice, de visiter tel ou tel endroit. Je voudrais que la partie rétrospective de la revue exprimât l'idée que *l'Ombre* ayant fouillé les bibliothèques et fureté parmi les livres les plus rares, en a rapporté tous ces documents curieux. Je voudrais enfin que *l'Ombre* planât sur Londres comme une menace et comme une défense, que chacun arrivât à s'écrier : « Que va dire *l'Ombre* de ceci? de cela?... » Me comprenez-vous?... J'ai une énorme difficulté à exprimer clairement mes intentions, mais je crois vous avoir donné une idée de mon idée.

Nous arrivons enfin au fameux roman de *David*

Copperfield, qui marque l'apogée du génie de Dickens. Chacun de ces livres semble une marche de l'escalier gigantesque et dangereux de la gloire. Avec *David Copperfield*, Dickens arrive au pinacle. Désormais il ne montera plus.

Il existe peu de romans célèbres en Angleterre où ce que les Anglais appellent l'*autobiographie* n'entre pour une très grande part sous un déguisement plus ou moins transparent; la plupart des personnages de Smollet, de Fielding et de Walter Scott lui-même ont été pris sur le vif : il faut observer cependant que les grands écrivains n'ont jamais calqué leurs personnages d'une façon complète; ils se contentent d'emprunter à l'original quelques traits principaux ou quelques détails frappants; ils concentrent, dans un seul personnage, les observations recueillies dans cinquante caractères réels. C'est ce qu'a fait l'auteur de *David Copperfield*. Les fragments de mémoires personnels que nous avons donnés au début de cet ouvrage, prouvent jusqu'à l'évidence que Dickens a attribué à son jeune héros les tristes aventures de son enfance, mais il ne faudrait pas en conclure qu'il y a identité à peu près complète entre Copperfield et Dickens, ni que l'intention de l'écrivain ait été de retracer dans ce roman certaines parties de sa carrière littéraire. L'intérêt qu'inspire David Copperfield tient plutôt, selon nous, à des traits de caractère qui sont exactement l'opposé du caractère de Dickens. Les cruelles épreuves que l'écrivain eut à subir dans son enfance, lui donnèrent comme qualités principales une indomptable énergie, une volonté de fer...., elles lui firent considérer la vie comme un vaste champ de bataille où la victoire est au plus tenace. David Copperfield, au contraire, nous plaît par la douceur d'une âme sensible, inpressionnable, facile à l'entraînement ; c'est l'amour qui lui donne l'énergie nécessaire pour réussir, et c'est toujours l'impulsion du cœur qui le gouverne. Du sous-sol de sa fabrique de cirage Dickens est sorti endurci, armé pour la lutte, brûlant de combattre toutes les oppressions, en révolte contre tous les abus de pouvoir, déclarant la guerre à l'injustice sous toutes ses formes ; il est, en un mot, le champion des misérables ; David Copperfield n'est, tout au plus, que leur consolateur ; les épreuves de son enfance lui ont fait une âme de tendresse et de pitié, non de force et de colère. Ces différences, voulues par le grand écrivain, prouvent une fois de plus toute son admirable habileté comme romancier.

On a beaucoup reproché à Dickens de s'être servi de son père pour tracer l'originale figure de Micawber, de même Lockhart reprocha jadis à Walter Scott d'avoir étudié les impatiences d'un moribond au chevet de mort paternel. Ces objections sont au moins inutiles ; l'artiste étudie les phénomènes de la nature partout où ils se produisent. Mais le créateur de Micawber n'a pas commis un crime bien grave en donnant à ce personnage certaines exubérances de langage empruntées au vieux John Dickens. Les fleurs de rhétorique dont le brave homme émaille ses discours, n'empêchent pas qu'on l'aime et qu'on l'admire, ses espérances folles dans un avenir impossible, ses rêves de richesse future au milieu de la pauvreté présente, son imperturbable confiance dans la destinée, sont tracés avec tant d'habileté, que notre sympathie pour cet étrange personnage loin de diminuer s'agrandit à chacune de ses nouvelles excentricités; nous ne désespérons jamais de voir enfin réussir ce brave homme qui, dénué de tout, vend gaiement son matelas pour donner à dîner à un ami.

Au point de vue du « métier », *David Copperfield* nous paraît le mieux construit des romans de l'auteur; il y a bien, comme dans ses autres œuvres, une foule innombrable de personnages qu'il semble créer à chaque instant, mais cette fois chacun d'eux est à sa place, il ne nuit pas à l'action. Du commencement à la fin l'unité dans le plan et dans la marche vers le dénouement est très apparente; la morale, enfin, sort naturellement des événements : David Copperfield restera l'exemple de ce que peuvent l'esprit de sacrifice, la patience, la soumission aux maux inévitables, la lutte contre les maux évitables, la foi en soi et en la Providence. Dans ce roman, les favoris de Dickens lui-même étaient le groupe des Pegottys. Ces braves gens, comme presque tous les personnages de ses romans sont devenus des types en Angleterre; il est difficile de trouver une personnification plus heureuse de la pureté et de la bonté domestiques. Ces pauvres pêcheurs, vulgaires de formes et de langage, atteignent parfois au sublime; les êtres supérieurs, qu'on nomme les critiques, ont toujours traité avec un certain dédain les passages sérieux de l'œuvre de Dickens ; ils ont essayé de le déconsidérer en le traitant d'habile caricaturiste ; qu'ils lisent la scène finale de *David Copperfield*; qu'ils assistent à cette sombre tempête, au naufrage, qu'ils voient le corps du séducteur rejeté par la mer sur le sable au milieu des ruines de la modeste maison qu'il a renversée, aux pieds de l'homme dont il a brisé le cœur et la vie, et qu'ils disent ensuite s'ils connaissent dans la littérature de leur pays beaucoup de pages aussi éloquentes, aussi admirablement écrites et pensées !

Que dire ensuite de Betsy Trotwood, de ce caractère abrupt, anguleux, extravagant, mais en même temps plein de magnanimité et de rectitude, sinon que Dickens n'en a jamais créé de plus vivant et de plus réel?... Des deux héroïnes qui se partagent si également les affections de David, nous avouons préférer la femme enfant, aimante, gâtée, légère et tendre, la petite Dora, à la femme ange, toujours sage, toujours supérieure, toujours sacrifiée, à la pure et inaccessible Agnès.

David Copperfield fut composé dans la maison de Devonshire Terrace entre janvier 1849 et octobre 1850 ; la vente au numéro n'excéda jamais vingt-cinq mille ; *Bleak House* succéda à *David Copperfield*. Dickens commença ce roman dans sa nouvelle maison (Tavistock house) et le termina à Boulogne en août 1853. Il fut longtemps avant de trouver un titre définitif à ce nouveau livre, qui s'appela successivement *La maison en Ruines*. — *Le vent d'Est*. — *La maison solitaire*, qui *entra en chancellerie et n'en sortit jamais,* etc.... Le premier numéro parut en mars 1852 et quelques jours après Mme Dickens, fidèle à ses habitudes, mettait au monde un septième fils, auquel on donna les noms du grand écrivain et de l'ami fidèle qui fut son parrain : Edward Bulwer-Lytton.

Les relations entre Charles Dickens et l'illustre auteur des *Derniers jours de Pompeï*, étaient établies depuis longtemps. Bulwer-Lytton avait été un des premiers à applaudir aux débuts du créateur de *Monsieur Pickwick*. Arrivé depuis longtemps au sommet, il avait salué avec enthousiasme et sans ombre d'amertume, son jeune et brillant successeur. Aucun écrivain ne fut aussi dénué de toute envie que Bulwer-Lytton, et il est triste de penser qu'une aussi belle figure d'homme de lettres et de gentilhomme ait été travestie et salie par les mensonges d'une femme passionnée, par les basses calomnies d'adversaires politiques, et par la jalousie haineuse de ses infimes rivaux. Bulwer fut dans ses amitiés ce qu'il est dans ses écrits, fier, généreux, chevaleresque, fidèle. C'est là ce qu'ont proclamé tous ceux qui l'ont connu. Il était accessible à tous, hormis aux médiocres, et ce sont les médiocres qui l'ont traîtreusement frappé, après sa mort, de son vivant ils n'eussent osé! Son respect de la foi jurée était tel, qu'on eût pu dire de lui ce que Johnson disait d'un personnage de son époque : « S'il eût promis à un ami un gland et que le dernier eût disparu de l'Angleterre, il eût été chercher un chêne en Norvège plutôt que de manquer à sa parole. » A ces qualités morales si l'on joint les qualités intellectuelles d'un véritable homme de génie, une bonté, une tendresse profonde pour l'humanité souffrante, on ne s'étonnera pas que les liens d'amitié entre Dickens et lui se soient rapidement resserrés, malgré leur différence d'âges[1]. Une circonstance vint les unir plus étroitement encore. Tous deux se trouvèrent à la tête d'une œuvre dont les résultats sont tous les jours plus féconds; la société des artistes et des littérateurs[2] dut son origine à Bulwer-Lytton; l'un de ses premiers membres, le plus actif et le plus dévoué après le Président, fut Charles Dickens.

Revenons à *Bleak-House*. Ce roman, comme son prédécesseur, affecte la forme autobiographique; l'héroïne Esther raconte ses aventures comme David Copperfield raconte les siennes, mais quelle différence entre les deux narrations!.. Autant celle de David est naïve, primesautière, pleine de fraîcheur, autant celle d'Esther trahit un effort constant dans l'invention et dans le choix de l'expression. Certes, on retrouve encore dans *Bleak-House* cette puissance merveilleuse de peindre *vivant*, qui est la grande force de Dickens, mais que d'alliages, que d'artifices subtils!... Ce qu'on peut dire de ce roman, c'est qu'il est le moins profondé-

---

1. Cet admirable artiste a laissé un descendant digne de son génie, lord Lytton qui occupe actuellement le poste d'ambassadeur d'Angleterre à Paris : pour nous ce titre d'ambassadeur vient en seconde ligne ; c'est l'écrivain et le poète que nous saluons dans cette note, l'auteur du *Wanderer*, de *Glenaveril* et surtout de *After Paradise*, œuvre prodigieuse par la poésie, la pensée, l'esthétique et que je recommande comme étude aux jeunes désespérés, décadents et abstracteurs de quintessence de cette fin de siècle.

2. *The Guild of art and Litterature*, fondé en 1852.

ment pensé et le plus raisonnablement construit de tous les livres de l'humoriste anglais. Ce défaut et cette qualité lui assuraient un grand nombre de lecteurs, car les êtres superficiels aiment les lectures faciles et qui ne les forcent pas à réfléchir. Le pivot sur lequel tourne l'intrigue est un procès en chancellerie. Tous les événements grands ou petits, trivials ou pathétiques, toutes les passions, toutes les souffrances sortent de ce procès ou se rattachent à lui. Des paroles prononcées au hasard, les faits et gestes de passants étrangers, n'ayant en apparence aucun rapport avec le drame lui-même, deviennent les causes d'incidents graves et imprévus. Autour des principaux personnages, avoués de tous grades, clercs de toutes descriptions, homme de lois de toute espèce, usuriers, prêteurs sur gages, plaideurs et plaideuses, s'agitent, bourdonnent, paraissent, disparaissent pour reparaître, entourant leurs victimes, et les poussant insensiblement vers la catastrophe qui est leur destinée. Cette peinture saisissante du monde justiciard en Angleterre, est, sans contredit, ce qu'il y a de plus beau, de plus émouvant dans *Bleak-House*. Fidèle à ses convictions, Dickens attaquait dans ce livre une des plaies de la société anglaise : *Les procès en chancellerie*. « Le cas de Gridley, dit-il, dans sa préface, ne diffère en aucune partie essentielle d'un cas réel rendu public par une personne désintéressée qui a été mise au courant de toute cette monstrueuse injustice de la justice par la profession qu'il exerce ».

Pendant qu'il écrivait *Bleak-House*, une triste nouvelle vint surprendre Dickens. L'ami de sa jeunesse, le brillant comte d'Orsay termina son existence agitée à Paris, le 8 août 1852. Il avait suivi la fortune de Louis Napoléon qui, devenu Président de la République, se hâta de créer une place pour son fidèle compagnon des heures mauvaises ; il le nomma surintendant des Beaux-Arts. Lady Blessington, qui avait accompagné d'Orsay en France, était morte deux années auparavant. Celui qui lui avait tout sacrifié, gloire, honneur, fortune, lui fit élever, dans le domaine qu'il tenait de ses ancêtres, un superbe tombeau sur lequel fut gravée une inscription latine due à la plume élégante de Savage Landor. D'Orsay s'était réservé une place auprès de la belle Irlandaise. Il fut enterré à côté d'elle. Dormez en paix, couple étrange, charmant et attirant malgré tout, unis dans la mort comme vous le fûtes dans la vie, et plaise au ciel qu'il vous soit beaucoup pardonné, puisque vous avez vraiment aimé !...

Dickens pleura beaucoup d'Orsay : « Pauvre, pauvre d'Orsay!... », écrivait-il quelques jours plus tard. « Les amis tombent autour de moi comme les feuilles mortes autour du chêne à l'automne. La faulx terrible fauche, sans pitié, sans trêve, le meilleur grain : mais soyons forts !... La Vie est un mauvais rêve, dont la Mort est le réveil ».

CHAPITRE VI

Au mois d'octobre 1853, Dickens partit de Boulogne pour aller revisiter l'Italie, accompagné de deux amis, le peintre Augustus Egg et Wilkie Collins, le célèbre romancier, qui débutait à cette époque dans cette carrière des lettres qu'il a parcourue en triomphateur. Nous donnons dans les pages suivantes quelques extraits de la correspondance du grand humoriste pendant cette expédition, qui nous semblent les plus faits pour intéresser le lecteur :

Gênes, fin octobre.

J'ai revu hier mon palais Peschiere où j'ai écrit les *Cloches*; c'est toujours un endroit merveilleux, mais on l'a converti en un pensionnat de jeunes demoiselles.... On a badigeonné tous les dieux et toutes les déesses, et les jardins ne sont plus que des ruines....

Naples, novembre.

Notre voyage par mer de Gênes ici, mérite une description spéciale. Nous nous sommes embarqués sur le nouvel express anglais, qui porte la malle des Indes, mais le paquebot était déjà rempli par les passagers venant de Marseille. Parmi ceux-ci j'ai retrouvé notre ami sir Emerson Tennent et toute sa famille. Il n'y avait plus de place à table, et nous avons dû dîner sur le pont. Il n'y avait plus de lits dans les cabines et nous avons couché à la belle étoile.... Ceci n'est rien.... Arrivés à Livourne, les autorités italiennes qui détestent la marine anglaise, ont refusé d'examiner nos papiers, sous prétexte qu'il était trop tard, et nous avons passé la nuit à l'ancre au pied du phare. La scène à bord défie toute description. — Des dames sur les tables, des gentlemen sous les tables, certains ustensiles intimes des chambres à coucher cyniquement installés où jadis trônaient les soupières ; des dames et des messieurs étendus à la file sur le pont, comme des cuillers sur un dressoir ; pas de matelas, pas de draps, rien !... Vers minuit, on essaya, au moyen de voiles et de pavillons, de donner à la scène l'aspect d'un campement australien ; quant à nous trois (Collins, Egg et votre serviteur), étendus sur les planches nues, enveloppés de nos manteaux, nous commencions à sommeiller, lorsqu'une averse véritablement torrentielle se précipitant du ciel, vint noyer tout le bateau. Le reste de la nuit se passa sur les escaliers, dans une confusion d'hommes et de femmes. Quand quelqu'un essayait de monter ou de descendre, pour une raison ou pour une autre, nous tombions tous à la renverse. Un excellent officier nous prêta sa cabine, le matin, pour nous débarbouiller. Nous en avions besoin.

Nous avons remorqué de Civita-Vecchia ici la flotte grecque tout entière. Elle consiste en un petit brick de guerre sans canons, avec une machine à vapeur, mais tout désemparé, sa chaudière ayant éclaté la première fois que le brick a pris la mer. Il est juste assez grand pour contenir le capitaine et un équipage de six hommes, mais le capitaine est si recouvert de boutons d'or, de galons d'or, qu'il n'y aurait pas place à bord pour toutes ses richesses, s'il ne les portait constamment sur lui, la nuit comme le jour.

Naples, novembre.

Charmant et très gai petit dîner chez M. Lowther, le chargé d'affaires anglais à Naples ; mais auparavant j'ai failli être la victime d'une ridicule aventure. J'étais parti de l'hôtel en grande pompe dans une voiture découverte ; à ma surprise, le cocher s'arrêta au bout de la Chiaja : « Ecco la maison, dit-il, de Il signor Lartour. » En même temps, de son fouet, il me désignait l'étoile de Vénus qui venait de paraître dans les profondeurs du septième ciel.... « Mais, répondis-je, Il signor Lartour demeure à Pausilippe !... — E vero, fit le cocher, en montrant encore l'astre vespéral, mais il habite au haut de salita Sant'Antonio, où aucune voiture n'est jamais montée, et voilà sa maison (montrant toujours l'étoile) et il vous faut aller à pied. Ecco il solita Sant'Antonio... » Je montai pendant une demi-lieue, me fourvoyant dans les endroits les plus étranges, au milieu d'une population bizarre, marchant à travers des cuisines, des lavoirs, passant sous des arches, des écuries, des vignobles, poursuivi par des chiens, apostrophé dans un langage inintelligible par d'aigres voix de sorcières cachées derrière des portes.... Enfin, sur le seuil d'une polenta, j'avisai un vieux Français qui se tenait immobile, absorbé dans la contemplation de rien du tout. Bien qu'il n'eût pas plu depuis six semaines à Naples, il tenait sous son bras un parapluie qui ressemblait à une fleur tropicale fanée, et il avait à la main une tabatière. Je l'interrogeai au sujet du signor Lartour : « Monsieur, fit-il avec une politesse exquise, pouvez-vous parler français ? — Monsieur, répondis-je, très peu. — Monsieur, dit-il alors, je présume que le signor Loutär est un Anglais ? » Je voulus bien admettre que, victime des circonstances, mon ami avait ce malheur. « Monsieur, s'écria alors mon interlocuteur, un mot encore : votre ami a-t-il un domestique avec une jambe de bois ? — Par le Ciel, Monsieur, comment le saurais-je ? Je ne le pense pas, mais c'est possible. — C'est toujours possible, Monsieur, répliqua le vieux Français, tout est possible, Monsieur. — Monsieur, répondis-je, vous avez raison. » Il prit alors une immense prise de tabac, essuya la poussière sur son parapluie et, me menant à une autre place d'où nous dominions toute la baie de Naples, il me désigna du doigt les profondeurs d'où je venais de monter, en me disant : « Là-bas, tout en bas, près du réverbère, on trouve un Anglais qui a un domestique avec une jambe de bois ; il est toujours possible que ce soit le seigneur Loutar. » J'avais été invité pour six heures, et il en était près de sept. Je me mis à redescendre dans un état de transpiration et de furie indescriptibles, sans le moindre espoir de découvrir la maison, mais, comme je dépassais le réverbère, j'aperçus dans une encoignure les premières marches d'un escalier fantastique, au haut duquel se tenait un homme en gilet blanc. Je me précipitai vers lui, et j'appris bientôt qu'il était le domestique de mon hôte. Il paraît que personne ne pouvait découvrir la maison habitée par Lowther ; il avait envoyé au bas de la salita son domestique avec l'ordre d'attendre et de ramener le « gentleman anglais », mais le domestique, trompé par mes glorieuses moustaches et mon air conquérant, m'avait pris pour un signor et m'avait laissé passer.

Venise, 28 novembre.

Le beau temps nous a suivis ici... La ville est un flamboiement de soleil et de ciel bleu, au milieu d'un air clair et froid. Si vous voyiez cela au moment où j'écris, vous ne l'oublieriez jamais... Nous habitons le palais que j'habitais il y a neuf ans, nous avons le même salon en face du pont des Soupirs et du Palais des Doges, avec le grand canal à nos pieds. Nous avons loué une gondole dès le premier jour de notre arrivée, et nous sommes sur l'onde pendant toute la journée. Les gondoliers ont d'étranges coutumes antiques, parfois suffisamment déconcertantes pour un étranger. C'est un point d'honneur chez eux, pendant qu'ils sont engagés, d'être toujours à votre disposition, de sorte qu'il est inutile de leur dire qu'ils peuvent s'en aller pour une heure ou deux. Ils restent toujours. Ils s'enveloppent dans de vieux manteaux gris à capuchon et s'étendent sur les pavés de marbre, jusqu'à ce qu'on les appelle. Imaginez la bizarrerie des aspects les plus familiers à Venise, d'après un seul exemple : Hier soir, à huit heures et demie, nous descendons, nous montons dans notre gondole, nous glissons sur l'eau noire et silencieuse, nous débarquons au bas d'un escalier majestueux, et brusquement nous faisons notre entrée dans la plus magnifique, la plus brillante salle de théâtre qu'on puisse concevoir, toute bleue et argent, scintillante et éblouissante sous ses lustres de verre aux mille couleurs. Nous restons là jusqu'à onze heures et demie, puis nous montons dans notre gondole et flottons comme en un rêve pendant un quart d'heure. La gondole s'arrête et nous voilà sur la large et solide piazza de Saint-Marc, toute blanche sous la lumière du gaz, ressemblant en beaucoup plus beau au Palais-Royal de Paris, entourée, éclairée et animée par la multitude des cafés. Les deux vieux piliers et le beffroi se dressent majestueusement vers le ciel bleu exquis, où palpite la troupe des étoiles, et, sous ces mystérieuses clartés, la façade de la cathédrale surchargée de ses mosaïques où l'or se mêle aux couleurs les plus vives, semble le grand arc-en-ciel de cette nuit féérique.

Venise, novembre.

Les voyages ont cet avantage : ils encouragent l'homme à penser pour lui-même ; ils lui donnent la hardiesse de déclarer qu'il pense par lui-même et de ne se pas conformer à une idée ou à une opinion reçue, simplement parce qu'elle est reçue. Il est incroyable que les gens d'esprit ne se révoltent pas plus souvent contre l'intolérable stupidité et la bourgeoise platitude des opinions courantes en fait d'art. Le naïf étonnement d'Egg, sa consternation à la vue de certains prétendus chefs-d'œuvre, étaient véritablement comiques. Au Vatican, nous avons vu des milliers de personnes se bousculer autour de cette statue très ordinaire d'Apollon, et passer à côté de délicieuses statuettes, de bustes admirables, sans les regarder, parce qu'ils n'étaient pas expressément désignés comme des objets de vénération. Le *Guide* (ce *vade mecum* de tout bourgeois voyageur) dit à l'Anglais : « Sous peine de manquer aux convenances les plus élémentaires, tu vas t'extasier devant telle chose; elle n'a ni imagination, ni naturel, ni proportions, ni vraisemblance, ni rien du tout, n'importe, extasie-toi !... » Et l'Anglais obéit immédiatement, et il dit à son fils d'obéir, et son fils le dit à son fils, et ainsi de suite, et voilà comment cette grande fausseté: la convention, arrive à s'emparer, peu à peu, de toute la société anglaise !

Dickens rentra à Londres, vers le milieu de décembre, et, quelques jours plus tard, le 27, il faisait la première lecture publique de ses œuvres, dans l'hôtel de ville de Birmingham. Le bénéfice de cette soirée était destiné aux associations ouvrières de la grande cité commerçante. L'enthousiasme fut immense; on réalisa 12.500 francs... Les ouvriers offrirent à Mme Dickens un panier à fleurs en filigrane d'argent, et l'écrivain reçut, de presque toutes les villes d'Angleterre, des invitations pressantes à venir lire pour leurs ouvriers comme il l'avait fait pour ceux de Birmingham. C'est alors que Dickens conçut très sérieusement l'idée de lectures payantes que, quelques années plus tard, nous le verrons mettre à exécution avec un grand succès. En attendant, il accepta, au nom de ses vieux amis les pauvres, de donner des séances à Folkestone, Chatham, Peterborough, Sheffield, Coventry et Edimbourg. Cette expédition à travers les villes d'Angleterre et d'Écosse, fut une véritable marche triomphale.

La première œuvre publiée par le romancier dans

sa nouvelle revue : *Household Words,* porte le titre
de : *Hard Times* (*les Temps difficiles*). La publication
commença au mois de février 1854. Voici un fragment
de lettre intéressant, écrit à ce sujet à Forster, le
20 janvier de cette même année :

Faites-moi donc le plaisir de jeter les yeux sur les titres
suivants pour le roman du H. W. — Je crois qu'il y en a deux
ou trois qui sont très bons. Nous verrons si vous choisirez
les mêmes que moi : 1. D'après Cocker. — 2. Prouvez ! —
3. Choses entêtées. — 4. Les faits de M. Gradgrind. — 5. La
Meule. — 6. Temps durs. — 7. Deux et deux font quatre. —
8. Quelque chose de tangible. — 9. Notre ami a la tête dure.
— 10. Rouille et poussière. — 11. Simple arithmétique. —
12. Matière à calculs. — 13. Question de chiffres. — 14. La
philosophie de Gradgrind.

Ce livre de *Hard Times* a été un des plus contestés
de l'œuvre de Dickens, un de ceux qu'on a le plus
violemment attaqués. De nos jours il serait en France
d'une actualité saisissante : c'est la satire amère et
profonde des soi-disant bienfaits de l'éducation positive, scientifique et pratique ; c'est une éloquente pro-
testation contre les lois de l'Économie politique et de la
statistique, grâce auxquelles les prétendus philanthropes peuvent s'endormir tranquilles en se disant que
si les ouvriers et les pauvres souffrent, ont faim et soif,
meurent de misère et de privations, c'est que c'est
dans l'ordre régulier des choses, ainsi que le prouvent
surabondamment les tableaux de mortalité et les Règles
de l'Offre et de la Demande. C'est le cri de révolte de
l'âme contre la domination de la matière, de l'imagi-

nation et du cœur contre la tyrannie du fait et du chiffre.

Vous ne pouvez pas, dit en somme le grand moraliste, bien élever un homme si vous étouffez ses affections naturelles; vous ne pouvez pas gouverner les hommes avec des règles d'intérêt simple ou composé, et il est faux de dire que le *summum bonum* de la vie est d'acheter le meilleur marché et de vendre le plus cher possible. Enfin, vous êtes injustes envers les basses classes de la société si, chaque fois que vous avez à juger leurs torts et leurs erreurs, vous ne tenez pas compte de la simplicité de leur nature.

Le roman fut terminé à Boulogne, vers le milieu du mois de juillet. Il est dédié à Carlyle :

Ouf! écrit Dickens le 14 juillet, en envoyant son manuscrit à Londres, je suis aux trois quarts fou, et imbécile pour l'autre quart... Je crois avoir fait quelque chose d'original dans l'histoire de Stéphen. J'arriverai à Londres mercredi, avec la fin du livre... Je suis dans un tel état de surexcitation, que je ne puis me calmer que par des courses folles à droite et à gauche.... Les fantômes de mes personnages me pressent, m'entourent, et j'ai beau essayer de les jeter dans la Manche, ils résistent, Stéphen surtout.

LIVRE SIXIÈME

1853-1862

CHAPITRE PREMIER

De 1853 à 1857, Dickens vécut beaucoup plus en France qu'en Angleterre. Il avait choisi Boulogne comme résidence de bains de mer, et il y passa successivement les étés de 1853, 1854 et 1856. C'est donc surtout en France que furent composés *les Temps difficiles*, dont nous venons de parler, et le célèbre roman *Petite Dorrit* dont nous aurons à nous occuper plus tard. Dans ce chapitre et dans les suivants, il nous a paru curieux de recueillir tout ce que nous avons pu trouver dans la correspondance de l'humoriste, ayant trait à ses longs séjours dans notre pays. Ses lettres de Boulogne et de Paris où il résida de novembre 1855 à avril 1856, sont extrêmement pittoresques et intéressantes :

Villa des Moulineaux, juin 1853.

La maison est située sur une éminence qui domine la route de Calais : c'est un vieux logis français, rempli de petites chambres, de corridors et d'escaliers extraordinaires, entouré d'un grand jardin avec jets d'eau, et d'un bois faisant partie de la propriété. Enfin, notre propriétaire est le plus digne des hommes ; il entretient le jardin et le bois qu'il appelle *une forêt*, il a une vache et nous fournit le lait... Si Boulogne était seulement à deux cents lieues de l'Angleterre, tous les Anglais en seraient fous. Tout y est pittoresque, la ville, la campagne, les habitants ; le quartier des pêcheurs, avec ses rues presque perpendiculaires, ses énormes filets tendus le long des maisons, ses habitants aux visages hâlés, aux costumes datant d'une centaine d'années, vaut Naples...

26 juin.

O la pluie hier !... Notre maison est sur le penchant d'une colline, protégée à l'arrière par un bois de jeunes arbres... En face, la haute ville avec la cathédrale inachevée et les remparts. Puis, dégringolant le long du vallon, dans une pittoresque confusion, toute la cité de Boulogne. La vue est charmante ; nous sommes à dix minutes de la poste et à un quart d'heure de la mer. Le jardin est formé de terrasses successives comme un jardin italien. Il y a à présent des milliers de roses et toutes sortes d'autres fleurs, il y a cinq grandes serres, et, je crois, quinze fontaines dont pas une ne joue. C'est toujours comme ça en France !... La maison est une maison de poupées avec beaucoup de chambres ; mais l'oiseau rare, la perle, c'est le propriétaire, c'est M. Beaucourt... Ici, je ne sais pas du tout pourquoi, tout le monde a deux noms de famille. Mon propriétaire s'appelle M. Beaucourt-Mutuel .. C'est un gros et joyeux compagnon à la figure large et ouverte ; il demeure sur l'autre versant de notre coteau. Il était drapier de son état et possède encore un magasin dans la ville, mais il a, paraît-il, fait de mauvaises affaires, ce qui ne m'étonne pas, car il ne s'occupe que de sa maison, de son jardin et de son bois qu'il a planté lui-même ; il les appelle, toutes les fois qu'il en parle, « la Propriété ». Il est très aimé de tout le monde et sa nature est tellement généreuse, que je n'ose rien lui demander. . . . .

... L'autre jour j'avais observé dans le mur de la terrasse un trou par lequel le Rustre-Comique (c'est le nouveau surnom d'Edouard) ne pouvait manquer de se précipiter à la première occasion. M. Beaucourt se promenait de ce côté : « M. Beaucourt, commençai-je... (immédiatement M. Beaucourt retire sa calotte de velours et demeure tête nue), M. Beaucourt, j'ai vu des planches dans l'écurie qui ne servent à rien ; on pourrait les utiliser pour boucher cette ouverture... » — « Ah ! mon Dieu, monsieur, s'écrie Beaucourt, des planches ne suffiraient pas, il faut un grillage en fil de fer !... Dans cette partie de *la Propriété* des planches ne seraient pas convenables... il faut du fil de fer !... » — Mais, monsieur Beaucourt, le fil de fer est fort dispendieux, et vraiment cela ne vaut pas la peine. » — « Mille pardons, monsieur, ce sera du fil de fer, assurément et parfaitement, du fil de fer, monsieur Dick-ins. — Alors, monsieur Beaucourt, je désire payer la moitié de la dépense. — Jamais, monsieur, s'écrie M. Beaucourt. Puis, pour changer la conversation, il quitte ce ton ferme et grave pour un ton gracieux et familier : « O ciel ! monsieur Dick-ins, s'écrie-t-il, hier soir, au clair de lune, les fleurs de *la Propriété* semblaient se baigner dans le ciel ! Vous êtes content de *la Propriété*, monsieur ? — J'en suis enchanté, monsieur Beaucourt, je suis ravi de tout ce qui m'entoure, monsieur Beaucourt ! — Et moi, monsieur, dit Beaucourt en pressant sa calotte sur son cœur et en envoyant des baisers dans l'air avec la main, je trouve que c'est le Paradis ! »

Si les objets extraordinaires renfermés dans la villa défient toute description, les phénomènes des jardins n'ont pu être imaginés que par un Français possédé d'une idée fixe. Outre une vue de la villa accrochée dans la salle à manger, il y a dans l'antichambre un plan détaillé de la propriété... Cela a l'air aussi grand que l'Irlande, et chaque petit coin porte un nom retentissant ; il y en a cinquante et un, parmi lesquels j'ai surtout remarqué : le cottage de Tom Pouce, le pont d'Austerlitz, le pont d'Iéna, l'Hermitage, le

Bosquet de la Vieille-Garde, le Labyrinthe, etc., etc..., il y a aussi un guide indicateur pour chacune des chambres de la villa, comme si c'était un établissement tellement vaste qu'on risquerait de s'y perdre, sans ce fil d'Ariane, ou, qui sait? peut-être de mourir de faim en allant d'un appartement à l'autre.

Beaucourt a été capitaine dans la garde nationale : « Monsieur Dick-ins, m'a-t-il raconté, Cavaignac était notre général : Brave capitaine Beaucourt, me dit le général Cavaignac, je vais vous faire décorer! — Non, mon général, ai-je répondu, non ; il me suffit d'avoir fait mon devoir... Je retourne dans mon pays, poser la première pierre d'une *Propriété* qui m'appartient. Cette Propriété, mon général, sera ma croix d'honneur! »

Pendant longtemps Beaucourt a changé quotidiennement l'orthographe du nom de la Propriété. Il l'a enfin fixée, en faisant peindre sur le côté extérieur de la porte principale ces mots : Entrée particulière de la villa des Moulineaux. Sur une autre porte, un peu plus bas, on lit : Entrée de Tom Pouce ; sur une autre : Entrée des écuries de la villa des Moulineaux. Enfin sur la dernière de toutes : Entrée du château Napoléonien...

Boulogne, 7 juillet 1853.

Presque tous les dimanches nous avons une fête, avec danses en plein air... Des gaillards gigantesques et prodigieusement barbus tournent sur des chevaux de bois minuscules, pendant des heures entières... Mais un des spectacles les plus remarquables de Boulogne est le marché aux cochons qui a lieu tous les samedis ; c'est d'une absurdité irrésistible. Voici le scénario du drame auquel j'ai assisté la semaine dernière :

PERSONNAGES

1. Une jeune et jolie paysanne, jupe courte, bas bleus

bien tirés, assise sur son âne entre deux paniers contenant chacun un cochon.

2. Un vieux fermier en blouse, armé d'un fouet énorme, conduisant un *four in hand* de cochons qui se précipitent, tête baissée, dans toutes les boutiques.

3. Une charrette contenant un cochon immense, attaché par la tête et par les quatre pattes et qui, par ses horribles grognements, jette la terreur dans l'âme des 650 jeunes cochons présents sur le marché.

4. Le collecteur d'octroi, le chef orné d'un gigantesque képi... A travers ses jambes écartées, un flot de petits cochons se glisse incessamment, échappant ainsi à la taxe.

5. Moi stupéfait à l'aspect mélancolique et résigné d'un rond de vénérables cochons attachés par une jambe à des pieux fichés en terre.

6 John-Edmund Reade, poète anglais, m'exprimant son admiration éternelle, inconscient de l'approche d'un joyeux cochon récemment échappé à sa prison mouvante.

7. Prêtres, paysans, soldats...

Ainsi se passa ce premier séjour sur la côte de France. Dickens reçut de nombreuses visites de ses amis : M. et Mᵐᵉ Leech, Frankstone, Egg et Wilkie Collins; c'est de Boulogne qu'il partit avec ces deux derniers, pour son expédition en Italie que nous avons racontée.

En juin 1854, M. Beaucourt reçut encore son célèbre locataire et sa nombreuse famille; mais, entre temps, il avait achevé de bâtir le cottage qu'il appelait pompeusement « le Château », et qu'il avait baptisé du nom tout aussi majestueux, de « Villa du Camp de Droite ». A cette époque l'humoriste eut, pendant quelques semaines, comme voisin et comme compagnon, Thackeray, qui avait loué un vieux et mélancolique manoir situé sur la route de Paris ; mais Thackeray aimait ses aises, et son propriétaire, un baron, n'avait pu lui fournir que six couverts et une cafetière. Il se fatigua bien vite et s'en fut à Spa après avoir fait un dernier tour de rempart avec son compère, en fumant le cigare de l'adieu. Dickens assista à cette époque à la formation du fameux camp de Boulogne, à l'arrivée du prince Albert, et à la rencontre entre le Consort de la Reine d'Angleterre et l'Empereur des Français. Laissons-le raconter lui-même ses impressions :

Boulogne, août 1854.

Le camp s'est dressé comme par enchantement ; les tentes couvrent déjà toute la falaise du côté de Calais ; les ponts, les routes, les rues, fourmillent de petits soldats en pantalons rouges ; sur la jetée, à l'arrivée des bateaux, il semblent sortir de dessous terre. Beaucoup d'entre eux voient la mer pour la première fois. Leur tenue est excellente et leur naïveté délicieuse. La rapidité avec laquelle ils ont construit des rues entières, formées d'une double rangée de huttes en terre, ressemble à un miracle des *Mille et une Nuits*... Chaque petite rue contient 144 hommes, et chaque rue porte un numéro, de sorte que les vaguemestres trouvent leur chemin aussi facilement que les facteurs dans la rue de Rivoli. Le prince arrive dans quelques jours. Beaucourt est dans un état de surexcitation prodigieuse ; lorsque j'ai planté le drapeau d'Angleterre au haut de *la Propriété*, le brave homme ne s'est plus contenu ; il a jeté sa calotte de velours en l'air en criant : « Gloire aux braves Anglais ! »

Boulogne, septembre 1854.

Fatigué de l'éclat des fusées, du bruit des pétards, de la

vue des soldats français embrassant les marins anglais, et des marins anglais buvant à la santé des soldats français, blasé sur les tirs aux macarons, les mystères des chevaux de bois et les charmes de la femme géante, hier j'ai endossé ma grande blouse de campagne, je me suis coiffé de mon feutre mou à larges bords, et, le bâton en main, m'esquivant par une porte de derrière, je suis allé rêver dans un bois charmant qui se trouve sur la route d'Amiens. Or, comme je revenais de mon excursion, la blouse ouverte, le chapeau sur l'oreille, les bottes couvertes de poussière, j'aperçois à dix pas devant moi Sa Majesté l'Empereur des Français et Son Altesse le prince Albert, tous deux en uniforme, tous deux à cheval, entourés d'un brillant état-major, et des grooms anglais royaux en costumes écarlates. J'étais confus de ma toilette,... mais impossible d'éviter les augustes personnages... Je me mis donc bravement en position sur le bord de la route ; quand les deux princes ont passé, je me suis découvert en agitant de toutes mes forces mon feutre aux larges bords... Alors l'empereur a tiré son képi, et, souriant très gracieusement, il m'a fait de la main un signe de reconnaissance en me criant : « Bonjour, Dickens ! » Raide et formel sur sa selle, le prince Albert, comprenant sans doute en entendant mon nom que j'étais un sujet de sa Reine, a daigné incliner légèrement la tête... Ah! madame[1], la différence entre les saluts fait la différence entre les princes.

Boulogne, 8 octobre.

J'étais à la revue l'autre jour, tout à côté de l'empereur et de l'impératrice, lorsqu'on vint leur annoncer la prise de Sébastopol[2]. La scène était vraiment magnifique, tout étince-

---

1. Cette lettre est adressée à M*me* Gaskell, l'*authoress* bien connue, dont l'œuvre de début paraissait en ce moment même dans Household Words.

2. C'était une de ces fausses nouvelles auxquelles les dures expériences de 1870-1871 nous ont, hélas! trop bien accoutumés.

lait sous le radieux soleil, et l'arrivée de la dépêche a été un superbe coup de théâtre... Tous les régiments ont défilé devant les souverains en criant : « Vive l'Empereur! » L'Impératrice était très jolie, admirablement campée sur un beau cheval gris. Quand l'empereur lui a donné la dépêche à lire, elle a rougi, ses yeux ont brillé, elle a embrassé le papier porteur de la glorieuse nouvelle d'une façon simple et charmante !

Dickens revint à Londres vers la fin du mois d'octobre.

CHAPITRE II

L'activité fébrile de Dickens ne fait que se développer à mesure qu'il avance dans la vie ; on dirait qu'il recherche les occasions de fatigue. A peine de retour, il entreprit une série de lectures publiques données au bénéfice d'œuvres charitables dans le Yorkshire, à Reading, à Sherborne, à Bradford ; il revint à Tavistock-House pour la Noël, et tout de suite se mit à organiser une grande représentation théâtrale pour le 6 janvier. La pièce choisie était une bouffonnerie de M. Planché : *Fortunio et ses sept serviteurs*. Tous les acteurs excepté Dickens, Wilkie Collins et Mark Lemon, le facétieux directeur du *Punch*, étaient les enfants du grand humoriste. Nous trouvons à ce sujet les intéressants détails suivants dans une lettre adressée à un de ses vieux amis de Lausanne, M. Cerjat, et datée de Tavistock-House :

Mon fils aîné[1] est de retour d'Allemagne pour étudier l'industrie, d'abord, je crois, à Birmingham. Les neuf enfants sont heureux et bien portants... *item* Mme Dickens, *item* Geor-

---

1. Aujourd'hui directeur de *All the year Round*, revue fondée par son père.

gine,... mes deux filles s'intéressent beaucoup aux vôtres, et une des miennes ressemble singulièrement à une des vôtres. Nous sommes tous sans dessus dessous par rapport à une féerie que nous préparons pour lundi prochain. La maison est pleine de décors, de gaz, de juifs marchands de costumes, et de charpentiers dramatiques...

Au mois de février, Dickens et Wilkie Collins préludèrent par une rapide excursion à Paris au long séjour qu'ils devaient y faire à la fin de cette même année; la lettre suivante au célèbre acteur Régnier fut écrite quelques jours seulement avant leur départ :

Mon cher Régnier, je viens à Paris pour une semaine avec mon ami Collins, fils du peintre anglais qui a rendu si admirablement notre verdure, nos cottages et nos enfants. Ne parlez pas de mon arrivée à Le Vieux; à moins que je n'aie le malheur de le rencontrer dans la rue, je compte ne pas me montrer à ce fâcheux insupportable. Nous arriverons lundi 12 dans la soirée. Maintenant, mon cher, pouvez-vous nous retenir pour une semaine un appartement gai, clair et en bon air, se composant d'un salon et de deux chambres à coucher? Je n'écris pas à l'hôtel Brighton, parce que c'est l'habitude qu'on y prenne ses repas, et comme nous venons à Paris pour regarder et voir, nous voulons dîner tous les soirs dans un endroit différent... En un mot, nous voulons rire, nous plonger tous deux dans la vie de garçon, et au milieu de toutes les fêtes et de toutes les diableries de Paris.

La correspondance est à peu près muette sur ce séjour en garçon des deux bons compagnons à Paris; nous savons cependant qu'ils descendirent à l'hôtel Meurice, et que ce que Dickens admira le plus, furent les performances d'un clown du nom de Boswell, au cirque Franconi. Mais ce silence est plus que compensé par l'abondance des détails contenus dans sa correspondance datée de l'avenue des Champs-Élysées, où le romancier habita du mois de novembre 1855 au mois d'avril 1856. La famille passa cet été aux bains de mer, à Folkestone, et, après être resté quelques jours à Boulogne, où deux des jeunes fils de Dickens étaient au collège, elle prit la route de Paris, où nous allons bientôt la retrouver. Mais auparavant, quelques remarques sont nécessaires.

Entre les deux séjours de Dickens à Paris, il y a un espace de neuf ans (1846-1855).

La grande ville est bien changée, son visiteur aussi.

Paris n'est plus le sombre Paris de 1846, la cité inquiète, nerveuse, orageuse et mécontente où l'on entendait sourdre la prochaine révolution; la révolution est venue, le vieux roi citoyen que Dickens avait vu se dissimuler dans un coin de sa voiture pour échapper aux huées du peuple, est maintenant en exil, là-bas, dans la brumeuse Angleterre, et, par un étrange revirement des choses d'ici-bas, c'est un ancien exilé dans ce même pays de brouillards qui règne aujourd'hui au Palais des Tuileries; l'ex-constable de la bonne ville de Londres, le Prince Taciturne, le compagnon de jeunesse de Dickens, Louis-Napoléon Bonaparte est devenu l'Empereur des Français. La prédiction qui, dans les salons de lady Blessington, lui fut faite en présence de l'humoriste anglais par une devineresse compatriote, s'est de point en point accomplie : il est juste d'ajouter qu'elle ne s'est pas accomplie toute seule, le prince aida beaucoup la destinée.

Quoi qu'il en soit, à peine le nouveau souverain a-t-il été proclamé que Paris change soudain d'aspect ; il devient tout à coup et sans transition le grand Paris étincelant, vivant et rieur, plein d'exubérance et de gaieté, plein d'air et de lumière, tout débordant de la science la plus profonde et de l'esprit le plus léger, futile, frivole, très vicieux à coup sûr, mais si charmant dans sa frivolité, si élégant dans son vice, que les moralistes lui pardonnent et que les étrangers l'en aiment mieux. A ne considérer que l'extérieur des choses, 1855-1856 est certainement l'année la plus belle du second Empire. Pendant que le télégraphe répand aux quatre coins du monde le bruit des succès quotidiens de nos armes en Crimée, toute l'Europe s'occupe des préparatifs de la première Exposition universelle, pour laquelle on a dressé un palais somptueux au milieu des Champs-Élysées. Les indigènes des pays les plus étranges affluent sur les boulevards. Les fêtes particulières succèdent aux fêtes de la cour et rivalisent avec elles de magnificence. La présence sur le trône d'une jeune et charmante impératrice, protectrice de toutes les élégances, donne un essor plus large à la grande vie mondaine. Et, notons-le, ce n'est pas seulement la société qui se transforme et qui pare de roses son front rajeuni, la ville elle-même se revêt de parures jusqu'alors inconnues ; sous la tenace volonté du baron Haussmann, aidé de son bras droit le grand ingénieur

Alphand, voilà que s'écroulent tous ces quartiers sombres, humides, pestilentiels, qui semaient le poison dans les airs; voilà que disparaissent ces rues, ces ruelles périlleuses, étroites, honteuses et sales, asiles du crime, du vice, de la misère, déshonneur de Paris; tout cela fait place à des voies larges et saines, à des jardins publics pleins de fraîcheur, à des squares aimés des enfants, où jaillissent les fontaines chatoyantes; boulevards, avenues immenses, ponts, aqueducs, statues, monuments de toute sorte, semblent réellement, en quelques années, être sortis de dessous terre.

C'est à ce moment de gloire, de plaisir et d'enivrement, pendant que le *Te Deum* des églises, les musiques militaires des glorieux régiments qui reviennent, les hurrahs frénétiques d'un peuple enthousiasmé, les chants bachiques sortant des cabarets aux fenêtres ouvertes, le rire clair et incessant de l'or tintant sur les comptoirs font monter vers le ciel un grand brouhaha joyeux, c'est à ce moment, dis-je, que Charles Dickens revient à Paris (octobre 1855); mais le grand humoriste anglais ne sera pas tellement ébloui par les aveuglantes couleurs du tableau, qu'il n'en puisse apercevoir l'ombre. Il lui suffira de regarder pour comprendre vite que, sous cet extérieur si brillant, une lèpre terrible ronge et mine la société parisienne. Il s'apercevra que la spéculation effrénée s'est emparée des grands et de la foule, les passionne, les fait délirer. Exaspérés par l'exemple de quelques fortunes monstrueuses et subites, les petites gens jettent dans les entreprises les plus hasardeuses le fruit de leurs économies, se ruinent, se désespèrent ou meurent. Le retentissement des fêtes, les cris de joie des gagnants de la Bourse étouffent le bruit des sanglots et le râle des suicidés, et la spéculation étend chaque jour son empire, grandit, devient un monstre qui menacera bientôt de tout dévorer. Dickens voit cela de son coup d'œil d'observateur froid ; un soir, chez Girardin qui le reçoit en déployant un luxe insolent, il glace toute cette société de parvenus de la Bourse par une observation profonde, pleine d'un bon sens britannique.

Mais n'anticipons pas. Avant de nous effacer pour laisser la parole à Dickens, il nous faut dire quelques mots de l'homme, comme nous avons dit quelques mots du cadre dans lequel nous allons le voir s'agiter.

L'auteur de *David Copperfield* et de *Dombey and son* ne ressemble plus, en 1855, à l'élégant compagnon du comte d'Orsay de 1846, au jeune homme insouciant, exubérant, tout plein d'illusions et de gaieté franche, que nous avons présenté aux lecteurs de cet ouvrage. Le succès, — un succès immense, foudroyant, qui, dans quelques années, a fait de lui l'écrivain le plus populaire, le plus illustre, le plus chéri de l'Angleterre, le succès n'a point compensé, pour cette nature d'une sensibilité maladive, les indispensables amertumes de la vie réelle ; au point de vue psychologique, le caractère de Dickens serait très curieux à étudier ; c'était un inquiet de corps et d'esprit, un tourmenté, mais surtout un tourmenteur de soi-même ; les petites piqûres familiales, qui sont le lot de tout grand artiste marié, devenaient dans son imagination de vrais coups de poignard; incapable de les supporter, nous le verrons deux années plus tard, sans aucun grief qu'un grief intellectuel, se séparer brusquement et définitivement de sa femme. Cette nervosité qui, dans la suite deviendra une névrose, le rend malheureux, triste, amer, alors que tout semble lui sourire; c'est en vain que, pour calmer ces étranges agitations de son esprit, il fatigue son corps par des courses à pied excessives, il ne trouve véritablement le calme qu'à sa table de travail. Alors les pénibles labeurs de la conception cérébrale chassent pour quelques heures tous ces fantômes, mais ils reviennent plus obsédants, lorsqu'il dépose la plume. Cet état extraordinaire de son âme transparaît dans sa correspondance. Je sais bien qu'il plaisante, qu'il plaisante toujours, qu'il a plaisanté la veille de sa mort, mais que d'amertume dans sa plaisanterie, à mesure qu'il avance dans l'existence! Son rire des derniers temps me rappelle, malgré moi, ce fou du roi Louis XIII qui faisait sonner les grelots de la folie sur des vêtements de deuil. Eh bien! et c'est là où je voulais en venir, voici un détail bizarre, digne de remarque et fait pour flatter notre orgueil national à nous Français : A peine Dickens a-t-il touché du pied le sol de notre exhilarante patrie que le voilà guéri de ses humeurs; ses lettres redeviennent les lettres de sa jeunesse, joyeuses, ironiques sans arrière-pensée, spirituelles sans amertume. Ce contraste se sent vivement quand on étudie toute cette volumineuse correspondance, et le lecteur lui-même s'en rendra compte en lisant les lettres datées de Paris que nous publions plus loin. Vous comprenez qu'au milieu de nous il oublie ses chagrins, qu'il consigne à la porte ses imaginaires tourments et qu'il jouit réellement de la vie.

Pendant ce séjour de 1855-1856, Dickens, outre cette atmosphère joyeuse qui l'entourait, eut presque constamment pour l'entretenir en belle humeur, le meilleur, le plus gai, le plus charmant et le plus intellectuel des compagnons de voyage : c'était un jeune homme de trente-deux ans à peine, dont le nom, déjà célèbre en Angleterre, avait su vaincre l'indifférence française pour tout ce qui est d'origine étrangère. L'auteur de *Basil*, du *Secret,* de *la Femme en blanc*, ce grand maître dans le royaume du surnaturel, Wilkie Collins, le romancier infatigable dont la réputation méritée est aujourd'hui universelle, avait, dès cette époque, été jugé digne d'attirer le regard de la grave *Revue des Deux-Mondes* ; deux années auparavant, Forgues le père avait fait paraître un remarquable article sur l'œuvre déjà considérable du jeune auteur anglais, au talent plein d'originalité et d'imprévu, à l'esprit singulièrement fataliste, ami du mystère, passé maître dans l'art de créer un secret, de l'envelopper d'ombres épaisses où l'on s'égare et de n'éclairer qu'à la fin, mais d'une lueur éclatante, toutes ces ténèbres amoncelées à dessein[1]. Ici, à notre grand regret, nous

---

[1]. C'est là sa qualité la plus appréciée du gros public, mais il en a une autre, selon nous, bien plus remarquable : Wilkie Collins est un admirable peintre de caractères ; ses femmes sont supérieures à celles de Dickens. Les personnages de miss Vane dans *No name*, de la jeune aveugle dans *Poor miss Finch*, de Valeria dans *The Law and the Lady*, de Mercy Mer-

ne pouvons consacrer que quelques lignes très brèves au compagnon habituel, au collaborateur ordinaire [1], à l'inséparable ami de Charles Dickens, dont il ne fut jamais le beau-frère, nous sommes fâché d'être obligé de contredire sur ce point le critique profond et bien informé qui répond au nom de M. Scherer [2].

Nos deux voyageurs venaient à Paris pour regarder et pour voir; tous deux passionnés pour l'art dramatique, ils ne passaient guère de soirée sans entrer dans quelque théâtre : « Parfois, m'écrivait dernièrement Wilkie-Collins, nous assistions dans certains théâtres du boulevard à des mélodrames extraordinaires; patient de ma nature, je restais là jusqu'à la fin, mais lui (Dickens), pour peu que l'exposition traînât en longueur, il s'agaçait, s'agitait, bref prenait son chapeau et s'en allait en me disant : « Ceci est « vraiment insupportable, je vais marcher quelques « milles, vous me raconterez le dénouement ce soir ».

Artistes eux-mêmes jusqu'au bout des ongles, les deux écrivains anglais vécurent de préférence au milieu des artistes; Dickens, bien qu'il eût été jadis un des amis de l'Empereur, n'eut garde de se présenter à la cour. Il tremblait à l'idée qu'on pourrait lui adresser une invitation pour une soirée aux Tuileries

---

rick dans *The New Magdalen,* sont d'admirables créations vivantes, réelles et poétiques.

1. Pendant toute la durée de la vie de Dickens, Wilkie Collins fut son collaborateur pour les deux *Magazines*, successivement créés et dirigés par lui : *Household Words*, 1850-1859 ; *Ale the year round*, 1859-1870.

2. Un des frères de Wilkie Collins épousa une des filles de Dickens ; ce n'est pas tout à fait la même chose, n'en déplaise au critique du *Temps*.

ou pour un raout chez la princesse Mathilde qui recevait beaucoup les écrivains à cette époque. Cet ancien élégant dont les gilets, dessinés par lui-même, faisaient jadis fureur, était devenu, en avançant dans la vie, l'ennemi implacable des conventions mondaines. Il se hérissait à la seule pensée qu'il lui faudrait subir le joug de l'étiquette. Il avait, depuis quelques années, adopté un vêtement commode et large, de couleur bleue, ni trop lourd ni trop léger, mais qui, joint à sa physionomie bronzée par les voyages, à sa barbe qu'il portait maintenant en éventail, à son air énergique et décidé, enfin à un certain balancement habituel dans la démarche, lui donnait l'air d'un capitaine retraité de la marine marchande anglaise. C'est dans cet accoutrement qu'il circulait à travers Paris, accompagné de son jeune camarade Wilkie Collins, paraissant rire de tout, mais au fond observant, cherchant toujours des matériaux pour son œuvre future. Cela ne l'empêchait pas de travailler à l'ouvrage sur le chantier, et, deux de ses productions les plus heureuses, *Dombey and son* et *Little Dorrit*, ont été écrites en partie pendant ces deux séjours en France dont nous nous occupons. Je termine ce long préambule. Après avoir couru tout Paris à la recherche d'un appartement garni assez vaste, car ses enfants, conduits par tante Georgey, devaient venir le rejoindre plus tard; après une courte et tragi-comique station dans la rue Balzac [1], il eut enfin la chance de décou-

---

1. Il eut « des mots » avec son concierge, et un procès qu'il gagna, avec son propriétaire.

vrir une perle, au n° 49 des Champs-Élysées. Il ne pouvait, en effet, rêver un logement dont la situation fût plus gaie. En face de lui, de l'autre côté de l'avenue, le cirque Franconi et toute l'animation du Paris élégant ; à deux pas de sa porte, d'un côté le fameux Jardin d'hiver, cher aux imaginations britanniques, et de l'autre l'Exposition. De ses fenêtres qui, toutes, donnaient sur l'avenue, il voyait passer le flot bruyant et perpétuel des équipages, des amazones, des cavaliers et des piétons ; souvent, dans une vision rapide, il apercevait, à demi étendu au fond d'un huit-ressorts découvert, à côté de la jeune et gracieuse souveraine, son ancien ami Louis-Napoléon qui, en dépit de son élévation, restait toujours, par l'expression du visage, le « Prince Taciturne ».

C'est de l'avenue des Champs-Élysées — où Dickens est resté depuis le mois d'octobre 1855 jusqu'au mois d'avril 1856 — que sont datés les lettres et extraits de lettres qui suivent sous la forme du journal. Nous avons, dans un précédent chapitre, expliqué pourquoi nous avions de préférence adopté cette forme ; elle donne plus d'unité et de cohésion à l'ensemble du travail, elle évite les interruptions et les commentaires, surtout elle rend plus vivant, plus saisissant et plus réel, le récit de Charles Dickens.

CHAPITRE III[1]

49, avenue des Champs-Elysées.
Octobre 1855.

...Nous avons décidé, W. Collins et moi, que pendant au moins une bonne semaine, nous serions de simples touristes anglais, badauds et flâneurs, et non pas les inimitables écrivains que chacun sait. Oui, pendant toute une bonne semaine, nous allons rester sourds aux invitations les plus aimables, aux plus flatteuses reconnaissances; nous dînerons chaque soir au restaurant, et nous irons tous les soirs au théâtre. Si l'on nous demande notre nom, nous répondrons avec un sourire que nous nous appelons les deux Smith, de Sheffield; nous avons fait faire des cartes à cet effet.

Hier, nous avons commencé cette vie de dissipation en entrant au hasard dans un théâtre quelconque; le hasard nous a bien servis; ce théâtre était l'Ambigu, et l'on y donnait la reprise d'un ancien et passionnant mélodrame : *Trente ans ou la vie d'un joueur*, avec Frédéric Lemaître. C'est le plus grand acteur du siècle, c'est un génie! La façon dont il a joué hier défie toute comparaison. Jamais je n'aurais cru qu'un homme pût arriver à ce degré de perfection dans l'horrible! Pendant les premiers actes, il est si bien grimé, il arpente si légèrement les planches, qu'il paraît suffisamment

---

[1]. Les lettres d'où sont extraites les différents morceaux qui composent ce récit sont mentionnées en notes.

jeune; mais, dans les deux derniers, alors qu'il est devenu pauvre et misérable, il fait des choses tellement épouvantables avec sa figure, ses mains, ses jambes, tout son corps, qu'un long frisson d'effroi involontaire se répand dans la salle... Lorsqu'il rencontre dans la cour de l'auberge le voyageur qu'il doit assassiner et que, pour la première fois, il aperçoit son argent, la façon dont on voit le crime entrer dans sa tête, dans ses yeux, envahir toute sa personne, est aussi réelle que terrible. Le voyageur, qui est un brave homme, lui donne un verre de vin... Ah! que n'étiez-vous là, vous tous, mes compatriotes, qui croyez avoir de grands acteurs, pour voir, comme je l'ai vu, le vague souvenir de jours plus heureux se peindre sur sa physionomie!... Cela ne dure qu'un instant; il prend le verre élégamment, délicatement, en homme de bonne compagnie, va pour trinquer avec le voyageur, puis brusquement s'arrête dans son geste, et, d'un mouvement brutal, renverse le contenu d'un trait au fond de sa gorge, qui brûle et siffle comme une fosse de chaux vive... Mais ceci n'est rien auprès de ce qui suit l'assassinat, lorsqu'il revient chez lui avec un panier de provisions, sa poche en haillons pleine d'argent, sa main droite ensanglantée... Sa petite voit le sang et lui demande s'il est blessé. Il a une façon de tourner le dos à l'enfant et d'examiner pièce à pièce tous ses vêtements, pour voir s'ils ne sont pas tachés de sang, tellement hideuse, qu'on en a froid dans le dos... Il y a un ou deux mots dans la pièce, qu'il dit comme jamais personne ne les dira; l'un est lorsque sa femme lui demande d'où provient tout cet argent : « Je l'ai trouvé! » dit-il ; un autre quand son ancien compagnon, celui qui l'a perdu, l'accuse d'avoir assassiné le voyageur... il devient fou soudain, le saisit à la gorge et s'écrie : « Ce n'est pas moi qui l'ai assassiné, c'est la Misère! » Et ses costumes... et sa tête... et par-dessus toute chose les gestes et moulinets criminels qu'il fait avec une branche fourchue qui lui sert de bâton et qui ressemble au diable !... Assez, je pourrais écrire jusqu'à demain au sujet de Frédéric Lemaître. Cette soirée laisse dans mon esprit une impression ineffaçable[1]. . . .

Champs-Elysées. — Octobre 1855.

Hélas ! notre incognito a été vite percé à jour ; nous avons été obligés de retirer nos faux nez, de brûler nos fausses cartes, et me voilà redevenu pour tout le monde l'Inimitable Boz. Je ne me doutais pas de ma réputation ici... A peine étais-je arrivé, que la presse quotidienne s'est emparée de ma personne, les journaux illustrés m'ont portraicturé tout vif. Il s'ensuit que je ne puis entrer dans une boutique sans y être immédiatement reconnu et accueilli d'une façon charmante. Mon roman de *Martin Chuzzlewit* paraît chaque jour en feuilleton dans le *Moniteur*, et cela rend mon nom plus populaire[2]... Un marchand de curiosités, chez lequel j'avais acheté quelques bric-à-brac, me les a apportés lui-même, et, tout en dépaquetant sa marchandise, le brave homme s'est mis à me parler de mon œuvre, qu'il connaît sur le bout du doigt : « Ah ! que je suis honoré et intéressé de voir Monsieur Dickin, l'écrivain célèbre ! Monsieur porte un nom très distingué ! Je lis un des livres de Monsieur tous les jours, dans le *Moniteur*.... Ah ! c'est une grande chose !.... et ses caractères sont si spirituellement tournés ! Cette madame Tajare (Tadgers), ah ! qu'elle est drôle, et précisément comme une dame que je connais à Calais ! [3] » L'avouerai-je ? J'ai ressenti une joie très grande en entendant cet éloge naïf et à coup sûr très sincère d'un petit bourgeois de Paris. Mais la gloire a ses inconvénients, et je suis destiné à les expérimenter tous. C'est ainsi que mon antichambre est déjà envahie par des flots de visiteurs, à moi totalement inconnus, qui, tous,

---

1. Extrait de deux lettres à M. J. Forster, datées toutes deux : octobre 1855. — 49, Champs-Élysées.
2. Lettres à John Forster, datées octobre 1855.
3. En français, dans l'original.

brûlent du désir de serrer la main à l'illustre écrivain de l'Angleterre. C'est à ce point que, quand je suis dehors, je n'ose rentrer, de peur de rencontrer un de mes fâcheux descendant l'escalier, et quand je suis dedans je n'ose sortir, par crainte d'ouvrir moi-même la porte à un importun. Je reste donc chez moi, je me retire dans le coin le plus secret de mon appartement, et je travaille ferme à la *Petite Dorrit* et au conte de Noël prochain. Mon domestique, auquel j'ai donné quelques leçons dans l'art des mensonges nécessaires, m'apporte continuellement des cartes, libellées dans le genre de celles-ci, que je prends au hasard dans le tas :

FORGUES

Homme de Lettres.

ou :

BROUSSE

Membre de l'Institut.

ou :

CRÉGIBUS PATALANTERNOIS

Tête des Beaux-Arts.

De cinq minutes en cinq minutes, je reçois des livres ornés d'inscriptions semblables à la suivante :

JAUBAUD

Hommage à l'illustre romancier d'Angleterre, Charles de Kean !

Et alors je réponds des lettres toutes remplies des salutations les plus empressées, toutes pleines de l'assurance de ma profonde considération... Mais jamais, au grand jamais, je ne deviens visible à l'œil nu.

A la tombée de la nuit, je m'esquive et vais rejoindre Collins sur les boulevards. J'oubliais de mentionner qu'au milieu du fatras que m'apporte la poste chaque jour, j'ai reçu une proposition sérieuse d'une des grandes maisons de publication de Paris, qui désire s'entendre avec moi pour éditer la traduction de mes œuvres complètes.... Nous verrons[1].

Champs-Élysées. — Novembre 1855.

Mon bon ami, l'admirable acteur Régnier nous a envoyé hier une loge pour la première représentation d'une petite pièce de lui au Théâtre-Français. C'est une charmante bluette pleine d'esprit et d'entrain ; il est juste de dire que l'intrigue ne tient pas debout devant une critique sérieuse, mais cela importe peu au spectateur parisien, tout ce qu'il demande, c'est qu'on l'amuse après son dîner, et il a raison : le théâtre ne doit être qu'un amusement. Madame Plessis y est admirable ! Ah ! si je pouvais apercevoir dans une actrice anglaise une centième partie du feu sacré qu'elle possède, je croirais alors à la régénération du théâtre anglais, mais hélas ! mes yeux ne seront jamais les témoins d'un tel phénomène[2].

Je dois avouer qu'en dépit de mon affection pour Régnier, j'ai en horreur le théâtre de la rue de Richelieu. C'est un vaste tombeau comme on en voit dans les légendes orientales, où l'on va pour songer à des amis morts ou à des amours contrariées. Il règne dans tout cet établissement une sorte de raideur classique qui vous glace la moelle. Là, même mon meilleur ami me paraît insupportable ; on se lasse, à la fin, de toujours voir un Monsieur, vêtu d'une toge, évoluer pendant un nombre d'actes déterminés, en répétant à satiété les mêmes gestes ; s'il se souvient, il se frappe le front à plusieurs reprises ; quand il lance un mot, il le scande ; il a l'air de saisir l'une après l'autre, avec sa main droite, les

---

1. Extraits de deux lettres, l'une à Wilkie Collins, l'autre à M. W.-H. Wills, datées : l'une du 15 octobre, l'autre du 30 octobre 1855. Champs-Élysées.

2. Lettre à W. C. Macready (l'acteur), datée 5 novembre 1855. Champs-Élysées.

phrases à mesure qu'elles sortent de ses lèvres, et de les empiler en pyramides sur le haut de sa tête.... Et la petite pièce!... Le lever du rideau!... Le théâtre représente un salon, un sofa à droite, un sofa à gauche, trois petites tables au milieu. Un gentleman est assis sur un des sofas; entre un autre gentleman tenant son chapeau à la main. Eh! bien, pour peu que vous soyez un habitué, et quel que soit le titre de la pièce, vous saurez exactement à quel instant le premier gentleman se lèvera d'un des sofas pour aller s'asseoir sur l'autre; vous saurez à une minute près quand le second gentleman devra placer son chapeau d'abord sur la première, puis sur la seconde, enfin sur la troisième petite table[1].

Champs-Élysées. — Novembre 1855.

....Hier nous avons visité l'Exposition internationale de peinture... Hélas! pour mes malheureux compatriotes... rien d'aussi vide, d'aussi insignifiant, d'aussi pâle que les tableaux de la galerie anglaise!... L'absence générale d'idées est partout douloureusement apparente! Pour ne citer que les meilleurs, voilà par exemple un Mulready qui représente deux vieillards beaucoup trop jeunes, discutant au travers d'une table beaucoup trop grande; j'ouvre le livret officiel et je lis : « La discussion sur les principes du docteur Whitson. » Eh! bien, cela ne me satisfait pas du tout, et même, sachant ce dont il s'agit, rien, dans l'attitude de ces deux bonshommes, ne me fait soupçonner un tel sujet. Le « Sancho » de Leslie est raide, sans grâce, sans naturel; quant au tableau de l'ami Stanny[2], imaginez la reproduction exacte d'un joli salon de cire. Au fond, ce qui manque dans ces tableaux, manque dans ceux qui les ont peints; c'est la puissance de conception, c'est le feu sacré, c'est surtout l'Idée et l'art de ne voir dans

---

1. Extraits d'une lettre à J. Forster, datée des Champs-Élysées, novembre 1855, citée dans la *Vie de Dickens*, par Forster.
2. Stanfield.

les modèles qu'un moyen de rendre l'Idée. Depuis quelque temps, les meilleurs parmi nos peintres anglais, s'enveloppent d'une sorte de « *respectabilité* » atroce ; ils sont les esclaves d'une routine étroite, systématique, définie, qui caractérise à mes yeux l'état actuel de la société anglaise tout entière. Quelle différence entre notre section et la section française ! Là aussi, il y a des choses mauvaises, très mauvaises, mais, tout à côté, que d'œuvres admirables ! Quelle âme ! Quelle hardiesse dans la forme et dans la conception ! Quelle passion ! Quelle action ! Quelle vie !... Je ne suis pas un pessimiste et je suis loin de prétendre que notre gloire nationale soit à son déclin, mais je dis et j'affirme que l'amour de la forme et du convenu est le pire ennemi de l'art anglais, comme il est le pire ennemi de notre politique et de nos relations sociales... Nos artistes sont inouïs ! Ils ont l'idée fixe qu'il n'y a de naturel que les manières anglaises ; or, chacun sait que nos manières sont, au contraire, tellement exceptionnelles, qu'elles nous font reconnaître tout de suite à travers le monde entier ; s'ils avaient à représenter un royaliste français marchant à la guillotine, ils nous le montreraient aussi paisible qu'un bon bourgeois de Clapham, aussi respectable qu'une vieille demoiselle de Richmond-Hill, et le plus fort, c'est qu'ils se croiraient dans le vrai et dans le naturel[1].

Décembre 1855.

Je me suis arrangé avec les éditeurs français à propos de la traduction de mes œuvres. Je leur ai cédé les droits de traduction sur tous mes livres moyennant la somme de 440 livres sterling (11.000 francs), payables mensuellement à raison de 40 livres sterling (1 000 francs) par mois. Quand je dis tous mes livres, j'entends tous mes romans : ne sont inclus ni les *Contes de Noël*, ni les *Notes américaines*, ni les *Peintures d'Italie*, ni les *Esquisses*. J'accorde en outre le droit

---

1. Lettres à J. Forster, Champs-Élysées, 30 novembre.

de traduire tous mes romans futurs, moyennant 40 livres sterling (1000 francs), par roman. Lundi, je dîne avec toute la bande de mes traducteurs chez les Hachette, tel est le nom des éditeurs avec lesquels j'ai fait affaire. Une bonne affaire, il me semble, qui payera mon loyer de cette année et toutes mes dépenses de voyage [1].

....Décidément la guerre avec la Russie, n'est pas si populaire que le prétendent les journaux amis du gouvernement : j'en ai eu un exemple frappant l'autre soir. J'étais au théâtre quand est arrivée la nouvelle d'une victoire des troupes françaises en Crimée. On a interrompu la pièce et le régisseur est venu, par ordre, lire la dépêche devant le trou du souffleur. Eh! bien, il n'y a pas eu un seul bravo, pas une seule exclamation à l'orchestre ; quelques gens de Bourse ont tiré leur carnet, y ont inscrit quelque chose et sont sortis précipitamment, voilà tout. La claque elle-même s'est tue, se disant sans doute qu'elle n'était pas payée pour applaudir un fait de guerre. L'expédition de Crimée a été populaire, elle ne l'est plus ; il est temps qu'elle finisse. Dans la rue même indifférence. Sur les boulevards, en voiture découverte, j'ai vu passer le roi de Sardaigne et l'Empereur ; personne ne se découvrait ; on ne détournait même pas la tête pour regarder.... Ah! les Parisiens usent vite hommes et choses.... Leur seul souverain, le seul qu'ils trouveront toujours nouveau, le seul auquel ils resteront toujours fidèles, c'est le Plaisir [2].

Décembre 1855.

Scribe est devenu mon ami particulier, je dîne souvent chez lui. Il possède un charmant hôtel à Paris, un château à la campagne, un équipage luxueux et une magnifique paire

---

1. Extrait d'une lettre à M. W. Wills, datée décembre 1855. Champs-Élysées.
2. Lettre à miss G. Hogarth (belle-sœur de Dickens), datée décembre 1855. Champs-Élysées. Publiée dans la correspondance.

de chevaux : « Tout cela, dit-il souvent, gagné avec ma plume, car tel que vous me voyez, mon cher Dickens, j'ai commencé par être petit clerc chez un notaire. » J'ai rencontré chez lui Auber, un joli petit vieillard, très vert, très gai, aux façons pétulantes. Il m'a dit qu'il avait autrefois habité Stok Noonton (Stoke Newington) pour apprendre l'anglais, mais qu'il l'avait complètement oublié. Il m'a raconté que Louis-Philippe l'avait invité pour le présenter à la reine d'Angleterre et que celle-ci, aussitôt qu'elle l'avait aperçu, s'était écriée : « Il n'y a pas besoin de présentation, grâce aux œuvres de M. Auber, nous sommes de vieilles connaissances ! [1] »

..... Dîné également chez l'excellent Amédée Pichot, pour y rencontrer Lamartine qui désirait beaucoup renouveler connaissance, car, dit-il souvent : « Dickins est un des grands amis de mon imagination. » Il semble n'avoir pas vieilli depuis 1846 ; c'est toujours le même visage pâle, tranquille, légèrement attristé ; au fond de ses yeux dormants brille une sorte de lueur passionnée qui le rend très séduisant près des femmes ; nous avons parlé de de Foe et de Richardson ; il a fait une remarque très originale et très juste à propos de *Robinson Crusoë*, c'est que c'est le seul livre universellement populaire qui ne fasse ni rire ni pleurer. Je l'ai trouvé franc, sans aucune affectation, et il m'a beaucoup intéressé par les détails qu'il m'a donnés sur la vie du bas peuple en France. Il semble avoir profondément étudié la question sociale. Il a ensuite informé la compagnie qu'il avait rarement entendu un étranger parler le français avec autant d'aise que votre inimitable serviteur. A ces mots, votre inimitable serviteur a rougi avec modestie, et, presque immédiatement ensuite, a failli s'étrangler en avalant de travers un os de volaille qui, à l'heure présente, est encore dans sa gorge. Pendant dix minutes, il a été en proie à des tortures atroces, appréhendant

---

1. Extrait d'une lettre à Forster. Champs-Élysées, 16 décembre 1855.

à chaque instant de rendre le bon Pichot à tout jamais célèbre en expirant à sa table hospitalière, comme le petit bossu des contes des fées. Assistaient à ce dîner Scribe et sa femme, mais ils ont été obligés de quitter la table au moment des glaces. Il y avait à l'Opéra-Comique une première représentation d'un opéra d'Auber et de Scribe sur lequel on fonde les plus grandes espérances. Scribe était bien curieux à observer ce soir-là ; lui, l'auteur applaudi de plus de quatre cents pièces, devenait de plus en plus nerveux à mesure que l'heure avançait, ne mangeant pas, répondant à peine, émiettant son pain, tirant sa montre à chaque minute. Bref, n'y tenant plus, il a tout à coup bondi sur son siège et, faisant un espèce de plongeon vers la porte, il a disparu. Sa femme s'est alors levée très tranquillement, a salué à la ronde avec un charmant sourire et l'a suivi. Mme Scribe est une créature extraordinaire ; son fils aîné a au moins trente ans, et elle a l'air d'en avoir au plus trente-cinq ; c'est une femme ravissante dans toute l'acception du mot ; une grâce, une élégance de mouvements incomparables ; elle se lève, s'asseoit, salue, rit, parle, comme une reine en exil[1].

Décembre 1855.

J'ai assisté à la représentation de cette pièce qui rendait mon ami Scribe si nerveux l'autre soir à la table de Pichot, et voici mon impression : Un tout charmant, une musique facile, harmonieuse, captivant l'oreille ; un livret excellent, dénotant une connaissance profonde du théâtre ; des décors de premier ordre et la plus jolie prima donna du monde, dans la personne de Marie Cabel[2].

1. Lettre à M. W-H. Wills, datée décembre 1855. Champs-Élysées.
2. Dickens oublie Faure. Il fit un de ses premiers débuts dans cet opéra d'Auber. Il y jouait le rôle du marquis. L'air du Rire s'appelle dans la partition : *les Couplets de la Bourbonnaise* chantés par Manon. Mme Patti a remis ce morceau à la mode en le chantant souvent dans des concerts ; il se vend aujourd'hui sous le nom de *l'Éclat de rire*.

L'opéra s'appelle *Manon Lescaut* et l'intrigue est tirée de l'aventure si admirablement contée par l'abbé Prévost... Marie Cabel chante une chanson du Rire qui est reçue avec enthousiasme par les spectateurs et c'est la seule fois que j'ai réellement entendu le rire bien mis en musique. Il paraît qu'à la première répétition, cet air fit grand effet sur les musiciens de l'orchestre, et Auber m'a raconté que le chef d'orchestre enthousiasmé lui frappa sur l'épaule, en s'écriant : « Bravo, *jeune homme*, ça promet bien... [1] »

Champs-Elysées, décembre 1855.

Il faisait très froid cet après-midi, mais le ciel était clair et bleu comme un ciel d'Italie. Dans les Champs-Élysées il y avait foule d'équipages, de cavaliers, d'amazones et de piétons. Tout à coup, comme je sortais, voilà que des régiments d'infanterie revenant du tir se mettent à passer, un peu à la débandade, à la façon française qui est pleine de pittoresque et de naturel. De temps à autre, on entendait de grands roulements de tambour, puis les musiques. Ah! ces délicieuses musiques militaires, elles rendraient guerrier le plus lâche des hommes! Les voilà devant moi,... un roulement de tambour, trois coups de grosse caisse, et un pas redoublé éclate dans l'air sonore de cette journée d'hiver... En avant! Je n'y tiens plus! Je suis électrisé! Ma canne sur l'épaule, mon feutre sur l'oreille, je m'élance, réglant mon pas sur celui du gigantesque tambour-major. A mes côtés, dans sa petite voiture mécanique, un pauvre estropié fait avec ses bras des efforts suprêmes pour n'être pas distancé; il a l'air de mon aide de camp; derrière nous, toute l'armée des gamins de Paris suit en poussant des vivats... Ah! si les drapeaux surmontés de leurs aigles d'or se fussent soudain déployés sous le soleil, nous les aurions joyeusement suivis jusqu'au bout

---

1. Extrait d'une lettre à J. Forster (citée dans la *Vie de Dickens*) décembre 1855. Champs-Élysées.

du monde pour défendre n'importe quelle cause! tels les enfants suivent d'instinct la boîte fermée qui contient Polichinelle. Nous sommes ainsi allés jusqu'aux casernes. En passant sur la place Vendôme il m'a semblé, du haut de sa colonne, voir sourire le grand Empereur [1].

Champs-Élysées, décembre 1855.

Tous ceux qui me connaissent n'ignorent pas que je suis l'ami sincère du vrai, et pourtant, si la description suivante tombait sous les yeux d'un ami, il ne manquerait pas de m'accuser d'exagération... Il n'en est rien ; quand il s'agit de décrire une fête chez Émile de Girardin, on n'exagère jamais, on est toujours au-dessous de la vérité. Cet homme étonnant, le vrai créateur de la presse française, auquel il n'a fallu que quelques mois pour devenir une des puissances et une des forces de Paris, nous avait invités à dîner chez lui en petit comité. A peine nous a-t-on débarrassés de nos pardessus, qu'un huissier nous fait traverser une suite de trois salons somptueux, éclairés par des lustres en or ciselé où brûlent dix mille bougies. Cette enfilade se termine par une salle à manger d'une incomparable magnificence ; au bout, deux énormes portes à glaces sans tain, derrière lesquelles on aperçoit un office plein de vaisselle éclatante, et, tout au bout, dans un grand flamboiement rouge, les larges cuisines à travers lesquelles s'agite une nuée de marmitons à vestes et à toques blanches. De son siège, au haut bout de la table, notre amphitryon, semblable à un ogre des *Contes des fées*, préside à cette cérémonie. Il jette un long regard connaisseur sur la table couverte d'un linge damassé, chatoyant comme neige au soleil. Emus par ce spectacle, les invités gardent d'abord un respectueux silence ; tout à coup un gong retentit, et, par les grandes portes vitrées, dont les battants s'ouvrent brusquement, le banquet apparaît. Par le ciel ! un

---

1. Lettre à J. Forster, fin décembre 1855. Champs-Élysées.

vrai festin des dieux de l'Olympe !... Un seul détail donnera l'idée de ce qu'un semblable repas a pu coûter. Nous étions huit à table, et j'ai calculé qu'au prix où sont les truffes aujourd'hui, il y en avait pour 125 francs. Sur la table, grande abondance de carafes de forme particulière, pleines d'un champagne frappé délicieux. Pendant le troisième service, on a versé un certain vin d'Oporto qui se vendrait 50 francs la bouteille dans n'importe quelle vente. Le dîner terminé, des fleurs d'Orient dans des corbeilles tissées d'or ont été placées sur la table; on a alors servi des glaces et certains vieux flacons d'eau-de-vie enterrés depuis cent ans; puis est venu du café rapporté du fin fond de l'Asie par le frère d'un des convives, qui l'a payé son poids en poudre d'or de Californie... Les invités étant rentrés au salon, y ont trouvé des tables chargées de cigarettes volées au harem du Sultan, et des boissons claires et fraîches où la saveur du citron arrivé hier d'Alger se mariait voluptueusement au parfum de l'orange arrivée ce matin de Lisbonne. Cependant les convives se dispersent, s'étendent sur des divans profonds où des fleurs éclatantes s'épanouissent sur des étoffes sombres. Tout à coup, poussée par je ne sais quel agent mystérieux, une lourde table fait son entrée, toute couverte d'une argenterie massive aux formes bizarres. D'une aiguière d'or ciselé, s'échappe en nuages bleus une fumée qui parfume les alentours; c'est l'arôme puissant du thé de la Chine, offert au puissant journaliste par un mandarin à trois ou quatre boutons.

Et, pendant toute la durée de la fête, le maître de céans n'a cessé de répéter : *Ce petit dîner-ci n'est que pour faire la connaissance de M. Dickens; il ne compte pas, ce n'est rien.* Et maintenant que j'y songe, je m'aperçois que j'ai oublié la moitié des détails; ainsi je n'ai pas parlé d'un plum-pudding, le plus immense plum-pudding qu'il m'ait été donné jamais de contempler, à moi, Anglais d'Angleterre; un plum-pudding accompagné d'une sauce céleste, un plum-pudding plein de flatteries délicates à mon adresse, et dont le nom sur la carte était suivi de l'inscription suivante : « Hommage à l'illustre écrivain d'Angleterre. » Finalement, cet homme illustre, muet, ébloui, chancelant, a gagné la porte du dernier salon, suivi de son hôte qui lui a dit, en lui serrant une dernière fois la main : « Le dîner que nous avons eu, mon cher, n'est rien, il ne compte pas, il a été tout à fait en famille. Il faut dîner, en vérité, dîner bientôt. Au plaisir ! Au revoir ! Au dîner[1] ! »

Fin décembre 1855.

L'armistice est signé ; les grandes tables à tapis vert autour desquelles s'assoient, pour discuter, les faiseurs de protocoles, remplacent les champs de bataille, et les combats à la plume vont succéder aux charges à la baïonnette.... Les premières troupes commencent à revenir ; cette nuit, tous les quartiers de Paris, même les rues inconnues, même les culs-de-sac, même les endroits les plus étranges de cette étrange ville, ont été brillamment illuminés. Dans l'ombre, on aurait dit Venise et Gênes, confondues et coupées en deux par le Corso de Rome, en temps de carnaval. La nation française s'y entend merveilleusement, lorsqu'il s'agit de rendre honneur à son héroïque armée[2].

3 janvier 1856.

Second dîner chez Girardin ; plus somptueux, plus insolent dans son luxe que le premier... Mais je ne le décrirai pas, car toute cette opulence étalée m'attriste, m'attriste malgré moi... Je songe à l'origine de tant de richesses rapidement acquises, et, comme dans un rêve, je vois passer les têtes désespérées des pauvres diables naïfs auxquels cet or a été enlevé avec toutes les formes prescrites par la loi.... Il y

---

1. Lettre à M. J. Forster, datée fin décembre 1855. Champs-Élysées. La dernière phrase est en français dans l'original.

2. Extrait d'une lettre à M. W. Wills, 30 décembre 1855. Champs-Élysées.

avait là une foule de gens de Bourse ; comme artistes, Régnier, Jules Sandeau, et le nouveau directeur des Français. On m'a montré parmi les invités, un petit homme, objet de l'admiration de tous, qui, il y a huit ans, cirait les chaussures des passants sur la voie publique. Il est maintenant immensément riche, le plus riche de Paris, peut-être. Bien entendu d'ailleurs, qu'il ne doit sa fortune ni à son talent, ni à son intelligence, ni à son travail, mais simplement au caprice du hasard, aux faveurs de cette divinité monstrueuse qui trône dans un palais d'iniquités : la Bourse. Sur ma simple observation qu'il faudrait peut-être à ce monsieur moins de huit années, pour redescendre à son décrottoir, j'ai vu tous les fronts se rembrunir, même celui de Girardin ; seul, le petit clan des artistes est resté impassible. Il demeure évident pour moi que tous ces hommes si brillants, si généreux, si riches, ne doivent leur fortune qu'au jeu[1]. Du reste, qu'on s'arrête un instant vers les quatre heures du soir, devant le péristyle de la Bourse, le spectacle est atroce et saisissant. C'est une foule d'hommes et de femmes, de vieillards et de jeunes gens, de blouses et de redingotes se démenant, se bousculant ; tous hurlent, tous sont rendus livides, hagards, défigurés par la cruelle passion du jeu. En les voyant se presser ainsi vers les portes, on se demande avec effroi quels mystères doivent se célébrer dans ce sinistre monument qui ressemble à un temple. Chaque jour, j'entends parler de concierges et de petites gens qui se sont brûlé la cervelle, qui se sont jetés dans la Seine « à cause des pertes sur la Bourse ». Je n'ouvre pas un journal sans y rencontrer au moins un fait divers de cette nature.... Ah ! il est juste d'ajouter que jamais Paris n'a été aussi brillant ; le flot interminable des chevaux de pur sang, des voitures aux coussins de velours rouge, traînées par des coursiers noirs harna-

---

1. Extrait d'une lettre à J. Forster, citée dans la *Vie de Dickens*. Champs-Élysées, janvier 1856.

chés de blanc, ne cesse de rouler sous mes fenêtres. Les passants, l'air toujours joyeux, assistent à ces somptueux défilés, ils sourient avec indulgence, haussent les épaules, en disant : « Eh ! que voulez-vous ? Ce sont les heureux de la Bourse [1] ! »

Champs-Élysées, 6 janvier 1856.

Je me demande où diable tout le monde trouve l'argent nécessaire pour donner des étrennes à tout le monde ! Depuis huit jours, les grands magasins de Paris sont littéralement pris d'assaut. On a établi des deux côtés du boulevard et sur tout son parcours, depuis la Madeleine jusqu'à la Bastille, une ligne, souvent double, de petites boutiques en bois ; on y vend, on y joue, on y perd, on y gagne tous les objets imaginables : souliers fins et gros sabots, vases en cristal, volailles battant de l'aile et lapins battant du tambour. J'ai vu aussi une douzaine de canards perchés au-dessus d'un jeu de quilles minuscule ; quand la boule roulait, le perchoir tremblait, et les pauvres volatiles prenaient des airs désespérés. Si l'un d'eux, perdant l'équilibre, dégringolait de son trône, la foule du peuple éclatait de rire. Pour la somme de quatre sous, on peut avoir, dans ces boutiques, autant de bijoux qu'il y en a sur la royale couronne d'Angleterre [2].

...Un gros détachement de zouaves, retour de Crimée, est resté, ce matin, une demi-heure au repos dans les Champs-Elysées, presque sous mes fenêtres. C'est un corps de troupes très remarquable, sauvage, dangereux, pittoresque. Le zouave porte sur sa tête, absolument rasée, une sorte de fez rouge à long galon jaune, une veste grecque, de vastes knickerbockers rouges, à bandes jaunes, et de hautes guêtres blanches montant jusqu'aux mollets. Le zouave a toujours une barbe et des moustaches énormes ; il porte son fusil le canon vers la

---

1. Lettre à M. Mark Lemon. Champs-Élysées, 9 janvier 1856.
2. Extrait d'une lettre à M. W. Wills. Champs-Élysées, 6 janvier 1856.

terre, la crosse sur l'épaule ; il marche comme l'oabdil[1] le terrible ; il fume toujours.... Quand il rit, il se renverse en arrière, comme s'il se préparait à faire le saut périlleux. Ce détachement arrivait du Champ de Mars, où l'Empereur venait de distribuer les médailles de Crimée. Ils avaient avec eux un chien, un caniche noir, le chien du régiment. Quand ils ont défilé, tout glorieux de leurs nouvelles décorations, le chien marchait à côté du porte-drapeau qu'il ne quitte jamais, fier, levant la tête ; son maintien dénotait sa conviction profonde que lui aussi était décoré. Je ne sais si on lui avait, en effet, passé une médaille au cou (il le mérite, car il a fait toute la guerre), mais il est certain qu'il se rendait parfaitement compte de l'honneur que venait de recevoir son régiment. Rien n'était plus comique que son air à la fois suffisant et modeste, que la façon triomphante dont il regardait le public : chien petit, mais cœur vaillant...

12 janvier 1856.

J'ai dîné chez la sœur de Malibran, l'admirable Mme Viardot, dont je suis de plus en plus amoureux, avant-hier soir 10 janvier, pour y rencontrer, par faveur spéciale, la très grande, très illustre, très célèbre George Sand. Hélas ! encore une de mes illusions fauchée par la réalité cruelle ! L'auteur de tant d'œuvres brillantes ne ressemble pas du tout au romanesque portrait que je m'en étais fait. Si on me l'avait montrée à Londres, dans la rue, je l'aurais prise pour une des sages-femmes de la Reine ; elle est joufflue et respectable ; elle est brune avec une légère moustache et des yeux noirs tranquilles ; elle n'a rien du bas-bleu, si ce n'est une petite façon finale de faire cadrer vos opinions avec les siennes, qu'elle doit tenir de Nohant, maison de campagne où elle vit en souveraine, dominant et tyrannisant un cercle étroit d'adorateurs. En un mot, brave femme, très ordinaire

[1]. Matamore du théâtre anglais.

comme figure, comme conversation, comme manières. Pour ce qui est de son esprit, on le dit très brillant, mais je n'ai pu en juger; elle n'a pas daigné le sortir. Le dîner était excellent, sans prétention aucune; il y avait avec nous Mme Dudevant et son fils, les deux Scheffer, les Sartorese et une lady quelque chose, nouvellement arrivée de Crimée, qui porte une redingote et fume des cigarettes. Les Viardot ont une maison dans le nouveau Paris; ils ont absolument l'air d'avoir enménagé la semaine dernière, et de devoir déménager la semaine prochaine; pourtant voici huit ans qu'ils habitent la même demeure. Rien d'ailleurs n'y rappelle l'art de la grande cantatrice. Je n'y ai pas vu de piano. Le mari s'occupe de littérature étrangère. C'est le meilleur des hommes. Quant à elle, j'aime mieux n'en rien dire, sinon qu'elle est parfaite et que je suis son esclave. Je suis obligé d'aller à Londres pour quelques jours; mon magazine me réclame et l'ami Wills[1] me fait des signes désespérés[2].

Champs-Élysées. Février 1856.

Revenu de Londres avant-hier et dîné hier chez mon ami Régnier, où j'ai rencontré M. Legouvé, poète dramaturge; son différend avec Rachel l'a rendu plus célèbre en un jour, que sa poésie en dix ans. La grande tragédienne, après lui avoir donné sa parole, a refusé de jouer le rôle qu'il lui destinait dans une pièce du nom de *Médée*. Voilà une capricieuse auquel son caprice va coûter cher; le tribunal l'a condamnée à payer une forte somme par chaque jour de retard; mais ce n'est pas tout : on essaie de lui susciter une rivale dans la Ristori, qui joue la pièce en italien aux Italiens. Bien que je fusse très fatigué de mon voyage, le vieux Macready[3], qui

---

1. M. William Wills, homme de lettres très distingué, ami particulier de Dickens et gérant du *Household Words*, revue dirigée par l'humoriste.
2. Lettre à M. W. E. Macready. Champs-Élysées, 20 janvier 1856.
3. Macready, un des plus grands acteurs tragiques de l'Angleterre, ami particulier de Dickens, qu'il avait connu enfant.

est revenu avec moi, m'y a entraîné de force hier soir. Eh!
bien, c'est mauvais... abominablement mauvais!... J'ai vu ça
en beaucoup mieux, avec beaucoup moins d'exagération, cinquante fois pour une, dans les petits théâtres en plein vent
d'Italie. Bien entendu cela n'empêche pas les journaux d'être
en extase; à qui mieux mieux tous célèbrent et la sublimité
de l'actrice et la spontanéité des applaudissements et le
nombre incalculable des bouquets. Le fait est qu'hier au soir
on en a lancé en masse, à tort à travers, aux moments les
plus inopportuns, en pleine tirade pathétique ; c'était fort
drôle!... Il y avait surtout un malheureux qui jouait le roi
Créon, et qui était obligé continuellement de parer de la
main, pour ne pas recevoir en pleine figure et en plein réci-
tatif, l'avalanche de ces projectiles parfumés. Scribe, qui
cependant tient pour Ristori, n'a pu résister au plaisir de
nous raconter une petite anecdote au sujet de la spontanéité
et du nombre incalculable, etc., etc. (voir plus haut). Comme
après le premier acte, il entrait dans les coulisses pour féli-
citer les acteurs, il aperçut deux hommes du théâtre qui re-
portaient dans la salle tous les bouquets jetés pendant le
premier acte ; ils devaient ainsi successivement servir aux
quatre autres. C'est ce qu'on pourrait intituler : « Enthousiasme et économie »[1].

Champs-Élysées. Mars 1855.

...Depuis tantôt deux mois, je vais, trois fois par semaine,
poser dans l'atelier d'Ary Scheffer. Mon portrait avance, mais
ma ressemblance diminue ; c'est une très admirable peinture,
remplie de vie et de hardiesse, mais, selon moi, ce n'est pas
moi ; je me trompe peut-être. Nous verrons ce que diront
mes amis de Londres, où ce tableau sera exposé. Le frère de
Scheffer travaille à côté de lui et fait aussi mon portrait;
c'est beaucoup moins beau, mais c'est beaucoup plus ressem-

---

[1]. Lettre à J. Forster, février 1856. Champs-Élysées, citée dans la *Vie de Dickens*.

blant. Ary Scheffer est un esprit charmant, que j'aime beaucoup. Il m'a fait connaître Manin, le grand exilé de Venise ; il gagne ici sa vie en donnant des leçons ; son érudition est prodigieuse, il est, depuis deux mois, le précepteur de mes enfants. Manin possède toutes les qualités qui font les héros ; il n'a aucune ambition, mais il brûle du désir de sacrifier sa vie pour le salut de sa patrie ; quand il parle de Venise, de gros pleurs roulent dans ses yeux, et c'est chose très attendrissante de voir les larmes mouiller cette face de lion ; il est très simple, presque naïf, doux et patient avec les enfants ; il vit avec sa fille, très belle Vénitienne blonde[1].

Champs-Élysées. Avril 1856.

Une duchesse[2] qui habitait en face de moi, de l'autre côté de l'avenue, vient d'être assassinée par son cocher. L'enquête a dévoilé des détails bien étranges. Cette duchesse demeurait dans un vaste hôtel, hermétiquement fermé, elle passait sa vie dans l'obscurité. Dans une petite loge extérieure vivait le cocher assassin ; il avait eu une longue suite de prédécesseurs, aucun n'avait pu rester. Lorsqu'ils réclamaient leurs gages, elle se précipitait sur eux, armée d'un long couteau, dans le but, sans doute, de les « régler » définitivement. Le cocher n'avait absolument rien à faire ; la vieille calèche n'avait pas été sortie depuis des années ; il y avait deux malheureux chevaux qu'on ne promenait jamais, la duchesse l'avait défendu ; on les lâchait dans le misérable bout de jardin situé entre la loge et l'hôtel, jardin où poussent seulement les herbes folles, les orties et les plantes parasites. Naturellement, il y avait foule énorme autour de la maison, quand la justice est arrivée. Tout à coup un monsieur fort bien mis fend le flot des spectateurs : c'est le duc, séparé depuis longtemps de sa femme ; il sonne à la grille, le commissaire ouvre :

1. Lettre à M. W. H. Wills, 18 mars 1856. Champs-Élysées.
2. La duchesse de Caumont-Laforce.

— C'est vrai donc, dit le duc, que madame la duchesse n'est plus?

— C'est trop vrai, Monseigneur!

— Ah! tant mieux, soupire le duc. Et il s'en retourne tranquillement, à la grande satisfaction de l'assemblée.

Voici le cinquième assassinat commis dans le quartier des Champs-Elysées, depuis que je l'habite.... Georgey prétend que, pour notre sûreté, il est grand temps de quitter Paris. On fait les malles et nous partons dans quelques jours[1].

---

1. Extrait d'une lettre à M. J. Forster, datée du 5 avril 1856. Dickens quitta en effet Paris, quelques jours après avoir écrit cette dernière lettre.

CHAPITRE IV

L'été de cette année 1856 fut encore passé à Boulogne chez le brave M. Beaucourt, à la villa des Moulineaux. Wilkie Collins s'installa dans un petit cottage situé dans un des nombreux jardins de la propriété, et, pendant les heures de loisir que la composition de *Petite Dorrit* laissait à Dickens, les deux amis collaboraient activement. De cette collaboration sortit le Conte de Noël publié dans *Household Words* sous le titre : *Le Naufrage de la* Golden Mary.

Ce fut également dans cette année que le désir de toute sa vie se réalisa pour Dickens : Gad's Hill Place, la fameuse maison qu'il admirait tant lorsqu'il était petit, vers laquelle une fascination étrange, incompréhensible l'attirait sans cesse, Gad's Hill Place fut mis en vente dans les derniers jours de 1855 :

J'ai offert 32,500 francs pour Gad's hill, on en voulait 45,000 ; enfin, nous nous sommes entendus pour 34,000 (lettre du 25 novembre). — Aujourd'hui 14 mars, j'ai payé la maison de Gadshill. Après avoir signé le chèque de 1790 livres, je me suis retourné vers Wills[1] en lui disant :

---

1. M. H.-W. Wills était le bras droit de Dickens, pour l'administration de la revue : *The Household Words*. Ecrivain distingué, il a réuni les différents essais qu'il publia dans sa revue en un volume curieux intitulé : *Old Leaves gathered from Household Words*.

N'est-ce pas extraordinaire !... Regardez le jour : *Vendredi*... Voilà plusieurs fois que je suis sur le point de payer, j'ai toujours été arrêté par une raison ou par une autre,... il fallait que ce soit un vendredi !...

Cette superstition du *Vendredi* était invétérée dans l'esprit du grand romancier. Il avait remarqué que tous les événements importants et heureux de sa vie lui étaient arrivés un vendredi, de sorte que peu à peu, dans la famille, on était arrivé à appeler le vendredi « le jour de bonheur de Dickens... »

Revenons maintenant à l'œuvre littéraire.

Le premier numéro mensuel de *Petite Dorrit* parut à l'époque de Noël 1855, et le dernier en avril 1857.

Dans le principe, l'idée de Dickens était de faire rayonner l'intrigue de ce nouveau roman autour d'un personnage qui, tout en étant la cause unique des malheurs qui accablent tout ce qui l'approche, en rendrait toujours la Providence responsable, et s'écrierait à chaque nouvelle calamité amenée par lui-même : « Enfin, que voulez-vous ! Du moins pouvons-nous dire : ce n'est la faute de personne ! » Dans l'origine, le titre devait être : *La Faute de personne*, mais, après avoir écrit les quatre premiers numéros, Dickens mécontent de son travail changea de dessein et recommença sur nouveaux frais, donnant cette fois à son roman le nom de sa jeune héroïne, sœur de Nelly et de Florence par la tendresse, le dévouement, l'abnégation et aussi par ce charme un peu maladif qui donne tant de mélancolique douceur à certaines créations féminines de Dickens. Nos lecteurs savent maintenant d'où sont sorties toutes ces admirables et pathétiques descriptions de la noire prison pour dettes et des hideux habitants de la Marshalsea; sans aucun doute ils reconnaîtront dans le vieux Dorrit *le doyen des prisonniers*, et, dans son frère Frédéric, certains traits de ressemblance avec le père et l'oncle de Dickens; cependant, pas plus ici que dans *David Copperfield*, l'auteur ne mérite le reproche qu'on lui a fait d'avoir aiguisé sa raillerie contre son père et contre les siens. Dorrit ne ressemble à John Dickens que dans certaines étrangetés extérieures; son égoïsme monstrueux, voilé de sentimentalisme, sa vanité, sa faiblesse morale, sont les résultats d'observations profondes faites sur un grand nombre d'individus et concentrées en un seul type.

Quelques jours après l'apparition du premier numéro, Dickens écrivait de Paris : « *Petite Dorrit* a battu même *Bleak-House*; on a vendu trente-cinq mille exemplaires en quatre jours! » Il était encore parmi nous lorsque parut la satire, désormais immortelle en Angleterre, de l'administration gouvernementale, représentée sous le nom du Ministère des Circonlocutions (*Circonlocution Office*) :

J'éprouve une sorte de sarcastique jouissance cette nuit, écrit-il le 30 janvier 1856, à la pensée que le Ministère des Circonlocutions verra le jour à Londres demain matin; mais ma tête est remplie par les visions de mon livre, et je vais m'en débarrasser, comme nous disons nous autres Français, en me plongeant dans les endroits et les bouges les plus étranges du Paris nocturne.

A la satire contre l'administration, succédèrent la satire contre la société et la politique, et l'étonnante peinture de Hampton Court et des vieilles douairières qui l'habitent; enfin, — car ce livre est une dénonciation générale des vices et des abus du monde anglais, — en peignant M. Merdle, ce grand brasseur d'affaires qui fait délirer Londres, qui garde au milieu d'un triomphe sans précédent l'allure timide et empruntée, la figure triste et inquiète d'un homme bourrelé de remords, et qui finalement s'ouvre les veines dans un bain après avoir ruiné des milliers de familles par une fraude, une hypocrisie, une persistance quotidiennes ; en peignant cette figure sombre d'industriel voleur, Dickens peignait d'après nature et dramatisait une affaire de banqueroute colossale qui, sous le nom d'*Affaire Sadler*, eut un retentissement énorme à cette époque.

Au-dessus de ces tristes et navrantes peintures, plane la figure céleste d'Amy Dorrit, l'ange de la prison et l'ange gardien de ce père qui ne la comprend que lorsqu'il est trop tard !... Nous ne connaissons pas, dans le domaine de la fiction, de type plus absolument pur, plus touchant et plus naïf que cette petite Dorrit, pâle, active, silencieuse, et qui jette dans ce sombre repaire de la Marshalsea une lueur à la fois discrète et divine. Une pauvre idiote qu'elle soigne, à laquelle elle raconte des histoires, trouve pour exprimer sa tendresse un cri du cœur qui est en même temps la définition exacte de la jeune fille; Megg appelle Amy « sa petite maman ».

Dickens était mort depuis quelques mois lorsque, de l'autre côté des remparts de Paris investi, le chancelier de fer reçut en parlementaire, dans une maison abandonnée, le membre du gouvernement provisoire Jules Favre. Les Prussiens attendaient, pour ouvrir le feu contre la Ville de Lumière, le résultat de cette entrevue, et, pendant que Jules Favre, sanglotant presque, la face convulsée, essayait d'émouvoir à force d'éloquence le conquérant à l'âme fermée, pendant que Bismarck fumait immobile, énigmatique et impassible dans le coin de la cheminée, assis sur un escabeau, devant une table sur laquelle son coude s'appuyait, un vieillard, en uniforme d'officier général de l'armée allemande, lisait avec une attention si intense, qu'il n'entendit pas un mot de la douloureuse négociation qui se traitait à côté de lui; il s'appelait Von Moltke et le livre qui l'absorbait ainsi était la *Petite Dorrit*. Qui doutera que le vieux soldat n'en fût arrivé au chapitre fameux intitulé : « Des différentes manières de dire toujours non » ?

Les dernières pages de la *Petite Dorrit* furent écrites à Gadshill-Place. L'installation de sa nouvelle demeure, les occupations multiples que lui donnaient la Revue, qu'il dirigeait avec une habileté et une activité sans cesse en éveil, enfin les œuvres de charité et de philanthropie qu'il présidait, dont il était l'âme, remplirent presque toute cette année. Il se reposait de ces labeurs dans de joyeuses réunions de littérateurs et d'artistes, où il apportait toujours son exubérance, sa verve et son esprit; mais, depuis quelques années, ses amis voyaient paraître sur son visage et dans ses discours, une tristesse amère et sarcastique, la même qu'on voit poindre pour la première fois dans son œuvre avec le roman intitulé : *Les Temps difficiles*, et qui désormais ira s'agrandissant jusqu'à l'époque de sa mort. Ce changement profond, sans cause apparente, résulte sans aucun doute, dans la carrière sentimentale de Dickens, d'un drame intime et psychologique qui est resté et restera désormais voilé mystérieusement. Forster a beau attribuer la chose à une surexcitation nerveuse, résultat de la conception cérébrale, d'autres à de simples querelles de ménage, ce dégoût et ce mépris de la vie voilés d'un rire sonnant faux, qui caractérisent les dernières années du grand écrivain, ne peuvent tromper l'observateur. Il a fallu une blessure bien vive, une déception cruelle, pour arracher à cette enthousiaste nature la dernière de ses illusions. Mais un biographe ne peut se contenter de suppositions seulement ; il nous faut mentionner des faits et raconter aussi rapidement, mais aussi exactement que possible, cette partie douloureuse de l'existence de Dickens qui se termina par une séparation volontaire entre le mari et la femme.

Disons-le tout de suite et très franchement : selon nous, Dickens, arrivé à l'âge mûr, blasé sur les jouissances de la célébrité, ne trouva pas dans son intérieur le bonheur intime qui était nécessaire à sa nature pleine de tendresse. Mme Dickens était une excellente et digne mère de famille, une épouse bonne, fidèle et dévouée, mais c'était tout. Égale d'humeur, ni joyeuse ni triste, pleine de bon sens, bien qu'assez encline à la dépense, portant au plus haut degré le respect des convenances sociales, elle ne pouvait comprendre et désapprouvait même ces exubérances de gaieté, ces besoins d'expansion, ces indignations contre les vices et les hypocrisies de la société, cet esprit d'aventures, cette soif de changement, qui faisaient le fond du caractère de cet homme de génie. Peu à peu, sans qu'elle s'en doutât, elle était arrivée à le blesser continuellement par des réflexions, des observations dont elle ne concevait pas la portée. Dickens se taisait, souffrait en silence, mais ces blessures répétées amenaient des crises d'inquiétude, un désir de mouvement et d'activité qui firent de lui une sorte de Juif errant à travers l'Angleterre et le continent européen. Dès l'époque de *David Copperfield*, sa correspondance intime témoigne de cet état d'esprit, de cette nervosité. On comprend qu'il a besoin de « se secouer », d'oublier la réalité à force de fatigue physique et intellectuelle :

A quoi bon, dit-il, me conseiller d'enrêner, de mettre un frein à mon activité ?... Il est trop tard !... Je n'ai de soulagement que dans l'action, je suis désormais incapable de repos. Je sais que si je me renfermais dans le cercle de la famille je serais bientôt rouillé, brisé, tué !... Mieux vaut mourir debout et combattant... Etais-je né ainsi ? Qui sait ? mais les nécessités de l'existence m'ont rendu ce que je suis. La vie de famille m'a donné quelques joies pour beaucoup de tourments... à quoi servirait de se plaindre ? J'accepte, mais je lutte pour la conservation de la puissance que Dieu m'a donnée.

Souvent aussi il parle dans ses lettres comme son héros David Copperfield : « du regret de ce bonheur toujours rêvé, jamais atteint et qui me manque si horriblement ! »

Parfois des idées de révolte et de fuite hantent son cerveau :

> Je m'en irai, écrit-il, en 1856, de Boulogne, je fuirai ce cercle étroit où, selon le monde, réside le bonheur... Je m'en irai vers quelque endroit inaccessible, en Suisse, dans la région des neiges éternelles ; j'irai vivre au milieu des moines dans quelqu'étonnant monastère perdu au milieu des glaces, et j'y écrirai mon dernier livre dont tous les personnages s'agiteront et vivront à trois mille mètres au-dessus de cette agglomération de bourgeois et de bourgeoises qui s'appelle modestement « le Monde ».

Et dans une autre lettre de la même époque :

> Qu'est-ce donc qui me pousse continuellement en avant sans que je puisse résister?... Après neuf ou dix semaines passées dans mon intérieur, il me semble qu'il y a une année que je n'ai bougé. J'ai cette sensation étrange que, si je ne m'agitais pas continuellement, j'éclaterais et je périrais.

Toutes ces crises, ce mécontentement des siens et de lui-même, ce besoin de sortir continuellement du cercle naturel de la famille, rendaient la vie difficile, pénible, entre le mari et la femme. Dickens comprit que mieux valait s'éloigner avant que l'inimitié et l'aigreur n'eussent pris la place de l'estime et de la résignation. La lettre suivante, écrite peu de temps avant le dénouement de cette pénible situation, et que nous ne nous permettons de citer que parce qu'elle a été rendue publique par les exécuteurs testamentaires du romancier, expliquera au lecteur les raisons qui dictèrent à Dickens sa résolution :

Il faut, mon ami, que je vous fasse enfin cette lourde confidence qui, depuis longtemps, pèse sur mon esprit. La pauvre Catherine et moi ne sommes plus faits l'un pour l'autre, hélas! et il n'y a pas de remède possible ! Ce n'est pas seulement qu'elle rend ma vie malheureuse et triste, mais c'est que moi aussi je cause son malheur et sa tristesse. Elle est exactement ce que vous la connaissez; elle est aimable et soumise, mais nous sommes étrangement mal assortis pour le lien qui existe entre nous. Dieu sait qu'elle aurait été mille fois plus heureuse si elle avait épousé un autre homme, et mieux aurait valu pour nous deux éviter ce qui a été notre destinée. J'ai souvent le cœur percé en songeant que cela a été un grand malheur pour elle de m'avoir jamais rencontré. Je sais que si demain je tombais malade elle me soignerait et serait bonne et moi affectueux et reconnaissant, mais aussitôt que je serais rétabli, la même incompatibilité se dresserait entre nous deux. Elle est totalement incapable de jamais me comprendre, son tempérament ne peut aller avec le mien. Je ne dis pas que c'est elle qui ait tort. Je sais qu'il y a beaucoup de fautes de mon côté, je sais que je suis incertain, capricieux, nerveux, mais désormais rien ne changera ma nature, excepté la fin, qui change tout.

Mais nous avons hâte d'en finir avec ce triste sujet. Après bien des fluctuations, des scènes de ménage douloureuses, des réconciliations inutiles, la rupture définitive s'accomplit : M. et Mme Dickens se séparèrent à l'amiable au mois de mai 1858. Mme Dickens continua à habiter Londres avec son fils aîné, les autres enfants accompagnèrent leur père dans sa propriété de Gadshill près de Rochester. Miss Georgina Hogarth suivit le grand écrivain dans sa retraite : amie fidèle, simple, dévouée jusqu'au sacrifice, indifférente à la calomnie, elle remplaça auprès des enfants la mère de famille et ferma les yeux de leur père. Elle vit encore ; elle vivra toujours dans la mémoire reconnaissante des admirateurs de Dickens.

CHAPITRE V

Ce cruel événement de la séparation vint frapper l'écrivain, alors que tous ses vœux, tous les souhaits les plus irréalisables de son enfance et de sa jeunesse semblaient devoir s'accomplir. La gloire littéraire dont il était environné n'avait point d'égale en Europe; sa popularité était prodigieuse; chacun de ses livres ajoutait quelque chose à sa fortune déjà considérable; les amitiés, les admirations les plus ardentes, les plus excessives, lui faisaient un cortège partout où il allait. Il était, en Angleterre, le roi du rire et des larmes, l'enchanteur merveilleux qui apportait la joie, l'attendrissement, le bon exemple chez le riche et chez le pauvre; et, par une ironie de la destinée, cet auteur favori des réunions de famille, ce consolateur et ce compagnon de tous les foyers, était obligé de fuir son « home » à lui, et de terminer sa vie, glorieux, solitaire et mécontent. Mais Dickens n'était pas de ceux qu'abattent une grande infortune ou une grande injustice. Il se redressait sous les coups, luttait contre le sort, qu'il savait regarder en face. A partir de 1858, une activité fébrile le dévore. A force d'énergie, de volonté, il arrive à sortir de lui-même, à oublier. La conception cérébrale ne lui suffit plus, il lui faut les surexcitations de la vie publique, l'agitation, le bruit des grandes salles houleuses, les applaudissements de la foule, les soirées triomphales à travers l'Angleterre, à travers le vieux continent, à travers l'Amérique. Rien n'arrête ce formidable lutteur; il sait bien que finalement il sera terrassé, qu'importe! il ira jusqu'au bout, vigoureux, confiant dans sa force et voilant d'un sourire sa douleur âpre et profonde. Le temps qu'il ne donne pas à ses romans, à ses voyages, à ses séances de lectures publiques, il le consacre à bouleverser de fond en comble sa chère propriété de Gadshill; il en change la face en quelques années. C'est à Gadshill que Dickens a vécu la seconde moitié de sa vie, et la description de la retraite où, le jour même de sa mort, il écrivait cette dernière page du roman inachevé d'*Edwin Drood*, qui parle si éloquemment de la mort et de l'au delà, ne manquera pas d'intéresser le lecteur.

De l'autre côté de la grande route, en face de la maison, il y avait une sorte de plantation contenant deux cèdres magnifiques, et qui faisait partie de la propriété. Dickens, avec la permission des autorités locales, rejoignit cette plantation à sa demeure par un passage souterrain, et il y installa un chalet suisse, qui lui avait été envoyé de Paris par son ami, le grand acteur Fechter. Le chalet arriva en quatre-vingt-quatorze morceaux, absolument comme un jeu de patience. Ce chalet devint, pendant l'été, le cabinet de travail du grand romancier :

J'y ai placé cinq grandes glaces, — écrit-il à un de ses amis d'Amérique, — elles reflètent et réfléchissent de toutes sortes de manières les feuilles qui frissonnent aux fenêtres, et les grands champs de blé aux larges ondulations, et le fleuve couvert de voiles blanches...

Son gendre, Charles Collins, écrivain distingué, frère du célèbre romancier Wilkie Collins, a décrit d'une façon touchante le fauteuil vide, et le bureau inoccupé depuis la mort de Dickens :

Tout est là comme s'il venait de sortir... Rangés en face et autour de lui, il avait toujours une variété d'objets familiers, sur lesquels son regard se reposait dans l'intervalle de la composition, et, si le moindre de ces objets était dérangé, il s'en apercevait tout de suite. Sur le bureau sont deux groupes en bronze de fabrication française, les favoris de Dickens : l'un représente un duel à mort entre deux grenouilles, l'autre un marchand de chiens ambulant comme on en rencontre sur les quais et les ponts de Paris, avec une profusion de petits chiens sous les bras, dans les poches, partout où on peut en glisser... Voilà la longue feuille en cuivre doré, à l'extrémité de laquelle est assis un lapin droit sur ses hanches ; voilà l'énorme couteau à papier qu'il avait l'habitude de tourner entre ses doigts pendant ses séances de lectures publiques, et voilà la petite tasse verte autour de laquelle court une guirlande de primevères, et où l'on plaçait chaque matin un frais bouquet, — car il voulait toujours avoir des fleurs sur sa table de travail ; — voilà enfin le calendrier mobile qu'il n'oubliait jamais de régler. Il le régla la veille même de sa mort, il n'a pas été touché depuis, il porte la triste date : Jeudi, 8 juin 1870.

Ainsi que nous venons de le dire, c'est en 1858 que

Dickens commença ses lectures publiques; il débuta à Londres à Saint Martin's Hall, le 29 avril; ensuite il donna, pendant cette année, une série de quatre-vingt-sept représentations en Angleterre, en Écosse et en Irlande. Quelques extraits de sa correspondance pendant son séjour à Dublin et à Belfast, donneront une idée suffisante du succès qu'il obtenait dans sa nouvelle profession, et de l'enthousiasme qu'il suscitait partout où il paraissait :

Vous pouvez difficilement imaginer la scène de la nuit dernière à Dublin. De mon hôtel à la Rotonde, j'ai été bousculé par la foule énorme des gens qui n'avaient pas trouvé de place. Quand j'arrivai, le peuple avait brisé le contrôle et l'on offrait hardiment 125 francs pour un strapontin, la moitié de l'estrade était démolie et des centaines de spectateurs encombraient les ruines!... Les jeunes filles Irlandaises ont encore plus d'enthousiasme que les Américaines. Croiriez-vous qu'elles achètent très cher à mon valet de chambre la fleur que je porte à ma boutonnière? L'autre soir, en lisant la mort du petit *Dombey*, j'ai effeuillé par mégarde le géranium que j'avais à mon habit; immédiatement une cinquantaine de jeunes filles se sont précipitées sur l'estrade et se sont battues pour avoir ces débris...

Belfast.... Hier soir, pendant que je lisais le petit *Dombey*, j'ai remarqué un monsieur qui donnait tous les signes d'un chagrin profond... Après avoir pleuré à chaudes larmes, il s'est couvert la figure de ses deux mains, et, s'appuyant sur le siège en face de lui, il s'est mis à sangloter. Il n'était pas en deuil, mais je suppose qu'il a dû perdre un fils.

J'ai eu hier une émotion profonde.... Une dame inconnue m'a abordé dans la rue et m'a dit : « Monsieur Dickens, voulez-vous me permettre de toucher la main qui a rempli ma maison de nombreux amis ? »

Ce fut à la fin de cette année 1858 que Dickens devint l'acquéreur et le seul propriétaire du *Household Words*, dont il changea le titre et le format. La nouvelle Revue, sous le nom de *All the year Round*, fit son apparition le 30 avril 1859; parmi ses principaux collaborateurs elle comptait d'abord lord Lytton qui y publia *A Strange Story*, œuvre puissante, étrange, mystérieuse, pour laquelle il avait approfondi les plus sombres arcanes de la magie; puis W. Wilkie Collins qui débuta par la populaire *Femme en blanc*, et qui donna successivement au *Magazine* les deux beaux romans de *Sans Nom* et de *la Pierre de la Lune*. Reade, Charles Lever, Percy Fitzgerald, M. Edmund Yates, directeur aujourd'hui du journal *The World*, complétaient l'état-major de la rédaction. Avec une collaboration pareille, *All the year Round* était certain à l'avance d'un énorme succès. Il s'affirma dès le principe.

Au mois de juillet Dickens écrivait :

La Revue marche si merveilleusement, que je suis déjà remboursé de toute la somme que m'a coûté son établissement, et que, tout compte fait, et les frais du dernier numéro payés, il y a encore à mon actif une balance de 500 livres sterling (12.500 fr.) chez le banquier.

Dans le premier numéro de *All the year Round*, parut le chapitre d'ouverture de son nouveau roman : *L'Aventure de deux Cités* ou *Paris et Londres en 1793*. Ce roman et celui de *Barnabey Rudge* sont les deux seules œuvres rétrospectives de Dickens. Sa correspondance nous montre qu'il en avait commencé le manuscrit dès le début de 1858. Comme toujours il hésita longtemps sur le titre : « Que pensez-vous, écrit-il à Forster, de ce titre : *Enterré seul?* un peu mélodramatique peut-être? ou *le Fil d'or?* ou *le Docteur de Beauvais?* »

Ce ne fut qu'au dernier moment, quelques semaines seulement avant de paraître, qu'il se décida : « Ceci est simplement pour certifier, écrit-il le 11 mars 1859, que j'ai trouvé exactement le nom qu'il faut donner à mon roman : *L'Aventure des deux Cités*. Mon éditeur américain m'offre mille livres sterling pour la première année, pour les droits de reproduction. »

Au mois de juillet : *L'Aventure des deux Cités* s'est puissamment emparée du public. « Le mois dernier, nous avons vendu trente-cinq mille numéros ; j'ai reçu de Carlyle une lettre très élogieuse, qui m'a fait plaisir. »

Une autre lettre exprime quelle était son intention au début, et en quoi ce livre s'écarte de la méthode générale qu'il avait adoptée pour ses autres ouvrages :

J'espère que les quatre derniers numéros que je vous envoie vous plairont : L'intérêt du sujet, le plaisir de lutter contre les difficultés peuvent seuls compenser la fatigue que m'occasionne ce travail de condensation continuelle; mais je me suis donné la tâche d'écrire un roman pittoresque dont l'intérêt augmentera avec chaque chapitre, dont les personnages seront peints d'après nature, et qui, cette fois, s'expliqueront plus par les événements que par le dialogue.

Voici encore un fragment de lettre sur la situation de la France à l'époque de la Révolution, qui ne manque pas d'intérêt :

Au moment où la Révolution éclata, la condition du paysan français en général était intolérable. Les enquêtes contemporaines, les tableaux de statistique s'effacent devant le formidable témoignage des hommes vivant à cette époque. Il existe un livre curieux publié à Amsterdam, c'est le *tableau de Paris*, par Mercier... Parcourez-le et vous verrez que rien n'est exagéré dans la peinture de mon marquis. C'est à Rousseau que je dois ce trait du paysan obligé de barricader sa porte, lorsqu'il y a dans sa chaumière un morceau de viande ; enfin, c'est au tableau des taxes de cette époque que j'ai emprunté la preuve de l'horrible misère de l'habitant des campagnes.

Ces fragments sont autant d'indices curieux du soin que Dickens apportait dans son travail ; c'est la première fois que nous le voyons s'écarter de la méthode qui, jusque-là, avait été la source principale de sa popularité, en donnant à la partie descriptive le pas sur la partie dialoguée. Cette expérience était hasardeuse, elle ne fut pas couronnée de succès. L'*Aventure des deux Cités* est, à la vérité, puissante, dramatique, solidement charpentée ; certaines descriptions, telles que le voyage du marquis et les funérailles de l'espion à Londres, sont des modèles du genre, mais c'est le seul livre du grand humoriste d'où l'humour est presque entièrement absente ; le seul où tous les personnages manquent de ce relief, de cette originalité qui les fixent pour toujours dans l'esprit. Son mérite est ailleurs ; il est surtout dans la peinture de cet homme dont la vie est perdue et qui rachète tout par un dernier et sublime sacrifice. Dans une de ses lettres Dickens parle de donner une couleur *d'impressionante dignité* à la mort de Carton, il l'a fait; ce Carton prend la place d'un condamné à mort; il donne sa vie pour que la jeune fille qu'il aime puisse être heureuse avec son rival. Ce secret n'est connu que d'une pauvre petite fille que la même charrette mène à l'échafaud; elle découvre le sacrifice de Carton dans le parcours entre la prison et la guillotine et cela la fortifie et la rend courageuse en face de la mort. L'incident est supérieurement imaginé et admirablement rendu.

En somme, ce livre prouve surtout la puissance d'imagination du grand romancier; nous connaissons peu d'œuvres où la vie familière d'un groupe de gens très simples et très ordinaires, se mêle si bien à un événement public et politique terrible, qu'elle semble faire corps avec lui. Quelques gouttes d'eau d'une pluie d'orage tombant sur un cercle tranquille réuni dans un obscur logement en Angleterre, nous présagent dès le début la tempête épouvantable qui va s'abattre sur la France, emportant tout dans son formidable tourbillon.

L'*Aventure des Deux-Cités* fut composée presque entièrement à Gadshill pendant l'année 1859, et, avant de nous occuper de l'œuvre qui lui succéda, quelques détails sur la vie familière du nouveau propriétaire au milieu de son domaine, jetteront un peu de gaieté et de fantaisie à la fin de ce chapitre.

Pendant les deux premières années, Dickens, miss Hogarth et les enfants n'habitèrent Gadshill que durant l'été, mais en 1860 la maison de Londres, Tavistak-House, fut vendue, et la famille s'établit définitivement dans ce logis si cher au grand humoriste. A partir de cette année jusqu'au jour de sa mort, Dickens ajoutait constamment quelque « embellissement » à ce qu'il appelait son « petit domaine ». Ces embellissements étaient l'occasion de plaisanteries continuelles dans la famille, et sa plus jeune fille, Mme Charles Collins, lui disait en riant à chacune de ses visites : « Papa, allons voir votre dernier embellissement ». Il prenait le plus grand intérêt à toutes ses améliorations, et il contemplait les ouvriers au travail avec une joie réelle. Dickens avait des habitudes de régularité presque minutieuses ; il détestait le désordre ; il ne pouvait pas souffrir de voir un fauteuil hors de place. Tous les matins, avant de se mettre au travail, il faisait le tour de la maison, du jardin et des communs, pour voir si tout était en ordre. Il inventait toutes sortes de combinaisons extraordinaires ; charpentier de premier ordre, il n'était jamais aussi heureux que perché sur une échelle, avec ses clous et son marteau dans les mains.

Il avait la passion des couleurs éclatantes ; en face de la maison, il plaça deux immenses corbeilles de géraniums rouges, sa fleur favorite ; il avait aussi la passion des belles glaces, et il en avait accroché dans tous les coins et recoins de sa maison.

Disons aussi quelques mots des chiens de Dickens,

pour lesquels il avait une grande affection. Les deux favoris étaient Turc et Linda, un chien et une chienne du mont Saint-Bernard; ils accompagnaient leur maître dans toutes ses promenades. Il y avait encore mistress Bouncer, un joli petit Poméranien blanc, qui appartenait à sa fille aînée. La nomenclature de cette ménagerie serait incomplète, si nous omettions de mentionner le fameux chat sourd et « sans nom », que les domestiques appelaient avec respect : le Chat du Maître. Cet animal mystérieux ne quittait jamais, jamais Dickens. Il couchait près de lui, mangeait avec lui, dormait à ses pieds pendant qu'il écrivait. Un soir, le grand écrivain était resté seul au logis; sa belle-sœur et ses filles étaient allées à un bal dans le voisinage. Il lisait à une petite table à la lueur d'une bougie; soudain la lumière s'éteignit... Très intéressé par son livre, il la ralluma, et, en le faisant, il s'aperçut que son chat le considérait avec une expression très pathétique. Il reprit sa lecture... Quelques minutes plus tard, la lumière commença à s'obscurcir; il leva les yeux et vit le chat, la patte en l'air, en train d'éteindre la bougie; puis, l'étrange bête se remit à regarder son maître d'une façon suppliante. Dickens comprit ce muet appel; il mit son livre de côté et joua avec le chat jusqu'à l'heure du coucher.

Au sujet de ses habitudes pendant qu'il composait, nous ne pouvons mieux faire que de citer un passage très caractéristique, tiré d'un charmant petit livre, où la fille aîné de Dickens raconte aux enfants la vie de celui qui fut leur ami le plus tendre :

Ce fut à cette époque qu'une de ses filles, alors en convalescence, fut portée, sur sa demande, dans son cabinet de travail, et installée sur une chaise longue auprès de son bureau. C'était un grand honneur pour la jeune fille, et elle se tenait tranquille comme une souris... Pendant longtemps, le silence ne fut troublé que par le grincement rapide de la plume sur le papier, puis, tout à coup, l'écrivain bondit de son siège, courut à une glace, se regarda pendant quelques secondes, et, revenant à son bureau, se remit à écrire... Peu d'instants après, il recommença le même manège, mais, cette fois, au lieu de s'asseoir, il se retourna vers sa fille, la regardant sans la voir et marmottant entre ses dents des paroles incompréhensibles ; puis il se courba de nouveau sur sa table de travail et ne bougea plus jusqu'à l'heure du dîner. Ce fut une très curieuse expérience, et c'était une chose fort intéressante d'observer comme il s'incarnait complètement dans le personnage créé par son imagination, changeant absolument de physionomie, et profondément absorbé par sa propre conception.

Dickens avait toujours des invités, et rien n'était plus recherché que ses invitations, car la vie à Gadshill était délicieuse pour les hôtes de l'humoriste. On déjeunait à neuf heures, puis on fumait son cigare en flânant à travers les jardins ou en lisant les journaux jusqu'à l'heure du *luncheon*, c'est-à-dire jusqu'à une heure. Toute la matinée, le maître de maison travaillait, soit dans un bureau situé au rez-de-chaussée à gauche de l'entrée et qu'on avait appelé « la chambre du Bachelier », soit dans le chalet suisse dont nous avons déjà donné la description. Après le lunch, il y avait toujours des excursions, à la cathédrale de Rochester, aux ruines du vieux château, au parc de Cobham dont le propriétaire, lord Darnley, avait confié les clefs à Dickens. Il y avait des voitures pour les paresseux, mais l'auteur de Monsieur Pickwick allait toujours à pied. C'était un marcheur infatigable, et on aurait eu peine à le suivre, s'il n'eût été l'admirable causeur, le raconteur sans rival, qui vous faisait oublier la fatigue et le temps par le charme et la gaieté de ses récits... Son œuvre contient la description exacte de la plupart de ses promenades favorites. Les marais ont été rendus fameux par les Grandes espérances; l'auberge de « la Bouteille de cuir » a eu l'honneur de recevoir M. Tupman en désespoir d'amour; c'est au-dessous du Fort Pitt qu'eut lieu le duel aussi mémorable que peu sanglant, entre M. Winkle et le docteur Stammer.

Pendant l'été de 1860, il y eut grandes fêtes et réjouissances à Gadshill, pour la célébration du mariage de Kate, la plus jeune fille du romancier; elle épousait M. Charles Alston Collins, frère de l'écrivain, et fils du peintre qui a le mieux compris et le mieux rendu le paysage anglais et la vie rustique en Angleterre. Certes, par cette belle matinée d'été, l'artiste eût trouvé une scène digne de ses pinceaux. Tous les villageois s'étaient revêtus de leurs habits de fête en l'honneur de Dickens, et les voitures de la noce eurent peine à se rendre à l'église, tant les arcs de triomphe étaient nombreux. Dickens fut d'autant plus ému de cette ovation que, pour lui, elle était très inattendue.

Lorsqu'il passa devant la forge du village, on alluma un grand feu de joie, et on fit partir deux petits canons que le forgeron avait été chercher lui-même à Rochester.

C'est dans de semblables loisirs que Dickens retrouvait la force qui lui était nécessaire pour mener de front ses labeurs de romancier, ses fatigues de « professional lecturer » et ses multiples occupations de directeur d'une Revue importante.

CHAPITRE VI

Le roman de Dickens qui succéda à l'*Aventure des deux Cités* dans *All the year Round*, est un de ses plus courts, et peut-être, par cela même, un des plus continuellement intéressants. Il est intitulé : *Great Expectations* (*Grandes Espérances*). Quelques jours avant la publication du premier numéro, l'auteur écrivait à son ami Forster :

> Le roman sera écrit à la première personne, et, pendant les trois premiers numéros, le héros sera un enfant, comme *David Copperfield*. Vous n'aurez pas à vous plaindre du manque d'humour comme dans *les Deux Cités*. Je crois que mon début est d'un effet général extraordinairement drôle ; j'ai mis en relation constante un enfant et un brave homme à peu près imbécile...

C'est une chose digne de remarque et qui démontre la facilité d'invention et d'observation de Dickens, qu'ayant à retracer l'enfance d'un petit garçon pour la seconde fois, il ne se soit répété en aucune façon. Le jeune Pip est absolument distinct du jeune David ; cependant il est pauvre comme lui, malheureux comme lui, tendre de cœur comme lui, il ne lui ressemble pourtant en rien. Plus tard l'un d'eux, David, devra sa force de caractère aux épreuves qu'il a subies, l'autre, Pip, sera perverti et gâté par une bonne fortune inattendue. L'intrigue, rapidement esquissée, est celle-ci. Un forçat échappé des docks de Chatham, rencontre un enfant, Pip, le terrifie, et le force à voler, pour les lui apporter, de la nourriture et une lime avec laquelle il veut couper sa chaîne. Le forçat est repris et condamné à la transportation, mais il emporte dans son cœur une telle reconnaissance pour l'enfant, qu'il prend la résolution d'en faire un homme riche et un gentleman. Nous pensons bien que Dickens n'avait pas lu Balzac, mais le Magwitch de l'écrivain anglais a beaucoup de rapports, comme conception, avec le Vautrin de la *Comédie humaine*. Magwitch est riche, il arrive à ses fins, grâce aux bons offices de l'avocat qui l'a défendu en cour d'assises; il le charge de veiller à l'éducation de Pip et de lui servir chaque année une grosse somme d'argent. Pip imagine que ces libéralités lui viennent d'une vieille dame originale, millionnaire et sans enfants; il pense qu'elle veut faire de lui son héritier; ce sont là ses grandes espérances (*Great Expectations*). Mais Magwitch n'y tient bientôt plus; il revient, risquant sa vie, pour voir le gentleman qui est sa création; il se découvre au jeune homme qui apprend, avec une horreur ineffable, que son bienfaiteur est un criminel, un forçat. Sa nature première, qui est celle d'un honnête homme, est réveillée par cette découverte. La fortune du bandit lui a permis de se créer une position indépendante; il travaillera jusqu'à ce qu'il ait restitué toutes les sommes qui lui ont été remises par l'avocat Jaggers, mais, en attendant, un autre devoir immédiat s'impose à son âme généreuse. Criminel ou innocent, cet homme, ce misérable, ce Magwitch l'a aimé, lui a été dévoué, l'a sauvé de l'ignorance et de la misère; Pip doit tenter à son tour de le sauver des rigueurs de la justice. Les lecteurs de *Great Expectations* se souviennent sans aucun doute de ces pages admirables dans lesquelles Dickens retrace la fuite du misérable forçat. Cette chasse à l'homme sur la sinistre Tamise, les différentes péripéties de cette course entre le crime et la Justice, la passion sauvage du forçat pour son enfant d'adoption, l'admiration mêlée d'horreur de ce dernier pour son étrange compagnon, tout cela est rendu avec une intensité, un réalisme qui donnent le frisson : enfin Magwitch est vaincu. Les agents de police l'entraînent. Insensible à leurs brutalités, le dernier regard du forçat est pour celui dont son argent a fait quelqu'un.

Bulwer Lytton succéda à Dickens dans *All the year Round*, avec son admirable et mystérieux roman *A Strange Story*, et l'humoriste put prendre un peu du repos qu'il avait si bien gagné : « Depuis que mon livre est terminé, écrit-il, j'ai des douleurs terribles dans tout un côté du corps ; il faut que je me livre à un assez long farniente. » Mais ce serait mal connaître Dickens que d'imaginer qu'il pût rester longtemps inactif; voici ce qu'il appelle « se reposer » :

Chaque jour, pendant deux ou trois heures, je répète en vue de ma nouvelle série de lectures. Je me suis donné une peine infinie pour arranger *Copperfield* en une narration continue. Je crois que cela aura beaucoup de succès ; j'ai aussi arrangé les scènes de *Nicholas Nickleby* dans l'École du Yorkshire, et je pense être arrivé à des effets assez comiques avec Squeers, John Browdie et Compagnie. Composé également le personnage du prisonnier de la Bastille dans *les Deux Cités* et celui d'un des nains du conte de Noël.

Au mois de novembre, Dickens assista au mariage de son fils aîné, le directeur actuel de *All the year Round*. Il épousa la fille de M. Evans, qui, avec M. Bradbury, avait été pendant de nombreuses années l'éditeur et l'imprimeur des œuvres du grand humoriste. La maison de MM. Bradbury et Evans est célèbre à d'autres titres : c'est dans ses bureaux que fut fondée, il y a près d'un demi-siècle, le plus célèbre journal satirique illustré des Royaumes-Unis *Punch*.

La fin de l'année 1861 est la première moitié de 1862 furent consacrés à la seconde série de lectures à travers l'Angleterre, avec quelques intervalles de repos à Gadshill.

Il écrit de Newcastle vers la fin de novembre :

> Un événement extraordinaire est arrivé pendant la seconde séance ; la salle était absolument comble ; tout à coup le bec de gaz au-dessus de moi est tombé. Pendant un instant, il y eut un terrible mouvement de remous dans la salle, et Dieu sait combien d'existences eussent été détruites si la foule eût voulu se précipiter dehors... Heureusement une dame, qui occupait un fauteuil sur le devant, s'élança sur l'estrade où j'étais ; je l'arrêtai, et, en souriant, je lui donnai l'ordre de regagner sa place et de rester tranquille. Elle obéit, et, en me voyant rire, tout le monde fut rassuré. Mais, pendant quelques minutes, j'ai eu véritablement peur, d'autant plus que l'incendie n'était pas complètement conjuré.

Parfois, au cours de ses voyages, le romancier faisait de charmantes rencontres. Dans un numéro du *Saint-Nicholas Magazine*, revue new-yorkaise, une dame américaine a publié, en 1877, sous ce titre : *Our Letter*, la lettre et le commentaire suivants :

Notre lettre.

Parmi tous mes trésors — dont chacun me rappelle un événement plein de charmes — je choisis cette lettre écrite sur gros papier bleu.

La lettre fut reçue en réponse à des cigares envoyés d'Amérique à M. Dickens.

Les « *petites affaires publiques* » auxquelles il fait allusion, c'est la guerre de Sécession.

A Colchester, il lut *le Procès de Pickwick* et des passages de *Nicholas Nickleby*. C'est dans cette ville qu'une dame, ses deux sœurs et son frère rencontrèrent M. Dickens, dans la pittoresque salle à manger d'une vieille hôtellerie. Nous revînmes à Londres ensemble, pendant que la neige tombait doucement : sur le quai de la gare nous quittâmes, pour ne plus le revoir, l'homme dont l'image restera toujours gravée dans nos cœurs comme celle du meilleur, du plus généreux du plus brillant des compagnons de voyage.

M. T. ARMSTRONG.

Gad'shill Place, Higham by Rochester, Kent.
Lundi, 10 février 1862.

Mes chères filles,

(Car si j'écrivais « jeunes amies », j'aurais l'air d'un maître d'école, et si j'écrivais « jeunes demoiselles », j'aurais l'air d'une maîtresse de pension, pis encore, ces mots n'auraient pas une tournure familière et naturelle, ils ne seraient nullement en caractère avec notre neigeux voyage par cette grelottante matinée)... Je ne puis vous dire combien je vous suis reconnaissant de votre souvenir ni combien je pense à vous en fumant ces admirables cigares. Mais je pense presque, que, de l'autre côté de l'Atlantique, vous devez avoir une sorte de conscience magnétique des énormes bouffées d'affection que je dirige vers vous, assis ici dans mon jardin. Ma fille espère que, lorsque vous aurez arrangé vos petites affaires publiques, là-bas, vous reviendrez en Angleterre (probablement en État-Uni) et que vous accorderez bien *une minute ou deux* à cette partie du comté de Kent (ses paroles exactes sont : « un jour ou deux », mais je me souviens de vos habitudes rapides et j'ai corrigé). Je viens de terminer la série de mes lectures en province, mais je n'ai plus, hélas! trouvé de mains blanches pour me faire mon déjeuner comme à Colchester... Toujours affectueusement à vous,

DICKENS.

Dickens passa les deux derniers mois de 1862 à Paris ; entre temps il avait assisté, à Londres, aux débuts du fameux acteur Fechter dans le rôle d'Hamlet. Une lettre à M. Cerjat, datée du 16 mars 1862, donne d'intéressants détails sur cette représentation :

Vous me demandez comment Fechter a joué Hamlet ? D'une façon absolument extraordinaire !... C'est le Hamlet le plus logique, le plus consistant, le plus intelligible que j'aie jamais vu. Quelques-unes des délicatesses qui lui servent à rendre sa conception claire sont très subtiles; en particulier il évite cette brutalité envers Ophélie, que tous les autres interprètes du prince de Danemark soulignent. Comme simple tour de force, sa façon de comprendre et d'exprimer les beautés de la langue anglaise est merveilleuse; il a un peu d'accent étranger, mais cela n'est nullement désagréable. Il est admirablement grimé, avec un mépris absolu de toutes conventions théâtrales. C'est un étonnant acteur, le plus grand que nous ayons. C'est un vrai artiste et un vrai gentleman.

Pendant son séjour à Paris il donna deux lectures à l'ambassade d'Angleterre, au bénéfice des pauvres anglais. Le succès fut immense, mais nous n'avons trouvé que peu de détails dans sa correspondance sur ces quelques semaines passées au milieu de nous. Dans une lettre à Fechter, il raconte qu'il a fait la connaissance de Paul Féval et qu'il a été au Châtelet voir jouer *Rothomago*, où il s'est tellement ennuyé, qu'au bout d'une demi-heure il lui semblait être là depuis deux semaines. En retournant à Calais, il eut l'idée de s'arrêter à Arras :

Je voulais voir la ville où est né l'aimable Robespierre. J'ai trouvé une grande place si remarquable, que je ne m'étonne pas que les touristes l'oublient. J'ai trouvé aussi une foire avec une baraque étrange ; je copie l'affiche :

THÉATRE RELIGIEUX

donnant six fois par jour l'*Histoire de la Croix* en tableaux vivants, depuis la naissance de Notre-Seigneur jusqu'à sa sépulture.
Aussi l'immolation d'Isaac par son père Abraham.

La nuit venait, et un des trois mages était occupé à allumer les lampions. Une femme en bleu et en maillot couleur chair (je ne sais si c'était un ange ou la femme de Joseph) adressait un discours à la foule au moyen d'un énorme porte-voix, et un tout petit gamin se tenait la tête en bas et les pieds en l'air, au-dessus d'un orgue de Barbarie, et à côté d'un agneau en carton... Je vous laisse à penser *qui* cet agneau représentait !

LIVRE SEPTIÈME

1863-1870

CHAPITRE PREMIER

Parmi tous les personnages illustres ou simplement célèbres que renfermait Londres en 1863, il n'y en avait pas dont la figure fût plus connue, plus familière, plus populaire que celle de Dickens. Dans l'immense Babylone il n'existait pas de ruelle si obscure, pas de coin si ignoré, pas de repaire si dangereux, qu'il ne les eût visités, fouillés, éclairés et égayés de sa présence. Tous et toutes reconnaissaient au passage cette figure ridée par la pensée, cette barbe grise en éventail, ces yeux perçants, brillants, merveilleusement chercheurs, ces gestes brusques, cette démarche rapide : « Voilà Dickens, voilà notre Boz », criait la foule, en le voyant arpenter les rues populeuses de la Cité, la tête fièrement levée, ne semblant regarder ni à droite ni à gauche, ce qui ne l'empêchait pas d'observer tout et de tout graver dans sa mémoire. On eût dit que l'humoriste avait le don d'ubiquité ; ceux qui le connaissaient le rencontraient partout, et qui ne le connaissait pas? Qui n'en avait pas entendu parler?

Qui n'avait pas lu ses livres, ou vu ses photographies aux devantures des magasins? Les conducteurs d'omnibus, les balayeurs, les policemen, les marchands ambulants, les flâneurs élégants de Pall Mall, les voleurs de Houndsditch et les déguenillés de Bethnal Green, le saluaient au passage. Avec sa face bronzée, ses vêtements larges, son chapeau placé en arrière, ses cravates aux couleurs éclatantes, son dandinement en marchant, il ressemblait à quelque capitaine au long cours, retour d'un lointain voyage. Mais il y avait dans son aspect une individualité que rien ne pouvait déguiser; il était un de ces hommes très rares qui restent eux-mêmes en habit noir et en cravate blanche. On le retrouve même sous les travestissements du théâtre; il y a à l'*Académie*, à Londres, un admirable tableau de Leslie, le représentant dans ce rôle du capitaine Boabdil qui était son triomphe. C'est bien la personnification du matamore bravache et poltron créé par Ben Johnson, mais, sous le masque barbu et vaniteux du fier-à-bras anglais, brillent, comme rayons de soleil derrière des nuages d'été, les yeux chercheurs, le visage déterminé, le sourire irrésistible de Charles Dickens. C'est surtout pendant la dernière partie de sa vie que l'humoriste multiplia le plus ses promenades de nuit et de jour à travers la formidable ville de Londres. Il laissait à son ami Thackeray Regent-Street, Pall Mall, Picadilly, Regent's Park et the Ladies mile; il préférait connaître dans tous leurs détails les petites rues derrière Holborn, les cours et les allées du Borough, les ruelles honteuses des faubourgs éloignés, les tortueux passages de la Cité, les cales humides et bourbeuses de la Tamise. Il entrait bravement partout, dans les garnis, les postes de police, les taudis, les repaires, les baraques ambulantes, les dépôts de mendicité, les prisons, les écoles, les mansardes, les caves, les cours noires, les passages sinistres, les tavernes, les boutiques de chiffonniers, les sous-sols des recéleurs, et, de tous ces endroits sombres et hideux, il rapportait des peintures vivantes d'hommes, de femmes et d'enfants, qui ont fait la joie, l'étonnement et l'édification de millions de lecteurs. C'était le bon génie qui change en or tout ce qu'il touche.

Dickens était un marcheur forcené; il s'imposait tant de lieues par jour; alors il ne s'attardait devant rien; c'était une tâche volontaire qu'il accomplissait; mais souvent aussi, il se livrait délibérément aux jouissances de la flânerie, il regardait à l'intérieur des boutiques, il s'arrêtait aux coins des carrefours, il assistait aux comédies incessantes, aux plaisirs, aux querelles de la rue; il allait au hasard, prenant tantôt à droite tantôt à gauche, explorant des régions inconnues, se perdant exprès et comptant sur le hasard aveugle pour le remettre dans la bonne voie. C'est, sans aucun doute, au cours de ces flâneries, qu'il découvrit tous ces coins ignorés de la grande ville qu'il a décrits avec une force et une fidélité incomparable : « la Cour du Cœur saignant », la tanière où vivait le juif Fagin, et le grenier où Kaggs est mort. Certes, aucune de ces peintures n'était imaginaire, et sitôt qu'elles paraissaient, tout le monde les reconsait; chacun s'écriait : « Mais comment n'avions-nous pas remarqué cela ? » Car c'est le privilège du génie d'exprimer des pensées, de décrire des scènes qui nous paraissent tout de suite évidentes et familières, mais dont nous n'avions aucune idée, aucune impression définies, avant qu'elles fussent présentées à notre esprit. Ainsi, peu d'entre nous ont fait le voyage de la vie sans rencontrer sur leur route un personnage gros, gras, vulgaire, vicieux, débauché, impudent, gonflé de vanité et de luxure, à la fois malhonnête et lâche, mais qu'on tolère cependant à cause de ses manières grotesques et de ses conversations facétieuses. Entre les mains d'un homme de génie, ce personnage, suffisamment ordinaire, se transforme en un type admirable et unique; il devient sir John Falstaff. Pareillement, qui n'a pas connu au moins un de ces êtres faux, huileux et spécieux, se parant des lauriers volés au voisin, une de ces araignées nocturnes qui tissent leur toile ignoble sous le couvert de la candeur et de la simplicité ? Nous coudoyons chaque jour ces coquins pleins d'enjôleries et nous passons sans nous arrêter; mais le génie vient, qui pique au bout de sa plume vengeresse la bête malfaisante et visqueuse et, sous le nom de Pecksniff, l'expose aux risées, au mépris et à l'indignation de la foule.

Ces excursions à travers Londres alternaient avec des expéditions à travers la campagne, dans lesquelles, il apportait la même patience, la même sincérité d'observation, et dont les résultats, pour son art, étaient tout aussi fructueux. C'est à ces rustiques pèlerinages que nous devons nombre de paysages exquis et de délicieuses peintures de l'existence villageoise ; nous leur devons la foire, dans *l'Ami mutuel*, la forge où le petit Pip passa sa première jeunesse [1], le vieux bateau sur la grève où s'abritaient les Pegotties [2], le coin tranquille où Mme Jarley campait avec son salon de cire [3], le cimetière où les propriétaires du Guignol ambulant rencontrèrent les deux enfants sur des échasses [4] ; le taillis sinistre ou Tigg fut assassiné par Jonas Chuzzlewit [5]. Mais Dickens n'était pas seulement un observateur merveilleux, à l'œil prompt, à l'intelligence toujours en éveil, à la mémoire tenace ; c'était aussi un prodigieux « écouteur ». Dans ses livres il a reproduit avec une extraordinaire exactitude la façon de s'exprimer du plus humble et du plus simple, comme du plus pompeux et du plus éminent de ses concitoyens. On peut dire de lui qu'il avait du collodion dans l'œil et un phonographe dans l'oreille.

Entre les *Grandes Espérances* et l'*Ami mutuel*, c'est-à-dire de 1861 à 1864, Dickens publia une série d'essais humoristiques dans *All the year Roud*, sous le titre de *The uncommercial traveller*, puis trois contes de Noël, enfin un certain nombre d'esquisses et de courtes nouvelles dans sa première manière. Certains de ses petits morceaux sont restés légendaires en Angleterre, nous citerons particulièrement *Somebody's*

---

1. *Les Grandes Espérances.*
2. *David Copperfield.*
3. *Le Magasin d'antiquités.*
4. *Idem.*
5. *Martin Chuzzlewit.*

luggage (*le Bagage de quelqu'un*), *Little Bebelle* (*Petite Bebelle*), où le héros est un caporal de l'armée française *The Legacy* (*l'Héritage*), *The Lodgings* (*l'Appartement garni*), et enfin l'immortelle *Mistress Lirriper*, la rivale de la populaire *Mistress Gamp*.

A la fin de l'année 1863, la veille de Noël, un grand chagrin frappa Dickens ; il apprit la mort soudaine de son compagnon, du grand romancier Thackeray, dont, pendant tant d'années, il avait été l'émule et l'ami.

Je le vis pour la première fois, écrivait-il quelques jours plus tard, dans le *Cornhill Magazine*, il y a bientôt vingt-huit ans ; il voulait illustrer mon livre de débutant, et, la dernière fois que je l'ai rencontré, c'est l'autre soir à l'Atheneum club. Il me dit qu'il avait passé trois jours au lit et qu'il allait essayer d'un nouveau remède, qu'il me décrivit en riant. Il était joyeux et avait l'air bien portant. Huit jours plus tard, il était mort. Le long intervalle entre notre première et notre dernière rencontre est rendu vivant dans ma mémoire par les nombreuses occasions où il déploya son humour extraordinaire, son irrésistible extravagance ; cela ne l'empêchait pas d'être très doux, sérieux à l'occasion, toujours charmant avec les enfants. Nul n'est plus assuré que moi de la grandeur et de la bonté de son âme. Ce n'est pas le moment de parler de ses livres, de sa connaissance du cœur humain, de son expérience subtile de nos faiblesses, de son esprit scintillant de chroniqueur, de son originalité de poète, de son admirable maniement de notre langue anglaise mais j'ai sous les yeux tout ce qu'il a écrit de son dernier roman, et la douleur que je ressens en parcourant ces pages, n'est pas plus grande que ma conviction qu'à l'heure où la mort l'a pris il avait toute sa vigueur, toute sa puissance intellectuelle. Les derniers mots qu'il a corrigés sur l'épreuve sont ceux-ci : « Et mon cœur eut une vibration de jouissance exquise. » Ah ! fasse le Seigneur que dans cette nuit de Noël, lorsqu'il laissa retomber sur l'oreiller sa tête alourdie, lorsque, dans un geste familier, il leva ses bras vers le Ciel, fasse le Seigneur que la conscience du devoir accompli et la foi dans l'immortalité chrétienne aient fait également vibrer son cœur d'une jouissance exquise, à cette heure solennelle et tranquille où il rentra dans le repos de son Sauveur !

Cette mort fut rapidement suivie d'autres pertes plus cruelles encore pour le grand romancier ; sa vieille mère infirme et qui ne quittait plus le lit depuis deux années, mourut au début de l'année 1864[1], et au mois de février suivant, le jour anniversaire de sa naissance, un télégramme lui apporta la nouvelle de la mort de son second fils Walter, décédé le 31 décembre à l'hôpital militaire de Calcutta. Il était lieutenant au 26e d'infanterie, et, s'il eût vécu un mois de plus, il eût atteint sa vingt-troisième année. On se souvient sans doute que le pauvre garçon était le filleul de Walter Savage Landor. Contre des douleurs aussi profondes, l'artiste a un remède : le travail acharné. Avec cette énergie qui lui était coutumière, Dickens essuya ses larmes, et, se mettant résolûment à sa table de travail, il demanda à la conception cérébrale sinon la consolation, du moins l'oubli momentané. Le premier numéro de son avant-dernier roman : *Notre ami commun*, parut au mois de mai 1864. La série continua jusqu'au mois de novembre 1865.

Ce fut pendant la publication de cette œuvre qu'il

---

1. Son mari, le vieux John Dickens, l'avait précédée de quelques années.

fut spectateur et acteur dans une épouvantable catastrophe, le terrible accident de chemin de fer de Staplehurst, le 9 juin 1865. Cette date du 9 juin est fatale à Dickens, car c'est aussi celle de sa mort. Dans une lettre à son vieil ami Thomas Mitton, datée de Gadshill, 13 juin, il retrace de la façon suivante toutes les péripéties de ce triste événement :

J'étais dans la seule voiture qui n'a pas été précipitée dans la rivière. Ce wagon a été arrêté au bord de l'abîme par une espèce de miracle, et est resté suspendu en l'air. Il y avait dans mon compartiment deux dames, une jeune et une vieille. Voici exactement ce qui s'est passé : Tout d'un coup nous avons quitté les rails, et nous avons été traînés, pendant quelques minutes. La vieille dame s'est écriée : « Mon Dieu ! » et la jeune s'est mise à gémir. Je les ai prises toutes deux par la main, en leur disant : « Nous n'y pouvons rien ; ayons du courage et de la fermeté. » La vieille dame m'a répondu : « Merci, comptez sur moi, sur mon salut, je serai calme. » A peine avait-elle achevé, que nous fûmes tous les trois lancés dans un coin du compartiment par un brusque soubresaut du wagon qui s'arrêta. Je dis à mes compagnes : « Le danger est passé ! Me promettez-vous de ne pas bouger, si je sors par la fenêtre ? » Toutes deux me firent signe que oui et je sortis sans avoir la plus petite notion de ce qui venait de se passer. Heureusement, j'étais descendu avec les plus grandes précautions et je me tenais sur le marchepied ; de là, j'aperçus le pont brisé, et au-dessous rien que la ligne des rails. Dans le compartiment voisin, des voyageurs essayaient follement de sauter par la fenêtre. Les deux conducteurs, l'un d'eux avec la figure ensanglantée, couraient comme des insensés le long d'un des parapets du pont qui était demeuré debout. Je les appelai : « Regardez-moi ! Arrêtez un instant et regardez-moi. Me reconnaissez-vous ? »

L'un d'eux me répondit : « Nous vous connaissons parfaitement, monsieur Dickens. — Alors, mon ami, donnez-moi votre clef et envoyez-moi un de ces ouvriers que j'aperçois là-bas, pour que nous essayions d'évacuer ce wagon. » Nous y parvînmes au moyen de deux planches, et, quand ce fut terminé, j'aperçus tout le train gisant au fond de la rivière. Je rentrai dans mon compartiment pour y prendre ma gourde, je fis de mon chapeau une cuvette que je remplis d'eau fraîche. Tout à coup, je me trouvai brusquement en face d'un homme chancelant, tout couvert de sang, le crâne littéralement coupé en deux. Je lui lavai la figure ; je lui donnai à boire un peu d'eau-de-vie, je l'étendis sur le gazon ; il me dit : « Merci ! » et mourut immédiatement. Puis je trébuchai sur une dame étendue au pied d'un arbre ; le sang ruisselait sur sa figure, qui avait la couleur du plomb. Je lui demandai si elle pouvait boire un peu d'eau-de-vie ; elle me fit un petit signe de tête ; je lui en donnai quelques gouttes et je l'abandonnai, à la recherche d'autres victimes... Quand je revins, elle était morte. Un pauvre mari s'attachait à mes vêtements, me suppliant de l'aider à retrouver sa femme ; nous la retrouvâmes morte. Un monsieur français, avec lequel j'avais causé à Douvres, a été littéralement broyé.

Ces scènes atroces impressionnèrent tellement Dickens, qu'un an plus tard il écrivait de Rochester :

Tout voyage en chemin de fer m'est devenu pénible. J'ai toujours la sensation que la voiture verse à gauche, et, chaque fois que la vitesse de la marche augmente, une sorte d'angoisse me coupe la respiration.

Dans la « postface en guise de préface » de *l'Ami commun*, voici comment il s'exprime :

Le vendredi, neuf juin de cette présente année, M. et

Mme Boflin¹ (recevant dans leurs costumes manuscrits M. et Mme Lammle²) étaient avec moi au moment d'un terrible accident sur la ligne du chemin de fer Sud-Est. Après avoir rendu aux victimes les services qui furent en mon pouvoir, j'escaladai mon compartiment pour dégager et sauver le digne couple. Il était fort souillé, mais sans blessures. Je sauvai également miss Bella Wilfer en train de se marier, et M. Riderhood examinant le foulard rouge de Bradley Headstone³. Jamais je ne serai aussi près de dire un adieu éternel à mes lecteurs, jamais, excepté le jour où il plaira à la Destinée d'écrire au bas de ma vie le mot que j'écris aujourd'hui au bas de ce livre : « Fin. »

1. Personnages du roman.
2. Même observation.
3. Allusion aux différentes scènes de *l'Ami commun* contenues dans cette partie du manuscrit de Dickens, si miraculeusement préservée.

CHAPITRE II

L'idée première de *l'Ami commun* vint à Dickens au cours de ses promenades le long des rives de la Tamise ; les nombreuses affiches décrivant minutieusement des personnes noyées, promettant des récompenses pour la découverte des corps de personnes noyées, lui suggérèrent ses deux figures sinistres d'écumeurs de la mort : Hexam et Rider Hood :

Supposons un homme jeune, peut-être excentrique, écrit-il dans une de ses lettres, qui feint d'être mort, qui, pour tout le monde, excepté pour lui-même, est bien réellement mort, et qui observe la vie pendant plusieurs années en conservant cette singulière position ; ne serait-ce pas là un bon personnage central pour un roman?...

Cette idée contient l'origine de Rokesmith. Voici maintenant le couple Lammle :

Je pense à un imposteur famélique, épousant une femme pour sa fortune ; elle l'épouse également pour la fortune qu'elle lui suppose. Après le mariage, tous deux s'aperçoivent de leur erreur et se liguent pour duper la société en général.

Et voici également les amusants Veneerings :

Des gens, tout flambant neufs, autour d'eux tout est neuf ;

s'ils présentaient leurs père et mère, il semble qu'ils devraient être tout neufs, comme leur mobilier, comme leurs voitures; tout reluisants de vernis, comme si le fournisseur venait de les livrer contre facture.

L'Ami commun se ressent des agitations et des chagrins subis par son auteur au moment où il le composa; une sorte d'ironie sombre en est la note dominante; la fraîcheur des conceptions, l'exubérance naturelle des premières œuvres de Dickens ne s'y retrouvent plus; mais l'observateur, le moraliste et le satiriste y parlent avec plus de puissance et d'éloquence que jamais; l'ami des enfants y reparaît aussi tout entier dans le portrait exquis de Jenny Wren; cette pauvre petite habilleuse de poupées, avec ses cheveux d'or et ses béquilles, avec son innocence malicieuse, avec cette douceur et cette gaieté conservées au milieu des privations les plus dures, est une des plus charmantes créations du romancier anglais. Dans ce livre, inférieur par rapport aux ouvrages précédents, que de talent encore! Que de fertilité dans la création, d'originalité dans la conception, d'humour dans le rendu des caractères, dans la peinture de cet hypocrite vulgaire, chauve et respectable, Podsnap; dans la description de la famille Wilfer et de son joli tyran Bella; dans les scènes au bord de la Tamise, et dans ces annales si simples, si vraies et si touchantes, de la vie et de la mort de la pauvre Betty Higden. Encore ne citons-nous que les traits principaux; dans la foule des acteurs et des incidents de second plan qui surgissent à chaque chapitre, il y a plus d'imagination, plus de puissance créatrice, plus d'observation vraie que dans dix volumes de M. Zola. Quant à l'esprit et à l'humour, ces deux étincelles sacrées qui manquent si totalement au chef de l'école scatologique, ils brillent, pétillent, éclatent à travers l'œuvre entière.

L'année 1865 fut pour Dickens une année douloureuse. Elle débuta par la mort de son ami, d'un de ses premiers illustrateurs, le grand caricaturiste Leech; puis, au mois de février, une attaque soudaine vint le clouer au lit pendant des semaines nombreuses. C'était une maladie étrange, qui défiait la science des médecins, et dont ils attribuaient les phénomènes à une surexcitation du système nerveux; les douleurs se concentraient dans le pied gauche. Lorsque le romancier entra en convalescence il était boiteux et demeura boiteux pour le reste de sa vie. Il n'en persista pas moins dans ses violents exercices à pied, même au milieu des tempêtes de neige; il voulait se persuader à lui-même que sa maladie était purement locale; les événements ont prouvé combien il se trompait. La paralysie qui devait foudroyer cette grande intelligence commençait déjà son œuvre obscure. Dickens d'ailleurs n'emmagasinait de forces que pour pouvoir les dépenser; ainsi, dans l'été de 1865, il prit un bref congé qu'il passa en France; mais à peine de retour, il se livra à de nouveaux excès de travail qui ruinaient absolument sa santé. L'accident de Staplehurst lui fut également fatal; il avoue dans ses lettres qu'il en avait reçu un choc terrible; cela ne l'empêcha pas d'entreprendre une nouvelle série de lectures aussitôt qu'il eut terminé *l'Ami mutuel*. On est effrayé de cette activité; on a peine à la comprendre. Avait-il conscience, sans se l'avouer à lui-même, du peu de temps qui lui restait à vivre, et voulait-il, sans se soucier de la fatigue, amasser dans ce court espace de temps la plus grosse somme possible?... Qu'il connût l'état de sa santé, sa correspondance intime le prouve surabondamment. A la veille de partir pour sa nouvelle tournée, il écrivait ce qui suit au confident de toute sa vie, à Forster :

Depuis quelque temps déjà je suis très sérieusement souffrant. F. B. m'a écrit qu'avec un pouls comme celui que je lui décrivais, il était absolument nécessaire d'ausculter le cœur. Après examen, il a prononcé qu'il y avait faiblesse musculaire du cœur. Le docteur Brinton, appelé en consultation, est d'avis surtout qu'il y a irritabilité des nerfs du cœur. Tout cela m'a peu déconcerté. Je prévoyais bien qu'au fond cet organe sentimental, le cœur, était pour quelque chose dans mon malaise. Je n'ai pas la prétention de supposer que tout mon labeur passé ait pu s'accomplir sans que ma santé ait eu à en souffrir et j'ai certainement remarqué en moi depuis quelque temps un changement important; je n'ai plus la même ardeur, la même foi; je ne suis plus moi-même, mais, bah! les toniques sont là pour me donner le coup de fouet nécessaire, et je viens de signer un engagement avec un Barnum de Bond street, M. Chappells, pour donner trente séances de lectures à raison de 50 livres sterling (1,250 francs) par séance, en Angleterre, Irlande, Ecosse et peut-être à Paris. Toutes mes dépenses personnelles et celles de mon domestique sont payées en sus. Nous devrons commencer à Liverpool le jeudi de la semaine de Pâques, puis nous continuerons par Londres...

Cependant la guerre de Sécession était terminée

en Amérique. Le succès énorme qui avait accueilli ces séances en Angleterre empêchait les grands entrepreneurs de New-York de dormir. Pendant une année Dickens, malgré son secret désir, refusa les offres les plus brillantes qui lui furent faites par les États-Unis. Mais, avec cette persistance qui est une des vertus de leur race, les Américains revinrent si souvent à la charge, augmentant chaque fois leurs offres, qu'au mois de mai l'humoriste commença à chanceler dans ses résolutions :

Ah! ce sujet américain, écrit-il le 20 de ce mois, comme il me trotte à travers la tête! Les Yankees sont décidés à avoir leurs lectures quand même, cela ne fait pas de doute. Chaque paquebot m'apporte des propositions, et le nombre d'Américains qui assistent à mes séances de Saint-Jame's Hall est véritablement surprenant. Un certain M. Graü, l'ancien impresario de Ristori, m'a écrit pour la seconde fois par la dernière malle pour me dire que, si je voulais bien lui donner un mot d'encouragement, il ferait immédiatement le voyage d'Angleterre, prendrait avec moi tous les arrangements que je voudrais, et déposerait d'avance, chez Coutts, la somme que je mentionnerais. M. Fields m'écrit de la part d'un comité de messieurs de Boston, qui me propose de déposer tout de suite 250,000 francs chez mon banquier si je veux lui promettre quelques séances. Excité par toutes ces propositions, mon impresario anglais, Chappells lui-même, m'offre un traité pour l'Amérique.

Il refusa toutes ces offres : « Si je vais, dit-il, j'irai à mes risques et périls et ne ferai de contrat avec personne. »

Ces hésitations très naturelles durèrent pendant la

plus grande partie de l'année 1867. Forster nous fait assister en détail à toutes les péripéties qui précédèrent sa résolution définitive; nous nous contenterons de citer les résultats. Le 30 septembre, dans une lettre à sa fille aînée, nous lisons ce qui suit :

> Vous avez déjà reçu mon télégramme qui vous a annoncé que je pars pour l'Amérique. Après une longue discussion avec Forster, dans laquelle nous avons minutieusement pesé les deux côtés de la question, il a été décidé que j'irai, et nous avons télégraphié : « Oui » à Boston.

Huit jours plus tard il écrivait à Forster :

> Le *Scotia* étant plein, je ne m'embarque que le jour du Lord-Maire. Ce n'est pas avec un cœur bien joyeux que je regarde l'avenir, mais ma conviction n'est nullement ébranlée. Je suis certain que ce voyage me rapportera gloire et profit.

Le 2 novembre, un grand banquet d'adieu lui fut donné à Londres, dans la salle des Francs-Maçons. Lord Lytton présidait. Comme s'il prévoyait que ce voyage devait être fatal à son ami, le noble écrivain fut pris d'un attendrissement qui se communiqua à toute l'assemblée, et lorsque après le dernier toast, Dickens se retira, bien des yeux étaient mouillés de larmes. Le 9 du même mois il quitta Liverpool, faisant voile pour Boston où nous allons l'accompagner pour la seconde fois.

CHAPITRE III

Extraits de la correspondance de Charles Dickens pendant son séjour en Amérique (1867-1868) [1] :

Boston, 20 novembre 1867.

Boston s'est prodigieusement accru en vingt-cinq ans. La ville est devenue beaucoup plus marchande ; c'est un mélange de Leeds et de Preston, avec une saveur de Brighton. Pas de fumée, pas de brouillard, par exemple ! mais un air léger exquis. Mon ancien hôtel, que je trouvais si grand, est considéré maintenant comme un très petit établissement. Je n'ai pas encore remarqué de changements dans le caractère et les habitudes des Bostoniens. Je demeure tout en haut d'un immense hôtel, et j'ai dans mon appartement une salle de bains chauds et froids. La vie est extraordinairement chère.

Boston, 25 novembre.

Deux de nos agents sont partis pour New-York. Nous avons toutes les peines du monde à empêcher nos billets de tomber entre les mains des spéculateurs. Nous recevons des propositions de tous les points de l'Amérique, mais nous n'acceptons aucune offre. Les jeunes étudiants de l'Université de

---

[1]. Ces extraits sont tirés de nombreuses lettres écrites par Dickens à cette époque, à sa fille aînée, à sa belle-sœur miss Hogarth et à John Forster.

Cambridge[1] ont représenté à Longfellow qu'ils sont cinq cents et qu'ils n'ont pas pu se procurer un seul ticket. Je suppose que je serai obligé de leur donner une séance spéciale; d'ailleurs, nous resterons dans les nuages tant que je n'aurai pas tâté le terrain à New-York.

Boston, 2 décembre.

J'ai donné, hier soir, ma première séance ici. Les sujets que j'avais choisis étaient : *Le Noël* et le *Procès de M. Pickwick*. Il me serait vraiment impossible d'exagérer la magnificence de la réception et l'effet produit par ma lecture. Dans la ville on ne parlera de rien autre chose pendant plusieurs jours; toutes les places pour les autres séances et pour les séances de New-York sont déjà retenues; nous avons fait 12,000 francs de recettes hier soir. Quant à moi, je me suis senti aussi tranquille, aussi composé que si j'eusse été à Chatham. Je compte me faire ici environ 1,300 livres (32,500 francs) dans une semaine. Nous partirons samedi pour New-York.

New-York, 11 décembre.

Succès extraordinaire. Salle splendide, beaucoup plus brillante qu'à Boston. Le *Noël* et le *Procès* très applaudis le premier soir, enthousiasme indescriptible le second soir avec *Copperfield* et Bob Sawyer[2]. Ce matin, à neuf heures, il y avait devant les bureaux une queue de trois mille personnes qui avaient commencé à se rassembler, en dépit du froid excessif, dès deux heures du matin!...

New-York, 15 décembre.

Nous n'avons pas encore fait une recette inférieure à 430 livres sterling (10,750 francs). J'envoie par le paquebot

---

1. Ainsi nommée en souvenir de la fameuse Université dans la mère patrie.
2. Personnage du roman de *Pickwick*.

d'aujourd'hui 3,000 livres sterling (75,000 francs), en Angleterre. De toutes les parties des États, des propositions et des offres me sont continuellement faites. Nous retournons à Boston samedi, pour deux séances supplémentaires, puis, à Christmas, nous revenons ici pour en donner encore quatre. Je ne me suis encore, jusqu'à présent, engagé que pour Philadelphie.

New-York, décembre.

Le seul endroit de New-York que je reconnaisse depuis une semaine que j'y suis, c'est l'endroit dans Broadway où s'élevait jadis le Carlton hôtel, qui a été démoli. Il y a au bout d'un faubourg un magnifique parc nouveau, entouré d'habitations somptueuses et rempli d'équipages splendides. Le propriétaire de mon hôtel est aussi le directeur d'une salle de théâtre « Niblo's Theatre » où l'on joue en ce moment *le Bossu noir,* qui a la prétention d'être tiré de la nouvelle de ce nom parue dans *All the year Round.* Ce *Bossu noir* tient l'affiche depuis seize mois ; jamais *clou* ne fut plus commode pour y attacher ballets de toutes descriptions. Les acteurs n'ont pas la plus petite idée de ce dont il s'agit ; quant à moi, à force de m'ingénier, j'ai découvert que le *Bossu noir* est un nain malfaisant et contrefait en ligue avec les puissances des Ténèbres pour séparer deux amoureux. Mais les puissances célestes, représentées par de belles filles sans l'ombre de jupons, viennent à la rescousse, et le démon est vaincu. Dans toute la pièce, je suis certain qu'il n'y a pas deux lignes appartenant à la nouvelle ou y ayant même rapport, mais il y a des ballets de toutes espèces, des processions et des défilés absolument inexplicables, enfin l'âne de la pantomime de l'année dernière, à Covent-Garden...

Boston, 22 décembre.

Un certain capitaine Dolliver, appartenant à la douane de Boston, a fait venir exprès d'Angleterre une guirlande de gui, et ce matin, à déjeuner, je l'ai trouvée sur ma table. Cette attention si touchante, caractérise bien l'esprit aimable et accueillant des citoyens de la Nouvelle-Angleterre. Comme règle générale, dites-vous bien que tout ce que les journaux racontent à mon sujet est faux. Le seul reporter qui soit passablement informé, c'est le correspondant du *Times* à Philadelphie. Si vous voulez avoir une idée des mœurs de la presse dans ce pays, lisez ce qui suit : le directeur d'un journal avait offert à mon administrateur Dolby de lui vendre sa publicité. Dolby pensa que cette dépense était inutile, il n'envoya aucune annonce, et ce matin on peut lire dans les colonnes dudit journal, en grosses lettres, le paragraphe suivant : « L'individu qui se fait appeler Dolby, s'est ignoblement enivré hier soir dans les bas quartiers de la ville, et a été conduit au violon pour s'être colleté avec un Irlandais. »

Boston, 25 novembre [1].

Vous vous souvenez qu'à mon dernier voyage j'avais fait connaissance du célèbre professeur de chimie à l'Université de Cambridge, le docteur Webster. Ce grand savant a été pendu en 1849, pour avoir assassiné dans son laboratoire un de ses amis qui lui avait prêté de l'argent. Il avait découpé le cadavre et caché les morceaux dans l'énorme pupitre devant lequel il faisait quotidiennement le cours à ses élèves. L'autre jour, étant à Cambridge, j'ai voulu visiter en détail les lieux où le professeur a commis son crime extraordinaire. Il paraît que Webster avait depuis longtemps la réputation d'être très cruel. C'est une grande salle sombre, sinistre, froide, silencieuse. Le fourneau dans lequel il brûla la tête répand encore une odeur nauséabonde (sans doute, lorsque je suis entré, quelque préparation anatomique cuisait à petit feu). Autour de moi s'étalaient des squelettes, des membres épars et des corps rigides, étendus sur des estrades, atten-

---

1. Lettre à Lord Lytton.

dant la dissection. Le soir, dans la maison où j'ai dîné, on a raconté une terrible anecdote. Le narrateur faisait partie d'une douzaine de personnes qui avaient été invitées à dîner par le docteur Webster, une année juste avant l'assassinat. Le repas commença au milieu d'un certain malaise. Un des invités (victime d'une antipathie instinctive) bondit tout à coup sur son siège en s'écriant, pendant que la sueur ruisselait sur son visage : « O ciel ! il y a un chat quelque part dans la salle ! » On trouva le chat et on le chassa. Enfin au dessert, le vin aidant, on s'échauffa quelque peu. Webster ordonna alors aux domestiques d'éteindre le gaz et d'apporter ce bol de préparation en fusion dont il s'était occupé dans l'après-midi : « Vous verrez, disait-il, c'est très curieux ; nous allons ressembler tous à des spectres... » Le bol fut apporté. Chacun regardait son voisin avec effroi. Tout à coup un cri d'horreur fut poussé. Webster s'était passé une corde autour du cou, il en tenait le bout d'une main, et, penché au-dessus de la flamme, la tête inclinée d'un côté, roulant des yeux effarés, tirant la langue, il s'*amusait* à imiter toutes les convulsions d'un homme qu'on est en train de pendre.

New-York, veille de Noël 1867.

J'ai trouvé, en arrivant ici, une lettre de ma fille. J'en avais besoin, car je suis triste et malade. L'action trop lente du cœur m'a beaucoup incommodé ces temps derniers. De plus, j'ai un rhume horrible, un rhume américain ; en Angleterre on ne peut se douter de ce que c'est !

New-York, 2 janvier 1868.

Nos comptables et secrétaires sont sur les dents ; ils préparent, numérotent et timbrent six mille tickets pour Philadelphie et huit mille tickets pour Brooklyn. Ils auront ensuite à confectionner huit mille tickets pour Baltimore et six mille pour Washington. Tout ceci est en outre de la correspondance, des avertissements, des comptes courants et du travail de recettes pendant quatre soirées dans la semaine. Je ne puis me débarrasser de cette grippe intolérable. Mon hôtelier a inventé pour moi une boisson composée de cognac, de rhum et de neige ; il appelle cela un « sternutatoire des Montagnes Rocheuses », et il dit que son effet est de faire sortir tous les éternuements du corps humain. Je n'en ai encore ressenti aucun bien. Vous ai-je dit que la boisson favorite des Américains, en se levant, s'appelle : « Ouvrez vos yeux » ?

New-York, janvier 1868.

A Brooklyn je vais donner ma séance dans une église. Brooklyn est, pour ainsi dire, la chambre à coucher de New-York. C'est là que les infatigables commerçants yankees vont chaque nuit prendre un peu de repos. Je serai assis dans la chaire, et je ferai mon entrée en sortant de la sacristie, tout à fait dans la forme canonique. Ces soirées ecclésiastiques auront lieu le 16, le 17 et le 20 de ce mois. Brooklyn étant sur l'autre rive, chaque soir un énorme bac m'y transportera avec ma voiture de gala. La vente des tickets a été un spectacle extraordinaire. Chaque membre de la noble corporation des marchands de billets (ceci est absolument vrai et je parle sérieusement) a apporté une paillasse, un petit sac contenant du pain et de la viande, deux couvertures et une bouteille de whiskey ; ainsi équipés, ils passent toute la nuit qui précède le jour de l'ouverture des bureaux, étendus sur le pavé. Ils arrivent généralement vers dix heures du soir. L'autre nuit, comme le froid était excessif, ils ont allumé un grand feu dans une rue étroite où la plupart des maisons sont en bois. La police est venue pour l'éteindre. Il y a eu alors une bataille générale. Les marchands les plus éloignés profitaient des vides produits par la lutte, pour rapprocher leur paillasse de la porte des bureaux. A huit heures du matin, Dolby a paru, portant les tickets dans un portemanteau. Il a été immédiatement salué par des hurlements de : « Ah ! voilà Dolby ! Hurrah pour Dolby ! Bonjour Dolby ! Charley t'a prêté sa voiture, vieux Dolby ! Dolby, comment va Charley? Dolby, par ici! Ne perds pas les billets, Dolby! Dolby! Dolby! » Au milieu de ces cris, Dolby, flegmatique toujours, commence ses opérations, mécontente tout le monde, salue et s'en va...

Philadelphie, 13 janvier 1868.

Je suis ici dans le plus immense des hôtels américains, l'hôtel Continental, mais j'y suis très tranquille. Tout y est excellent. Le garçon qui me sert est allemand. La plus grande partie des domestiques sont des nègres ou des métis. La ville est très propre, et le ciel aussi pur, aussi bleu qu'un beau ciel d'Italie, mais il gèle très fort et j'ai toujours cette horrible grippe. Ce catarrhe américain m'oppresse de telle façon, que je suis obligé de dîner à trois heures pour pouvoir me servir de ma voix dans la soirée. Mon travail est très fatigant. Souvent, quand je descends de l'estrade, on est obligé de m'emporter et de m'étendre sur une chaise longue où je reste pendant un quart d'heure anéanti, mort... Enfin, les résultats sont splendides. J'en suis à ma trente-quatrième soirée, et j'ai déjà envoyé à Coutts plus de 10,000 livres sterling en or (250,000 francs). N'est-ce pas magnifique?...

Baltimore, 29 janvier 1868.

Après être revenu de Philadelphie à New-York pour y donner mes canoniques séances dans l'église de Brooklyn, je suis arrivé ici avec Dolby et ma troupe d'employés. Il neige sans discontinuer depuis vingt-quatre heures, et cependant Baltimore est situé au sud, autant que Valence en Espagne. Dolby, qui est reparti pour New-York, a des chances de rester bloqué quelque part. Cette ville est une de celles où le général Butler a le plus exercé sa tyrannie pendant la guerre. Les dames avaient l'habitude de cracher quand elles voyaient passer un soldat du Nord. Elles sont très belles, avec quelque chose d'oriental, et s'habillent très brillamment. J'ai rarement vu autant de jolies figures à la fois dans une réunion publique. La salle est une charmante petite salle d'opéra, bâtie par des Allemands. Je vais d'ici à Philadelphie ; de là à Washington, de là je m'enfonce dans le Sud, j'abandonne le Canada. Le total de mes lectures en Amérique sera de soixante-seize.

Washington, février 1868.

J'ai dîné avec le général Stanton, l'intime ami du fameux président Lincoln, et il m'a raconté une anecdote bien curieuse. L'après-midi qui précéda la soirée où Lincoln fut assassiné, il présidait un conseil de cabinet. Stanton, qui commandait en chef les troupes du Nord arriva en retard. En le voyant entrer, le président interrompit sa conversation en disant : « Maintenant, messieurs, occupons-nous des affaires publiques. » Le général, à sa grande surprise, remarqua alors que Lincoln avait, dans son fauteuil, un air de gravité et de dignité qui ne lui était pas habituel ; il ne se remuait pas, il ne se balançait pas, il n'interrompait pas comme c'était sa coutume constante, il restait calme, grave et triste. En sortant, Stanton communiqua sa remarque à l'attorney général, en ajoutant : « Quel extraordinaire changement dans M. Lincoln ! — Nous l'avons tous remarqué comme vous, dit l'attorney ; pendant que nous vous attendions, il nous a dit en baissant la tête : « Messieurs, avant très peu de temps, il se passera un événement bien extraordinaire. » — « Un événement heureux, sans aucun doute, monsieur le président ? » dit l'un de nous ; et le Président a répondu très gravement : « Ah ! je ne sais pas, je ne sais pas, mais vous le verrez bientôt ! » Et comme nous lui demandions tous s'il avait reçu quelques nouvelles : « Non, répondit-il, mais j'ai eu un rêve, et c'est la troisième fois que j'ai ce même rêve. La première fois ce fut la nuit qui précéda la bataille de Bull-Rum ; la seconde fois, ce fut la veille de la bataille de Baltimore. » Il laissa de nouveau tomber sa tête sur sa poitrine et s'absorba dans ses réflexions. « Et pourriez-vous, monsieur le président, fit quelqu'un, nous dire qu'elle était la nature de ce rêve? — Oui, dit le président; je suis sur un fleuve grand, large, rapide... Je suis dans une barque et le courant m'emporte... m'emporte... Mais, ceci n'est pas de la politique ; occupons-nous maintenant des affaires publiques, messieurs, a-t-il ajouté en vous voyant entrer. — Ce serait curieux, dit le général Stanton à l'attorney, si quelque événement grave se passait. » Cette nuit-là même, le président Lincoln fut assassiné !...

Buffalo, mars 1868.

Depuis vingt-cinq ans, Buffalo est devenu une ville importante et populeuse. Il y a beaucoup d'émigrés allemands et irlandais qui l'habitent, mais il est très curieux d'observer qu'à mesure qu'on se rapproche de la frontière canadienne, la beauté des femmes diminue. Ici le type féminin est un composé maladroit d'Allemand, d'Irlandais, d'Américain du Sud et de Canadien, non encore fondu en un tout harmonieux. Il n'y avait pas douze jolies femmes dans l'énorme affluence d'hier au soir.

Rochester, 18 mars.

Après une excursion brillante de deux jours aux chutes du Niagara, nous sommes de retour ici depuis hier au soir. Demain matin, il faudra nous lever à six heures du matin pour un long voyage en chemin de fer jusqu'à Albany, mais, grâce au ciel, nous sommes bientôt à la fin. Il y a maintenant un pont suspendu au-dessus de la chute du Fer à cheval. Il est très beau, très hardi, mais on n'est pas à son aise là-dessus, au milieu du tonnerre de l'eau qui se précipite et des continuelles vibrations. Je n'oublierai jamais l'aspect du Niagara tel que je l'ai vu hier. Nous avions été à peu près partout, lorsque je voulus essayer de me rendre en voiture au haut d'un endroit très difficile à atteindre. De là, je me tenais au-dessus du fleuve et je pouvais l'apercevoir à plus d'une demi-lieue de distance, arrivant dans une vertigineuse allure, avant de se précipiter dans l'abîme d'un seul bond formidable... A ma droite, l'horizon tout entier disparaissait au milieu d'une confusion de vagues vertes étincelantes couronnées d'écume blanche. Le soleil était derrière nous. La majestueuse vallée au-dessous de la cataracte, enveloppée dans un énorme nuage d'embrun, s'irisait des mille prismes d'un arc-en-ciel gigantesque. Dans toute l'œuvre de Turner il n'y a rien qui soit aussi éthéré, aussi imaginatif, aussi resplendissant de couleur. On se croirait enlevé de terre; on se croirait dans le ciel. Toutes les impressions reçues il y a vingt-cinq ans, en contemplant ce spectacle sublime, me reviennent aussi fraîches, aussi vigoureuses. Je déborde du même enthousiasme.

Portland, 29 mars.

D'Albany nous sommes venus à Boston. J'aurais dû vous écrire par le dernier packet, mais j'étais véritablement trop souffrant pour le faire. Je devais partir pour New-Bedfort, vendredi, à onze heures du matin; mais j'étais tellement anéanti que j'ai dû attendre le train du soir. Depuis le retour de la neige, c'est-à-dire depuis neuf jours environ, ma toux est redevenue aussi fréquente que par le passé. Je tousse tous les matins pendant quatre ou cinq heures et je ne ferme pas l'œil. Plus de goût, plus d'appétit. Il est vrai de dire que la vie, dans ce climat, est extrêmement dure. Une fois à New-Bedfort, j'ai rempli mon rôle avec force et vigueur. Demain je donne une séance ici, dans une très grande salle; mardi je retourne à Boston; mais, après-demain soir, je n'ai plus que mes soirées d'adieu!... Il était temps!... Je suis rendu, comme disent les Parisiens.

Boston, 9 avril.

Voici la dernière lettre que vous recevrez d'Amérique. Je craignais de ne pouvoir être en mesure vendredi dernier, car les atroces douleurs de pied m'ont repris. J'ai lu cependant cette dernière fois comme je ne l'avais jamais fait avant, et j'ai été aussi étonné que mon auditoire. Vous n'avez jamais assisté à une scène pareille !... Je dois lire *Dombey* ce soir, et il faut que je revoie mon rôle très soigneusement. Je termine donc ici mon rapport. L'affection que me témoigne le public ici est très touchante.., Vous ai-je dit que la presse de New-York m'offre un banquet public le samedi 18 avril ?...

Ce grand banquet eut lieu au fameux restaurant de Delmonico, à New-York. Il y avait plus deux cents invités :

Vers cinq heures du soir, samedi, écrit le *New-York Herald,* les convives commencèrent à arriver. A cinq heures et demie, on reçut la nouvelle que le grand écrivain venait d'avoir une nouvelle et sérieuse attaque au pied ; mais, peu de temps après, M. Dickens parut, appuyé au bras de M. Greeley. Les convives se rangèrent des deux côtés et saluèrent silencieusement. M. Dickens boitait beaucoup ; son pied était très gonflé ; il s'appuyait lourdement sur le bras de son ami et paraissait vivement souffrir.

Il se leva pourtant, et, malgré ses lancinantes douleurs, parla avec son éloquence habituelle. Il rendit justice aux progrès que vingt-cinq années avaient apportées dans les États-Unis ; de vastes cités avaient été construites, les grâces et les aménités de la vie sociale avaient fait place aux grossièretés de jadis, la presse, enfin, était devenue plus honorable et moins scandaleuse. Il promit à ses auditeurs que, dans toutes les nouvelles éditions des *Notes américaines* et de

Martin Chuzzlewit, il consignerait ces heureux changements. En attendant, il remercia ses hôtes de la politesse, de la délicatesse, de la bonne humeur qu'ils lui avaient témoignées ; il conserverait toujours un souvenir reconnaissant des auditeurs respectueux, intelligents et enthousiastes qu'il avait rencontrés dans toutes les villes des États-Unis.

Ce dernier effort acheva de l'épuiser ; il dut quitter la salle avant la fin du banquet. Le lundi suivant il fit sa dernière lecture et s'embarqua deux jours plus tard sur le paquebot *la Russie,* qui arriva en Angleterre dans la première semaine de mai 1868.

CHAPITRE IV

L'air de la mer, le repos forcé surtout après des fatigues aussi excessives, profitèrent beaucoup à Dickens. Le 25 mai, écrivant à ses amis d'Amérique, il pouvait dire : « Mon médecin a été absolument déconcerté en me voyant bronzé, vigoureux et énergique samedi dernier : « Dieu tout-puissant, s'est-il écrié, il a « sept ans de moins que lorsqu'il est parti ! » Mais à peine l'infatigable artiste eut-il touché le sol de la mère patrie, que déjà il était en pourparlers avec son ancien impresario, M. Chappells, pour entreprendre une dernière série de lectures à travers le Royaume-Uni. Le nombre des séances devait être de cent, et la somme payée à Dickens 8,000 livres sterling (200,000 francs). Le bénéfice net qu'il avait retiré de ses lectures en Amérique était, toutes dépenses payées, de 20,000 livres sterling (500,000 francs). En présence de chiffres pareils, on comprend qu'il fût difficile de résister à la tentation. A tort ou à raison, l'écrivain se figurait que ses facultés créatrices avaient diminué depuis *David Copperfield*; il croyait de son devoir d'exploiter ses facultés d'acteur, et de laisser ainsi à ses enfants la plus grosse fortune possible, gagnée seulement avec son intelligence. Il avait encore d'autres raisons plus intimes. Nous pensons que le désir de populariser davantage les personnages qu'il avait créés, en les fixant dans l'esprit de millions de spectateurs par le geste, l'expression et la parole, tourmentait ce profond artiste ; nous pensons qu'il jouissait véritablement lorsque, par la seule puissance de sa prodigieuse mimique, il remuait et faisait vibrer toute une foule en évoquant les différentes figures sorties de son imagination, en provoquant tantôt les éclats de rire, tantôt les sanglots et le torrent des larmes. Enfin l'agitation, la surexcitation, l'oubli de l'existence terre à terre étaient indispensables à Dickens. Il se souciait peu de sa santé ; il ne croyait pas, il ne voulait pas croire à la gravité de son mal ; sa volonté tenace, indomptable, écartait, repoussait les nombreux avertissements ; quant aux médecins, il les forçait à dire comme lui. Cependant toute cette énergie, cette force d'âme ne pouvaient rien contre le mal. Les fatigues du voyage américain avaient laissé leurs traces terribles. Il y avait abattement manifeste, affaissement dans le maintien, et ses yeux si brillants, si clairs, s'obscurcissaient souvent. Un jour qu'il allait dîner chez un ami, il s'aperçut qu'il ne pouvait lire que la moitié des lettres des enseignes des magasins qui étaient à sa droite ; il attribua ce phénomène à un remède pris la veille : c'était la paralysie qui commençait son œuvre !...

A la fin de cette année deux chagrins vinrent le frapper. Au mois de septembre, son plus jeune fils partit pour aller rejoindre un de ses frères en Australie :

« Ces séparations sont dures, bien dures, mais elles sont notre lot à tous. Nous passons notre vie à quitter ceux que nous aimons le mieux. Adieu, pauvre petit, que Dieu te bénisse ! » Au mois d'octobre, le dernier de ses frères, Frédéric, mourut à Darlington : « Un de ses amis l'a soigné jusqu'à son dernier soupir avec une affection profonde. C'était une vie brisée ; il allait sans but, poussé par la destinée... Pauvre Fred... il sait maintenant où nous conduit cette force invisible... »

Cependant les lectures avaient commencé. Il avait ajouté à son répertoire ordinaire la terrible scène de l'assassinat dans *Oliver Twist*. L'auditoire frissonnait d'horreur en l'entendant. Au mois de novembre, il était à Édimbourg, et au mois de janvier 1869, il écrivait de Clifton à sa belle-sœur, miss Hogarth :

C'est le plus bel assassinat qu'on ait jamais joué... Lundi dernier il y a eu dans la salle une véritable contagion d'évanouissements... Plus de vingt dames ont été emportées, insensibles et rigides, hors de la salle des séances. Cela en devenait presque ridicule.

Quelques jours après il écrit de Bath cette phrase singulière :

Le fantôme de Landor marche devant moi dans les rues silencieuses. Cette ville ressemble à un vaste cimetière d'où les morts ont réussi à se lever. Ils ont bâti des rues et des maisons avec les pierres de leurs tombeaux. Ils vaguent à travers les rues, ils essayent d'avoir l'air vivants, mais ils ne réussissent pas.

Enfin au mois de février, il a une interruption soudaine :

Henri Thompson me défend de lire ce soir, et ne veut pas me laisser partir pour l'Écosse demain. Voici le certificat que lui et Beard m'ont délivré : « Nous, soussignés, certifions que M. C. D. souffre d'une inflammation du pied, et nous lui avons interdit de donner une séance ce soir ; il lui faut un repos de quelques jours. »

Quelques jours plus tard, se sentant mieux, malgré tous les conseils, il partit pour Édimbourg, et, pendant tout ce mois de février et celui de mars, il continua ses voyages et ses lectures à travers l'Angleterre : « Le pied va fameusement, — écrit-il à une de ses filles, — je suis un peu fatigué (quatre assassinats dans la semaine), mais pas trop. Le pied me fait souffrir seulement la nuit. »

Le lutteur allait bientôt être forcé de s'arrêter, vaincu par un adversaire plus puissant que lui. Étant à Chester vers le milieu d'avril, des symptômes inquiétants le forcèrent à se retirer pendant quelques jours à Black-Pool, au bord de la mer. De là il écrivit à Forster :

N'en parlez pas à ma famille, mais la nature violente de mes travaux m'a un peu ébranlé. Dimanche dernier, à Chester, j'ai été pris d'étourdissements et je me suis aperçu que j'avais perdu presque entièrement le sens du toucher dans la jambe, dans le bras et dans la main gauche. Comme j'avais pris un remède d'après une ordonnance du docteur Beard, je lui ai immédiatement écrit en lui décrivant les symptômes que j'avais remarqués et lui demandant s'il fallait les attribuer à la drogue que j'avais absorbée. Il me répondit tout de suite : « D'après votre description, impossible de se tromper sur la nature des symptômes. Le remède que vous avez pris n'y est pour rien; ces phénomènes viennent d'un épuisement général. Il faut, sans tarder plus longtemps, que vous vous remettiez entre mes mains. »

Le grand docteur, une des gloires de l'école de médecine anglaise, ne se contenta pas d'une lettre; il alla lui-même chercher Dickens, et, malgré ses protestations, ses dénégations, il arrêta définitivement les lectures et ramena son patient avec lui à Londres, où il appela en consultation son collègue, le célèbre sir Thomas Watson, qui, sur la demande qui lui en fut faite par M. Forster, en 1872, voulut bien écrire les détails suivants :

C'est, je crois, le 23 avril 1869, que je fus appelé auprès de Charles Dickens, en consultation avec M. Carr Beard. En rentrant je jetai sur mon carnet les quelques notes suivantes : Après une fatigue excessive, C. D. s'est senti étourdi dans la journée de samedi ou dimanche, avec tendance à reculer et à tourner sur lui-même. Plus tard, voulant placer un objet sur une petite table, il poussa la table en avant sans le vouloir. Il avait une sensation étrange dans sa jambe gauche, particulièrement vers le talon, mais il pouvait lever la jambe et ne la traînait pas. Il ne pouvait poser sa main gauche sur un endroit désigné s'il ne regardait pas cet endroit; il avait beaucoup de peine à lever les bras pour se brosser les cheveux. Cet état ainsi décrit montrait clairement que Charles Dickens avait été sur le point d'avoir une attaque de paralysie partielle, peut-être même d'apoplexie. C'était, sans aucun doute, le résultat des fatigues, de la surexcitation incidentes à ses nombreuses lectures. Lorsque je l'examinai à Londres, où M. Carr Beard l'avait ramené, il avait l'*apparence* d'un homme bien portant. Son esprit était clair, son pouls tranquille, son cœur avait un mouvement un peu plus précipité que dans l'état normal. Il me dit que parfois il se trompait d'expression en parlant, qu'il oubliait des noms et des nombres; il promit de m'obéir implicitement. Nous lui donnâmes un certificat dans lequel nous constations la gravité de son état et lui interdisions de reprendre le cours de ses lectures publiques avant quelques mois. Cependant, sur ses instances, je voulus bien consentir à ce qu'il donnât encore douze séances après quelques mois de repos, à la condition que ces séances n'entraîneraient pas de voyage en chemin de fer.

Ces onze dernières lectures eurent lieu au début de l'année 1870; nous en reparlerons. Nous avons voulu conserver pour la fin de ce chapitre une lettre admirable, écrite par Dickens en 1868 à son plus jeune fils, au moment de ce départ pour l'Australie dont nous avons déjà dit quelques mots. Cette lettre montre dans toute sa simplicité et toute sa noblesse l'âme du grand écrivain. Elle est la réponse la meilleure aux accusations qui lui furent prodiguées de son vivant et qui ne lui ont pas été épargnées après sa mort, d'être un homme sans religion, un contempteur des vérités de l'Évangile et de la foi chrétienne :

Je vous écris cette lettre aujourd'hui, parce que votre prochain départ est lourd à mon cœur, et parce je veux que vous emportiez avec vous cet adieu de votre père, afin de le méditer de temps à autre quand vous serez loin d'ici. Je n'ai pas besoin de vous dire que je vous aime d'une affection profonde et que je suis très très triste de cette séparation; mais la vie est faite de séparations, il faut savoir les supporter. C'est ma consolation et c'est ma conviction sincère de penser que l'existence que vous allez essayer est celle qui vous sied le mieux. L'activité et la liberté de cette vie vous conviennent plus que le train-train et la monotonie des études et des bureaux. Ce qui vous a toujours manqué jusqu'à ce jour, c'est la fermeté de propos, la constance de résolution. Je vous exhorte à persévérer dans votre détermination, une fois qu'elle aura été prise, et, si vous entreprenez une chose, ne soyez satisfait que lorsque vous l'aurez entièrement et parfaitement exécutée. J'étais beaucoup plus jeune que vous lorsqu'il m'a fallu gagner le pain quotidien : c'est ma volonté qui m'a fait réussir, et depuis, ma volonté ne m'a jamais abandonné un seul instant. Dans toute transaction, ne profitez jamais de la faiblesse de votre prochain ; ne soyez jamais dur vis-à-vis de vos inférieurs. Essayez de faire aux autres comme vous voudriez qu'on vous fît et ne soyez pas découragé par l'injustice des hommes. Parmi les livres que je vous ai choisis, je place l'Évangile, pour les mêmes raisons et guidé par le même esprit qui me fit vous en écrire un simple abrégé, lorsque vous étiez un petit enfant. Sachez-le, mon fils, c'est le livre le plus excellent qui ait jamais existé, qui existera jamais. Il vous apprendra les meilleures leçons par lesquelles une créature humaine qui veut essayer d'être sincère et fidèle dans l'accomplissement de son devoir puisse être conduite. Chaque fois qu'un de vos frères est parti pour entrer dans la vie, je lui ai écrit des mots semblables à ceux-ci ; je l'ai supplié de se laisser guider par ce livre, sans se soucier des inventions et des interprétations des hommes. Vous vous souviendrez que, dans la maison paternelle, vous n'avez jamais été contraint à des observances religieuses, à de simples formalités. J'ai toujours été anxieux de ne pas fatiguer l'esprit de mes enfants de ces choses, avant qu'ils ne fussent en état d'en saisir la portée. Vous comprendrez donc pourquoi, en ce moment, je tiens à vous faire partager ma conviction de la vérité et de la beauté de la religion chrétienne. Elle vient du Christ lui-même ; si vous la suivez humblement, avec respect et d'une âme sincère, vous éviterez toujours les voies mauvaises. Un mot encore à ce sujet : n'abandonnez jamais la saine pratique de dire vos prières matin et soir. Je n'y ai jamais manqué moi-même et je sais toute la consolation que j'en ai retirée. J'espère que vous penserez toujours de moi que j'ai été pour vous un bon père. Vous ne pouvez mieux me témoigner votre affection, vous ne pourrez mieux me rendre heureux qu'en faisant votre devoir quand même et toujours.

Avant de nous occuper de la dernière œuvre de Dickens, que la mort ne lui laissa pas achever, le lecteur nous saura sans doute gré de consigner ici quelques détails sur les relations qui existèrent entre Sa Majesté la reine d'Angleterre et le plus grand romancier de son royaume. Comme on le verra, la fierté et la noble indépendance de l'écrivain rendirent ces relations assez tendues jusqu'à l'année de sa mort.

En 1857, au moment où l'humoriste organisait une représentation théâtrale au bénéfice du pauvre Douglas Jerrold, on avait essayé d'obtenir le patronage de la reine. Sa Majesté dut refuser, car elle ne pouvait faire une exception sans offenser toutes les œuvres de charité qui imploraient constamment son patronage où sa présidence. Mais les reines mêmes sont femmes, et nécessairement curieuses, et la souveraine avait un grand désir de voir jouer l'inimitable Boz, qui ne méritait jamais mieux son surnom que lorsqu'il revêtait le costume d'acteur. On lui dépêcha donc un aide de camp, le colonel Phips. La reine mettait gracieusement à sa disposition un des salons de Buckingham-

Palace, s'il voulait venir y jouer la pièce en répétition, pour elle et sa cour. Elle le priait d'amener ses filles :

Suppliez Sa Gracieuse Majesté de m'excuser, répondit Dickens, il serait peu digne d'un écrivain d'aller amuser de ses grimaces, même des personnages couronnés, et, dans ces circonstances, mes filles se trouveraient mal à l'aise à la cour. Mais, si ma souveraine daignait accepter l'invitation du plus humble de ses sujets, moi et mes amis serions très honorés de répéter devant Elle, le jour où il lui plaira de venir visiter notre salle.

La reine, avec son bon sens et sa bonhomie habituels, consentit, fixa son jour, vint, et s'amusa beaucoup. Mais, à la suite de la représentation, un second incident survint. Laissons Dickens nous le raconter lui-même :

Ma Gracieuse Souveraine (lettre du 5 juillet 1857) fut tellement satisfaite, qu'elle m'envoya demander dans les coulisses. Elle voulait me voir et me remercier. Je répondis que j'étais en costume de théâtre et que je ne pouvais pas me présenter. Elle envoya une seconde fois pour me faire dire que le « costume n'y faisait rien et qu'elle voulait me voir. » Je fis répondre que « j'espérais que la reine me pardonnerait, mais que je croirais rabaisser la dignité des hommes de lettres en me présentant devant Elle dans un costume de saltimbanque. » La reine n'insista pas davantage, et ce matin je suis bien heureux d'avoir agi comme je l'ai fait.

Enfin, en 1870, une occasion se présenta, qui permit à la reine d'avoir une entrevue avec un auteur dont la popularité datait de son accession au trône, dont l'œuvre avait été l'objet de l'admiration et de l'intérêt d'une masse énorme de ses sujets, dont le génie sera compté par l'histoire parmi les gloires de son règne. La chose arriva très naturellement. Dickens avait rapporté d'Amérique de grandes et très belles photographies des différents champs de bataille de la guerre de Sécession. La reine, qui en avait entendu parler par le secrétaire du Conseil privé, M. Helps, manifesta le désir de les voir. Dickens les envoya aussitôt, et, quelques jours plus tard, sur l'invitation expresse de Sa Majesté, il se rendit à Buckingham-Palace.

L'entrevue entre la reine et le grand écrivain fut très cordiale et très simple. Comme elle manifestait son regret de n'avoir assisté à aucune de ses lectures, il lui répondit qu'elles appartenaient désormais au passé. Elle lui parla ensuite du plaisir qu'il lui avait causé en 1857 lorsqu'il joua pour elle, et Dickens lui ayant dit que la pièce n'avait pas eu de succès dans une représentation publique : « C'est que vous n'y jouiez pas ! » fit-elle gracieusement.

La conversation tomba ensuite sur un prétendu manque de courtoisie envers le prince de Galles, de la part des habitants de New-York : « Mais, dit tranquillement la reine, l'entourage de mon fils a sans doute, comme c'est son habitude, fait beaucoup de bruit pour rien. » L'écrivain raconta à Sa Majesté le rêve du président Lincoln la veille de sa mort. Puis la reine lui demanda ses livres, et, prenant sur la table qui était à côté d'elle un exemplaire de son *Journal d'Écosse*, revêtu de son autographe : « Charles Dickens, dit-elle, le plus humble des auteurs de mon royaume aurait eu honte de présenter son œuvre au plus grand écrivain de son siècle, si M. Helps ne m'avait dit que ce cadeau vous ferait plaisir, venant des mains de votre reine. » Elle lui remit le livre avec une gracieuse inclination, pour lui indiquer que l'entrevue était terminée. En sortant, l'écrivain eût été tout prêt à dire de Sa Majesté la reine Victoria, ce que, un siècle auparavant, Johnson avait dit de son grand-père après une entrevue semblable : « On peut parler tant qu'on voudra des belles manières de Louis XIV, mais il lui aurait été impossible de faire preuve d'une courtoisie plus royale que notre jeune souverain... »

On a prétendu que la reine avait offert à Dickens un titre de baron, transmissible à son fils aîné; on a raconté qu'elle avait voulu le faire entrer dans son conseil privé, ce qui lui aurait donné le titre de « Right Honourable »; enfin, un journal américain a été jusqu'à donner des détails très précis sur un déjeuner en tête à tête offert par la souveraine à son auteur favori. Ce sont là des légendes plus absurdes qu'invraisemblables; les seules relations authentiques sont celles que nous venons de raconter. Il se peut que l'esprit indépendant de l'auteur de *David Copperfield* lui eût fait refuser tout titre et toute dignité si on les lui avait offerts; la vérité est qu'on ne les lui offrit pas.

CHAPITRE V

Obéissant enfin aux avis des médecins, aux supplications de ses amis, condamné au repos physique, Dickens rentra dans sa chère propriété de Gadshill. Au foyer, la sœur fidèle, l'amie de toutes les joies et de toutes les tristesses, l'attendait patiemment. Grande paix, paix profonde dans la demeure et tout à l'entour! Une à une les joies et les gaietés de la maison s'étaient envolées ; les oiseaux avaient grandi, et, confiants dans leurs ailes, ils s'étaient enfuis loin du nid familial. L'amitié est la seule affection qui suive l'homme jusqu'à la tombe. Dans cette grande tranquillité, au milieu de ce paysage verdoyant que traverse le fleuve majestueux et paisible, en face de ce clocher gothique de Rochester, qui s'élève comme une prière dans la limpidité du ciel bleu, les souvenirs d'enfance vinrent se presser en foule, fantômes vivants et mélancoliques, autour du grand créateur. Une sorte de tristesse douce envahit son esprit ; il s'attardait dans de rêveuses promenades sous les arceaux du vieux cloître, à l'orée de la mystique cathédrale, à travers les tombes silencieuses. Quel coin de ce pays qui n'eut été peuplé par les rêves et les aspirations de son enfance?

N'était-ce pas ici que, dans d'irréalisables vœux, il souhaitait naguère de pouvoir vivre, ici même, dans ce logis de Gadshill qui domine la grande route et la rivière tumultueuse, ici, sous ces ombrages, parmi ces fleurs et ces vergers qui lui appartenaient aujourd'hui? Dans une vision rapide comme le fleuve, chargée de triomphes étincelants comme le fleuve de voilures brillantes, sa vie coulait devant ses yeux; vie glorieuse, vie de succès, mais aussi de labeurs constants, de dévouement à l'humanité, de lutte pour la justice, de combats livrés au mal, au préjugé, à l'ignorance. Et de même que, lorsque le fleuve impétueux s'approche de la mer qui doit l'absorber, soudain vous le voyez se ralentir en s'élargissant, calmer l'essor de ses eaux et descendre vers le destin, lent, solennel et réfléchi, de même, aux abords de cet autre océan infini qui borne l'horizon de l'existence humaine, les agitations, les inquiétudes, les tourments de la vie s'apaisèrent; l'âme et l'esprit du grand artiste furent enveloppés d'une sensation vague et mystérieuse, faite de tendresse et de tristesse, de souvenirs et d'espérances.

On a cette impression, cette émotion très vives en lisant ce beau roman d'*Edwin Drood,* fragment d'une œuvre qui, achevée, eût été un chef-d'œuvre si Dieu l'eût ainsi permis. Jamais Dickens n'a prodigué avec autant d'amour toutes ses admirables qualités de coloriste, qu'en peignant la petite ville de Cloisterham, où se passent les premières scènes d'*Edwin Drood :* c'est que Cloisterham est le nom sous lequel il voile, d'un voile transparent, sa chère et vieille cité de Rochester.

Une ville endormie, Cloisterham. On dirait que ses habitants pensent que tous les changements sont arrivés dans le passé, et que désormais rien ne changera plus jamais. Silencieuses sont les rues de Cloisterham, bien que leur écho soit sonore, et dans les journées de l'été, lorsqu'une brise du sud se lève, il semble que les rideaux des fenêtres n'osent remuer et battre les carreaux, de peur de réveiller les vieilles maisons qui sommeillent. Les vagabonds passent vite, ils ont hâte de gagner la campagne et de laisser loin derrière eux ce séjour d'un silence qui oppresse.

En un mot, c'est une cité d'une autre époque, une cité du temps passé que Cloisterham. Le bourdon de sa cathédrale est enroué, enroués sont les corbeaux qui volent autour de son vénérable clocher, enroués plus encore ces autres corbeaux qui, en bas, dans les stalles du chœur, s'endorment en psalmodiant.

Edwin Drood devait paraître dans une série de douze numéros illustrés; il fut interrompu dès la deuxième livraison. Il est assez remarquable que, dans son traité avec MM. Chapman et Hall, Dickens ait insisté pour l'insertion de la clause suivante : « Si ledit Charles Dickens venait à mourir pendant la composition du *Mystère d'Edwin Drood*, une compensation dont le montant sera fixé par John Forster devra être payée par les exécuteurs testamentaires du défunt, à M. Frédéric Chapman, pour le dommage que lui causera l'interruption forcée de la publication. »

Ce qui subsiste de cette œuvre fait regretter vivement que le romancier n'ait pu la compléter; elle s'annonçait comme devant être très supérieure aux précédentes, comme digne en tous points de *David Copperfield*.

« J'espère que son livre est fini, écrivait Longfellow en apprenant sa mort; c'est certainement un de ses plus admirables ouvrages, sinon le plus admirable. Il serait trop triste de penser que la plume soit tombée de ses doigts avant d'avoir terminé sa tâche. »

Nous avons déjà dit que la partie descriptive est pleine de feu, de couleur, d'imagination et de tendresse; nous voyons aussi réellement les tours de la vieille cathédrale se dresser dans le ciel bleu d'une matinée d'été, que le réduit flamboyant des fumeurs d'opium. Dans la partie humoristique, on dirait que le créateur de *Monsieur Pickwick* a retrouvé, au milieu de ce paysage familier à son enfance, toute l'exubérance, toute la fraîcheur de sa jeunesse. Mais, sur l'ensemble de ce fragment, s'étend une sorte de gravité douce et mystérieuse, très touchante et très caractéristique lorsqu'on se rappelle dans quelles circonstances il fut écrit.

Au commencement de 1870, Dickens vint à Londres dans le but d'y donner douze séances de lectures qui, sur les affiches, portaient le titre de *Lectures d'adieu* (*Farewell Readings*). Il loua une maison appartenant à M. Milner Gibson, située au numéro 5 de Hyde-Park Place. Les séances devaient avoir lieu du 11 janvier au 15 mars. Il débuta, en présence d'un auditoire très brillant, par *David Copperfield* et le procès de *Pickwick*. Jamais le grand artiste n'avait déployé dans ses lectures autant de charme, de souplesse; autant de tendresse, d'énergie et de passion. Assis derrière un portant, ne le perdant pas un instant de vue, inquiet, nerveux, tremblant, Forster assistait à toutes ses séances accompagné du docteur Carr Beard. Enfin, le 12 mars, il lut pour la dernière fois : la salle était suspendue à ses lèvres, le silence était profond lorsque, lentement, il ferma le volume de *Pickwick*. Puis, se levant, il enveloppa cette foule immense d'un long regard attristé et prononça son discours d'adieu. Quand il eut fini, pendant un instant la foule resta silencieuse ; il allait se retirer lorsqu'un formidable « hurrah » vint ébranler dans ses fondements la grande salle de Saint-Jame's Hall, surprenant les flâneurs et les passants du voisinage. Dickens s'arrêta alors et fit face au public. Il était très pâle, mais souriait à ces milliers d'amis inconnus qui saluaient ainsi une dernière fois le grand consolateur, le bon magicien, le champion des misérables, le roi du rire et des larmes.

Dickens parla encore une fois en public, ce fut au dîner de l'Académie royale, le 30 mars. Il représentait la littérature. Quelques jours auparavant son ami d'enfance, le célèbre Maclise, le seul véritable peintre d'histoire que l'Angleterre ait produit dans ce siècle, était mort triste, découragé, presque pauvre, oublié par la nation dont il avait célébré les légendes héroïques dans des fresques qui le font immortel. Dickens, dans son discours, voulut parler de son ami :

Pendant de nombreuses années, dit-il, j'ai été l'ami intime, le compagnon constant du grand Maclise. Je ne me permettrai pas de parler ici de son génie comme peintre, mais je puis dire que, par la fertilité de son esprit, la richesse de son intelligence, il eût pu, s'il l'eût voulu, être aussi grand écrivain que peintre excellent. Il fut le plus doux des hommes et le plus modeste, accueillant et généreux envers les débutants, sincère, cordial, affectueux avec ses pairs, incapable d'une pensée sordide, soutenant vaillamment la dignité de sa vocation, sans ambition comme sans envie, un homme par l'esprit, par la simplicité un enfant. J'ose affirmer qu'aucun artiste n'est descendu dans l'éternel repos en laissant derrière lui un souvenir plus pur de tout alliage. Aucun ne sacrifia avec plus de sincérité et de chevalerie à sa déesse si exigeante et pourtant si vénérée : « la Peinture ».

Le dimanche 22 mai, Forster vint dîner avec lui dans la maison de Hyde-Park Place. C'est la dernière fois que les deux amis furent réunis. Le repas fut assez mélancolique. Dickens parlait de tous ceux qu'il avait vus mourir depuis dix années : « Presque tous, ajoutait-il, avant d'avoir atteint leur soixantième année ! » — « Il n'est pas bon de parler de ces choses », dit l'excellent Forster. — « Peut-on s'empêcher d'y penser ? » répliqua l'humoriste... Il y avait sur la table un surtout en argent, délicatement sculpté, qui avait été envoyé au romancier par un de ses grands admirateurs. Il représentait les Saisons, formant la chaîne, et supportant sur leur tête des paniers de fleurs. Par une attention touchante, le donateur avait ordonné au sculpteur de ne pas représenter l'hiver : « Car cette saison odieuse, écrivait-il, n'a rien à voir avec celui dont l'œuvre restera éternellement jeune ! » — « Eh ! bien, dit tristement Dickens en désignant le surtout, je ne puis jamais le regarder sans penser à la saison absente, — à l'odieux hiver ! »

Le lendemain il rentra à Gadshill d'où il ne devait

plus sortir. Pendant les premiers jours son esprit parut soulagé. Il travailla avec ardeur et plaisir à son roman. Son pied et sa main ne le faisaient plus souffrir; mais sa belle-sœur, miss Hogarth, était effrayée de l'air de fatigue et d'accablement répandu sur tout son visage. Le lundi 6 juin, il alla à pied porter ses lettres jusqu'à Rochester, accompagné de ses deux chiens favoris. Le mardi 7, sa fille Marie, qui allait chez sa sœur Kate, vint lui dire adieu dans son chalet suisse, où il travaillait à son roman. Dickens avait en horreur les émotions des séparations; il les abrégeait autant qu'il était en son pouvoir. Cette fois cependant, sa fille remarqua qu'il l'avait serrée très tendrement sur sa poitrine en lui disant deux fois : « Dieu te bénisse! Dieu te bénisse! ma chère fille. »

Dans l'après-midi de ce même jour, se sentant fatigué, il accompagna sa sœur en voiture à Cobham-Wood, et revint à pied en faisant le tour du Park. A son retour, il trouva des lanternes chinoises qu'on lui avait envoyées de Londres et qu'il s'amusa à pendre dans la belle serre qu'il avait construite. Il passa toute cette soirée avec miss Hogarth, assis dans la salle à manger, attendant la nuit pour juger de l'effet de ses lanternes éclairées. Il parla beaucoup de la satisfaction qu'il ressentait à s'être enfin débarrassé de Londres et de la vie de Londres. Il dit combien il aimait sa maison de Gadshill; il désirait y associer toute la dernière partie de sa vie, et, lorsqu'il serait mort, il aimerait à reposer dans le petit cimetière qui dort à l'ombre du vieux château en ruines.

Le mercredi matin, il était plus gai que d'habitude. En déjeunant il causa beaucoup de son roman avec miss Hogarth. Comme il était obligé d'aller à Londres le lendemain, il voulait avoir une journée de travail ininterrompu dans son chalet suisse. Les fenêtres étaient ouvertes; de tous côtés les glaces reflétaient autour de lui la verdure fraîche, délicieuse et tremblante; dehors le ciel était bleu; les oiseaux chantaient, et il semblait à l'écrivain que jamais ce coin de terre n'avait eu un tel aspect de paix souveraine et de bonheur tranquille. Il se mit au travail. Que se passa-t-il? Quelle lutte mystérieuse eut lieu, par cette douce matinée d'été, entre l'archange de la vie, qui voulait conserver encore cette existence si précieuse à l'Angleterre, et cette sombre et implacable faucheuse *la Mort?* Nul ne le dira... Mais les dernières phrases tracées par la main défaillante du vaillant artiste enfin terrassé ne contiennent qu'une idée consolante. Elles élèvent l'âme loin de la terre vers les espérances éternelles :

Un brillant matin se lève au-dessus de la vieille cité. Ses antiquités et ses ruines sont suprêmement admirables, entourées de leurs robes de lierre qui luisent sous le soleil, ombragées des grands arbres dont le feuillage s'incline sous la brise matinale. Les gloires de cette lumière changeante qui passe au travers des branches, les chants des oiseaux, les doux parfums qui montent des jardins, des bois et des prairies, ou plutôt cette grande exhalaison qui s'élève de la terre à l'époque de sa fécondité, pénètre tout entière et vivante dans la cathédrale, asile de mort. Elle chasse par les fenêtres ogivales, dans l'air clair de l'été, tous ces miasmes délétères qui montent des tombes et du passé, et, au milieu de ce royaume des temps qui ne sont plus, la grande Nature, sans cesse renouvelée, prêche la Résurrection et la Vie. Sous son souffle de flamme, les froides pierres tumulaires des siècles évanouis paraissent s'échauffer. Au-dessus des vieux monuments funéraires, des statues de marbre aux mains jointes, passent ou planent des lueurs étranges, et l'on dirait les grandes ailes lumineuses de l'Espérance et de la Foi, qui portent l'âme des humains jusqu'au Trône de leur Maître et de leur Sauveur.

Telle fut la dernière page écrite par Dickens. Lorsqu'il s'assit à la table familiale, ce soir-là, en face de la tante Georgey, l'amie fidèle contempla avec terreur, sur cette noble figure, les ravages que les premières atteintes de la mort y avaient imprimé : « Oui, je suis très malade, dit-il, mais n'interrompez pas le dîner. » Ce fut sa dernière phrase ayant quelque cohérence ; sa langue s'embarrassa, et, tout à coup, l'horrible rigidité de la paralysie glaça ce regard naguère encore si étincelant d'esprit, de générosité, d'enthousiasme ; ce sourire que tout Londres, que toute l'Angleterre connaissait et chérissait, s'éteignit sous le froid baiser de la mort, et cette tête, toujours si fièrement portée, cette tête d'où tant d'admirables créations avaient pris leur essor, vaincue et pour la première fois subissant le joug, s'affaissa sur sa poitrine. Miss Hogarth courut à lui, le prit dans ses bras ; elle essaya de le porter jusqu'à la chaise longue qui se trouvait dans la salle à manger : « Par terre ! » dit-il... Ce furent les derniers mots qu'il prononça. En même temps il glissa et demeura étendu sur le parquet. Il était six heures du soir.

Les domestiques le transportèrent sur le sopha, et des télégrammes furent envoyés à ses enfants et à son docteur de Londres, M. Carr Beard.

Et pendant de longues heures miss Hogarth resta seule, veillant à côté de cette forme insensible, respirant encore, mais ne vivant plus; enfin ses deux filles et le docteur Beard arrivèrent assez tard, dans la soirée; le fils aîné dans la matinée et son autre fils, Henri, étudiant à Cambridge, le 9 au soir, trop tard hélas!...

Le petit cercle de la famille entoura la couche funèbre toute la nuit et toute la journée du lendemain; ses yeux ne s'ouvrirent pas une seule fois; il ne donna pas un seul signe prouvant qu'il avait sa conscience. Nous avons dit qu'il détestait les départs et les séparations; sans doute le Seigneur miséricordieux voulut lui épargner les douleurs de l'adieu suprême; mais vers le soir, à l'heure où le crépuscule se teinte des dernières lueurs du soleil couchant, sa figure devint soudain sereine et magnifique; un profond soupir s'exhala de ses lèvres entr'ouvertes, deux grosses larmes roulèrent le long de ses joues très pâles, et, dans le recueillement de cette douce soirée d'été, l'âme libre du plus grand romancier de l'Angleterre s'évada de sa prison terrestre.

Il avait cinquante-huit ans et quatre mois.

. . . .

CHAPITRE VI

La nouvelle de la mort de Charles Dickens eut un retentissement douloureux dans le monde entier ; partout où la langue anglaise était parlée, dans les Indes, en Australie, en Amérique, chacun pleura comme s'il venait de perdre un parent et un ami. Que dire de l'effet produit en Angleterre par cette mort ? Sa Majesté la reine télégraphia de Balmoral « son regret profond de la triste nouvelle de la mort de Charles Dickens ». Elle interprétait le sentiment de tous les sujets de son vaste royaume. Tous les journaux exprimèrent leur douleur violente, et le *Times*, se faisant le porte-parole de la nation, publia les éloquentes lignes suivantes : « Hommes d'État, hommes de science, philanthropes, célèbres bienfaiteurs de leur race, meurent sans laisser un vide comme celui que cause la mort de Dickens. Il se peut qu'ils aient mérité l'estime de l'humanité, il se peut que leur vie n'ait été qu'une longue suite de triomphes, d'honneurs, de prospérité ; il se peut qu'ils aient été entourés d'une armée d'amis et d'admirateurs, mais, quelle qu'ait été la prééminence de leur position, quels qu'aient été leurs talents, leurs services rendus, ils n'auront point été, comme notre grand et ingénieux romancier, l'ami intime de chaque foyer. Des siècles passent sans qu'un tel homme se produise, car il faut une combinaison extraordinaire de qualités intellectuelles et morales, pour que le monde consente à couronner un homme comme son favori continuel et inattaquable. C'est cette position que Dickens a occupée pendant près d'un quart de siècle auprès du public anglais et du public américain. Westminster-Abbaye est le lieu de repos du génie littéraire en Angleterre, et parmi ceux dont les cendres sacrées y ont été déposées, ou dont les noms sont inscrits sur les murailles, il en est peu qui soient aussi dignes que Charles Dickens d'occuper une place dans cette glorieuse et dernière demeure. »

Le doyen de Westminster, le célèbre docteur Stanley, s'empressa de montrer toute sa déférence au vœu national. Le matin même du jour où cet article parut dans le *Times*, il entra en communication avec les parents et les représentants de l'illustre défunt. Il fallait concilier l'honneur public d'une tombe à l'abbaye avec les instructions du testament, dans lesquelles Dickens demandait qu'on l'enterrât secrètement, sans avertissement préalable, et qu'on n'élevât aucun monument au-dessus de sa tombe. Le docteur Stanley promit à la famille que la cérémonie des funérailles aurait un caractère absolument privé, et que le grand public ne serait pas averti.

L'éminent écrivain fut donc enterré, le mardi matin de très bonne heure, dans cette aile fameuse de la célèbre abbaye qu'on appelle le coin des Poètes. Une fosse avait été ouverte dans la nuit. Le corps était arrivé, par train spécial, à la station de Charing-Cross où l'attendait un corbillard très simple, qui le transporta à l'abbaye. Trois voitures de deuil suivaient. A l'entrée de la nef, le doyen, les deux chanoines résidents et les deux chanoines mineurs reçurent le cortège. Le doyen lut d'une voix émue le service funèbre; il n'y eut ni antiennes, ni psaumes, ni hymnes, mais, pendant la cérémonie, le grand orgue éleva sa voix à plusieurs reprises dans l'église vaste et silencieuse. Le service terminé, ceux qui avaient assisté à la cérémonie restèrent quelque temps muets et attristés, contemplant le cercueil qui contenait les restes de Charles Dickens. Il était en chêne plein, avec une plaque en cuivre portant cette inscription très simple :

CHARLES DICKENS

né le 7 février 1812 — mort le 9 juin 1870

. . . .

Lecteur, souviens-toi des débuts de celui qui fut l'objet de si glorieuses funérailles, et incline-toi devant la puissance du génie et de la volonté humaine! car ce même enfant, que nous t'avons montré abandonné, en haillons, chétif et tout seul, perdu au sein de cette solitude navrante de l'immense Cité, cet enfant condamné à une tâche ignoble, au fond d'un sous-sol humide où descendent, s'unissant dans un grondement sinistre, les mille bruits confus de l'implacable bataille de la vie, ce pâle et malingre enfant, aidé seulement de son indomptable énergie, de sa foi, de la conscience de sa vocation, tu l'as vu surgir radieux de ces bas-fonds obscurs, tu l'as vu s'élever jusqu'aux plus hauts sommets de la gloire, dominant, charmant, consolant, rendant meilleure cette grande foule indifférente qui roulait au-dessus de sa tête. Et voici que cette fière abbaye devant laquelle il passait chaque matin se rendant à sa tâche quotidienne, frissonnant de froid et de faim, si petit, qu'il disparaissait dans l'ombre de ses vastes murailles, voici que Westminster ouvre à deux battants ses portes hautaines pour recevoir la dépouille glorieuse de celui qui fut jadis le petit vagabond Charley.

Huit jours après les funérailles, dans cette même nef de l'abbaye, on célébra un service commémoratif en l'honneur de Charles Dickens. Du haut de la chaire sacrée, le docteur Jowett laissa tomber ces paroles éloquentes et émues que nous voulons citer comme un dernier hommage et un adieu suprême à l'admirable écrivain dont nous avons essayé de retracer la vie :

« Charles Dickens n'est plus !... Il n'est plus, lui le très bon, le très doux, le très fort ; lui le protecteur de tous les abandonnés, le consolateur de toutes les tristesses, le défenseur de tous les opprimés, l'ami de toutes les souffrances !... Il n'est plus... et il nous semble qu'une grande lumière saine et joyeuse vient de s'éteindre, et que soudain le monde est devenu plus sombre !... »

FIN

TABLE DES MATIÈRES

Ouvrages consultés ii
Au Lecteur v

LIVRE PREMIER (1812-1837) :

    Chapitre I 1
    Chapitre II 12
    Chapitre III 22
    Chapitre IV 30
    Chapitre V 37

LIVRE DEUXIÈME (1837-1842) :

    Chapitre I 45
    Chapitre II 55
    Chapitre III 66
    Chapitre IV 76
    Chapitre V 87
    Chapitre VI 96

LIVRE TROISIÈME (Le Voyage en Amérique, 1842) :

    Chapitre I 103
    Chapitre II 113
    Chapitre III 121
    Chapitre IV 129
    Chapitre V 140

LIVRE QUATRIÈME (1842-1846) :

Chapitre I 147
Chapitre II 159
Chapitre III 172
Chapitre IV 181
Chapitre V 195
Chapitre VI 204

LIVRE CINQUIÈME (1846-1854) :

Chapitre I 213
Chapitre II 227
Chapitre III 239
Chapitre IV 246
Chapitre V 255
Chapitre VI 267

LIVRE SIXIÈME (1853-1862) :

Chapitre I 275
Chapitre II 283
Chapitre III 294
Chapitre IV 315
Chapitre V 325
Chapitre VI 338

LIVRE SEPTIÈME (1863-1870) :

Chapitre I 345
Chapitre II 355
Chapitre III 361
Chapitre IV 373
Chapitre V 384
Chapitre VI 394

Paris. — Maison Quantin, 7, rue Saint-Benoît.